信山社叢書

国会を考える 6

国会と外交

中野邦観編

信山社

刊行の辞

上田　章
浅野一郎
堀江　湛
中野邦観

一八九〇年(明治二三年)一一月二五日に明治憲法の下で、初めて第一回帝国議会が召集され、一一月二九日開院式が行われた。したがって一九九〇年(平成二年)一一月には、議会制度一〇〇年を迎え、記念式典が行われた。

ひとくちに一〇〇年といっても、明治憲法の下での帝国議会と日本国憲法の下での国会とは同一に論ずることはできない。明治憲法下での帝国議会は、議会主義の原理に基づく制度としての議会ではなく、あくまでドイツ型の「外見的立憲主義」の枠内の制度であり、「君主国における官僚政治へ参加することを許された、君主仁愛の賜与」たる制度の議会であった。

新しい国会は、いうまでもなく衆議院と参議院とからなるが、参議院は旧帝国議会の貴族院とは異なり、名称も替わり、議員はすべて国民からの選挙によって選ばれることになった。また、衆議院も旧帝国議会時代と名称は同じであり、国民からの選挙によって選ばれる点では違いないが、国民主権の憲法の規定から旧帝国憲法時代とは異なり、婦人参政権や議院内閣制の確立などがはかられ、総体として国会の権能はいちじるしく強化された。

このように、議会制度は旧帝国議会以来一〇〇年をこえたが、これと日本国憲法下の国会との間には、明白な断絶があることを忘れてはならない。

ところで、日本国憲法下での国会は平成九年に五〇年を迎えたが、代表民主制の議会として、主権者たる国民の多元的意思を反映する場として、どのような活動をして来たのであろうか。こう問い直してみると、まだ改革されなければならない多くの問題をかかえて今日に至っているといわなければならない。国民の期待する活動がなされないために、いまや、国民の国会に対する信頼は、ほとんど失われているといってよい。

「立法府の衰退」とか、「議会主義の凋落」とかいわれて久しいが、未だに復権の途を見出していない。

われわれは、いまこそ、国会はどうあるべきかを真剣に考えるべきではないかと思う。そして、議会制民主主義を護っていかなければならない。

このようなことを考え、この叢書は、「統治システムと国会」、「選挙制度と政党」、「国会と立法」、「国会と行政」、「国会と財政」、「国会と外交」、「国会のあゆみと課題」に分け、幅広い観点から国会を分析し、今日の国会の問題点がどこにあり、なにを改革しなければならないか、国民が「国会を考える」ための素材を提供するつもりで政治・法律学者、法律実務家、ジャーナリストなどが相集い、編まれたものである。

国会が、まず何よりも「身近な信頼される」存在として活性化するために、読者の方々が「国会を考える」ご参考になれば幸いである。

一九九八年一〇月

目次

刊行の辞

第一章　外交における国会の役割 …… 中野邦観 1

I　はじめに …… 3

II　日本外交のあり方 …… 7

日本外交の変質 9／国会は外交で何をなすべきか 11／外交政策形成の過程 13／

III　条約・外交案件の国会審議 …… 14

国会の承認を必要とする条約の範囲――「大平三原則」15／外交国会中心主義 17／条約の修正、承認、不承認 18／日米安保特別委員会の議論 20／岸内閣の強硬姿勢が原因 21／

目　次

Ⅳ　野党の役割……23
野党の対外政策への関与　23／竹入訪中による日中橋渡し　24／「政府外交の支援」　26／土井たか子の「国民外交」　27／金丸・田辺訪朝団　28／国会は外交で何をなすべきか　29／ドイツのしたたかな外交　30／アジアを見捨てた吉田外交　31／
Ⅴ　安保と日中……33
社会党の日中問題への取り組み　33／日中政治三原則　34／日中について——石橋の著書から　36／日米安保と社会党　37／浅沼書記長の日中共同の敵発言　38／社会党安保五人男の活躍　41／安全保障に関する委員会設置問題　42／安全保障委員会設置をめぐる経過　43／
Ⅵ　まとめにかえて……45
新しい未来を切り開く国会論議　45／
第二章　日ソ交渉と国会……浅海伸夫　47
Ⅰ　日露交渉の原点……49

目　次

日ソ共同宣言　49／　鳩山内閣の誕生　51／　鳩山と吉田　53／　国交調整に動く　55／

II　少数単独政権……57
内閣戒告決議　57／　つぶれる法案　60／　鳩山の苦痛　62／

III　二元外交……65
鳩山と重光　65／　「対ソ」で〝寒暖差〟　69／　国会審議でも亀裂　71／　松本俊一の国会観　77／

IV　二大政党下の国会……81
保守合同　81／　社会党の立場　85／　国会運営の源流　88／

V　政争と外交……92
日ソ漁業交渉　92／　第一次モスクワ交渉　95／　「佐藤榮作日記」　98／　鳩山訪ソ　101／　共同宣言批准　104／　自民党の造反　108／　何を学ぶか　112／

第三章　安全保障をめぐる対立……水野雅之　117

目　次

I　吉田路線の誕生 …… 119
日米基軸の原点　119／　多数講和の選択　121／　米軍駐留と日米防衛義務のせめぎあい　123／　分裂した社会党　126／　実らなかった超党派全権派遣団　128／　講和批准国会――吉田VS芦田論争　129／　逆コース――日米行政協定と再軍備強化　132／　防衛力増強で変転する吉田答弁　135／　自衛隊創設――吉田退陣へ　138／

II　安保改定 …… 142
憲法九条解釈の礎を作った鳩山内閣　142／　安保改定に向けた岸の狙い　145／　国内政局のカベ　147／　岸のつまずき――警職法改正案をめぐる強引な手法　148／　激化する自民党内の権力闘争　149／　社会党の左傾化―分裂　151／　前哨戦　152／　安保国会幕開け――条約修正論争　153／　極東の範囲論争　154／　事前協議論争　156／　集団的自衛権　158／　安保国会の限界　160／　運命の五・一九強行採決　162／　国会混乱と岸退陣　163／

III　沖縄返還 …… 165

目　次

沖縄が返るまで戦後は終わらない　165／　不可思議な社会党　167／　両三年内の返還　168／　宙に浮いた非核三原則の国会決議　170／　佐藤・三木論争　172／　「核抜き、本土並み」決断　174／　七二年沖縄返還決定へ　177／　尾を引く繊維問題　179／　沖縄国会――沖縄返還協定の強行採決　181／　決め手になった国会決議　183／　相次ぐ異例収拾劇　184／

IV　西側の一員 …… 186

防衛計画の大綱　186／　ガイドライン策定　188／　日米同盟　191／　野党の現実化　194／　戦後政治の総決算　195／　対米武器技術供与問題　197／　中曽根VS石橋論争　198／　防衛費一％枠撤廃　199／　経済摩擦で漂流する日米関係　201／

V　国連協力 …… 203

湾岸戦争が投じた一石　203／　派兵と派遣　204／　国連の集団安全保障論　206／　岡崎書簡　210／　協力法案廃案――湾岸戦争勃発　212／　相次ぐ拡大解釈　214／　PK

O法――自公民路線　216／　武力行使との一体性で区別　218／　国会承認問題　220／　三度目の正直　221／　先送りのままのPKO見直し　223／

VI　連立政権下の日米安保 …………………… 225

経済から再び安保重視に　225／　朝鮮半島危機　227／　日米安保共同宣言と新防衛計画大綱　229／　社会党の方針転換　231／　日米安保の根幹揺がす沖縄問題　233／　橋本―小沢トップ会談で決着した特措法改正　235／　新ガイドラインと周辺事態論争　237／　橋本VS小沢論争　240／　周辺事態法　241／　新ガイドライン関連法の成立　243／　日本が問われるもの　246／

第四章　国会の機能と外交 …………………… 中野邦観　浅海伸夫　249

I　国会決議 ……………………………………［中野邦観］　251

国会決議とは　251／　政策決議　253／　付帯決議　254／　決議で大隈内閣倒閣　256／

II　核をめぐる論議——非核三原則の国会決議 ……［中野邦観］ 258
非核三原則誕生のいきさつ 258／沖縄返還と非核三原則 260／沖縄返還協定と保利茂の説得 261／佐藤首相のノーベル平和賞 263／宮崎正之インタビュー 265／核拡散防止条約をめぐるいきさつ 268／石橋と中曽根幹事長とのやりとり 270／

III　国会とODA ……［浅海伸夫］ 272
国会のコントロール 272／ODAの転機 274／国際経済・社会小委員会 277／ODAへの関与 280／ODA基本法案 282／立法権と行政権 287／

IV　国会対策 ……［浅海伸夫］ 290
国会と外務省 290／外国訪問と国会審議 292／国会質問への対応 295／事前審査制・政府委員廃止 297／

V　国会と外交の歴史 ……［中野邦観］ 300
日清戦争と議会 300／日露戦争と議会 301／近衛と日中戦争・太平洋戦争 302／占領体制と議会 305／憲法

の改正　306／　講和条約をめぐる論議　309／　吉田VS芦田論争　310／　日韓条約をめぐる混乱　312／　衆議院副議長と社会党の論争　312／　金大中事件　315／

VI　まとめ……………………………………［中野邦観］　317

あとがき［中野邦観］

第一章　外交における国会の役割

中野邦観

Ⅰ　はじめに

議会制民主主義のもとで外交とはいかにあるべきなのか、国会は外交にどうかかわって行くべきだろうか。

戦前の帝国議会では、日清、日露戦争の際、政党はそれまでの政争を停止し、挙国一致で戦争遂行に協力した。ところが太平洋戦争では、挙国一致で戦争遂行に協力したものの、軍国日本は自爆してしまった。この原因は軍部に立憲思想を超えた特権的地位を与えた結果である（猪木正道『軍国日本の興亡』中公新書、一九九五年）。

政友会は日中関係の打開と国際協調をめざし、ロンドン軍縮会議を成功させた幣原外交を「軟弱外交」と激しく批判したし、大政翼賛会によって政党政治も議会政治も消滅してしまった。政党が立脚点を忘れ、政権を取る意欲も持たず、ムードに引きずられてしまったのだ。日本の破局を防ぐことができなかったという意味で、政党・議会の責任は重い。

戦後はどうか。吉田茂首相は、戦後の日本は「戦争には敗れたが外交には勝利した」という名セリフを残したという。アメリカからの度重なる再軍備要請を「日本にはその余力がない」と断り続けて経済復興を優先し、繁栄を勝ち取った戦略や、西側陣営の一員に加わり、アメリカの庇護のもとに安全を確保してきたやりかたは、たしかに「日本外交の勝利」ということがいえるだろう。

北岡伸一東大教授によると、朝鮮戦争によってアメリカの再軍備圧力が強まった時、吉田が頑強に抵抗したのは、アメリカが短絡的な行動に出ることを恐れたためだという。日本がうかつに軍備を持てば、アメリカはそれを朝鮮で使おうとするかもしれない。それはとても日本の力の耐えうるところではないと吉田は考えた。

結局吉田は米軍の駐留と軽度な再軍備という方式によって、講和条約調印にこぎつけた。吉田外交というのは実利主義で、アメリカが日本を占領し、軍備を奪い、それを文明支配と称していることのいわば弱みにつけ込んで、できるだけ有利な地歩を占めようとした（「吉田茂——戦後日本の形成者」『This is 読売』九二年六月号）。

占領下では日本が独自の外交を行う余地はなかった。戦後の日本外交は一九五一年九月サンフランシスコ平和条約と日米安保条約の調印によってスタートしたと言っていい。多数講和か全面講和かという争点があったものの、結果的には吉田が選択した多数講和という方法以外に考えられなかった。それ以後、「日米基軸」と、この外交路線を中心とした自民党による「保守本流」の考え方が定着し、この枠組みからはずれることはなかった。

戦後からこれまでの日本外交の大きな出来事を振り返ってみても、サンフランシスコ平和条約と日米安保条約の調印、日ソ交渉と国交回復、日米安保条約の改定、沖縄返還の実現、日中国交回復など一連の外交は、いわば戦後処理や対米外交の延長線上にあった。

ところで、冷戦の終了とともに、日本外交のありかたも大きく変わった。北岡教授は著書『政党政治の再生――戦後政治の形成と崩壊』（中公叢書、一九九五年）で「自民党政権の崩壊から自社連立の成立、そして社会党の政策の大転換は、冷戦終結がもたらした世界的な変化の一つであった。その結果、日本では冷戦のなかで封じ込められていたさまざまな問題が噴出することになり、アメリカおよびアジアとの関係の再定義を含め、根本的な対外政策の再検討を迫られることになった。内における五五年体制と外における対米依存という戦後政治は、終わったのである」と述べている。

冷戦時代を振り返ってみると、安全保障問題については、何を考えるにしろ、どのように行動するにしろ、座標軸が決まっていて実に楽だった。東か西か、敵か味方かだけを考えればいい単純明快な時代であった。世界各国が二つの陣営に分かれてしまっただけでなく、国内政治も左右両陣営、自民党と社会党の二大政党に分かれた冷戦構造になっていた。

与野党の実質的な論争はなく、安全保障や憲法でも、片方が右といえば、反対陣営は左という状況が続いた。日本人はもともと臨機応変に状況に対応したり、自ら判断して行動することに慣れていないから、こういう座標軸が固定した時代というのは、まことに都合のいい時代であったといえる。

したがって、与野党がそれぞれ勝手な方向を向いて好きなことをしていられる二元外交のようなやりかたが許され、また、それが意外に成功してきた時代でもあった。どっちつかずの日本がアメリカとソ連の両方にいい顔をしても、それなりに両方からもてたし、そうしたあやふやさが許されてしまった。

憲法や安全保障に関する国会論議が全くといっていいほど不毛で、見るべき議論がないまま経過したのは、冷戦構造がもたらした弊害といっていい。

自民党の一党支配が崩れ、細川政権が野党の多くの会派によって成立した。その後「自社さ」「自自」「自自公」と連立政権が続いている。冷戦終結後に連立政権の時代が始まったことは、その意味で象徴的なことだ。

外交は内政の延長であり、国民世論や国家の置かれた立場を踏まえて進められるべきであろう。その意味で国民から選ばれて国政を付託された議員で構成する国会は、政府・内閣・外務省が行う外交を監視し、国民の意思を代表して注文をつけることは必要なことだ。

今後、国会の外交への関与の場面はこれまでにもまして増大するだろうし、日米関係、日中関係、安全保障、憲法などの重要テーマについて、国会が活発な論議を展開して、日本の進むべき方向を決定するリーダーシップを発揮する時が来たのではないだろうか。

こうした視点から、本書では戦後日本外交のひとつの焦点となった日ソ交渉を例にとって外交交渉と国会のかかわり、日ソ関係、北方領土問題などを検証してみた。

また、太平洋戦争が終わり、平和憲法によって平和主義を中心とした新しい行き方を選択した日本が、安全保障政策をどのように進めてきたか、自衛隊をめぐる長い論争や日米安保条約によって日本の安全を確保する方法と東西冷戦の関係など、安全保障の側面から経過を振り返ってみた。

このほか、日中、日韓関係に簡単に触れ、外交における国会の機能と役割についても非核三原則と国会、国会と条約の関係、ODAをめぐる論議、議会と外交の歴史など、若干の事例を例にとって考えてみた。

日米関係に触れないのは問題かもしれないが、国会という限られた局面から日米関係を論じることは無理があると考え、本書ではあえて日米関係をはずしている。外交の懸案としては、このほかに国連中心外交を掲げている日本としては、国連加盟以後の敵国条項の削除や安全保障理事会常任理事国入り問題など、国連とのかかわりやアジア、ヨーロッパ、中南米などの地域外交という観点も重要だろうが、これもあえて除外していることをお断りしておきたい。

II　日本外交のありかた

一国の外交は、その国の国民性の表現である、という元外交官の武田竜夫の指摘(『世界の外交』サイマル出版会、一九九四年）があるように、外交は内政の延長線上にある。外交は国民的利益に基づいて超党派で遂行されなければならない。しかし外交が政治的争点になることは必至だ。

「外交の問題も政党政治のダイナミックスに組み込まざれざるを得ない。外交が政治的争点になることは必至だ。政治・社会体制が国際的に対抗し、国内にも政治勢力の編成にその反映ないし影響が及ぶに至って、外交路線が重要な争点になることは避けられない。建前はとにかく、問題の実態に迫るために、議会制民主主義のもとで大衆デモクラシーと外交がいかに関連するかの理論的な枠組みを持たなければならない」（岩永健吉郎『戦後日本の政党と外交』東京大学出版会、一九八五年）。

一方で「日本に外交なし」ということもよく言われる。われわれ日本人が外交に不得手であるという事実はたしかに否定しがたい（渡辺昭夫『講座国際政治四・日本の外交』東京大学出版会、一九八九年）。周囲を海に囲まれて、他民族との直接的な折衝に慣れていないこともあるのだろうが、いまだにアジア諸国から戦後補償の問題などで不信感を突きつけられ、中国や韓国との関係がぎくしゃくし続けるのはいかにも拙劣だといわざるを得ず、同じ敗戦国のドイツがイスラエルともうまくやっているのと比較しても、情けない。

初代国連大使で、戦前・戦後を通じて外交官を勤めた加瀬俊一は「近年の日本外交にはビジョンが欠けている。将来を展望し、日本の進路を大きく策定する意欲も能力も少ないように見受ける」「日本はいま、重大な危機に直面している、と考えざるを得ない。このような状況では内政は低迷し、外交は萎縮する」「日本外交に座標軸がなく、従って無定見に漂流している。あるいは、漂流する世相に流されている」「内政と外交は不可分な関係にある。政治が悪くては外交が良いはずがない。外交は内政の延長なのだ」と警告している（加瀬俊一『日本外交を叱る』ＴＢＳブリタニカ、一九九七年）。

外交と内政は密接不可分であり、しかも、どんな外交案件であっても国民生活に大きな影響を与える。一方で憲法の基本理念をもち出すまでもなく、国民主権や議会制民主主義という原則からいえば、国民や議会が政府に外交を任せて全く関与しないというのは間違いであり、今後国会の外交に対する関与の重要性は一層高まるであろう。

日本外交の変質

日本の外交は、東西冷戦の終結と、自民党長期単独政権が終わって連立政権時代に入ったことで、大きな変質をとげなければならなくなった。

基本的にはサンフランシスコ平和条約と日米安保体制という枠組みの中で、対米追随と批判されながら、西側の一員としての役割分担だけを考えていればよかった時代から、自分の国際社会における位置付けを常に考え、自らの選択肢を模索しながら進まなければならなくなったことはたしかだろう。

自民党単独政権時代には、保守本流という言葉に代表されるような自民党の長期・伝統的な外交政策があり、社会党を中心とする野党勢力はこれに無責任な批判さえ加えていればすんだ時代でもあった。大きな節目での外交案件に関する激しい論争、イデオロギー対立を背景とした激突は繰り返されたものの、結果的には政府が進める外交政策を追認するだけで、一部の例外を除いて、新しい外交政策が国会から次々に生まれたとはいいがたい。

ところで、冷戦の終結とほとんど時を同じくして、自民党が敗北して長かった単独政権が終わりを告げた。連立政権時代に入って、国会の外交論議も新しい局面に入っている。なによりも共産党以外のすべての政党が政権に参加する機会が与えられたことで、総与党化が進み、政権側に対抗する有力な野党が存在せず、外交政策をめぐるイデオロギー対立もなくなった代わりに、本質を突くような迫力ある対立、論争が見られなくなった。

たとえば、湾岸危機はアメリカ追随だけではすまない日本独自の立場を国際社会に示さなければならなかった。しかし、国会は機能麻痺したように二か月も開かれないまま、時間を空費した。これでは時機に適した日本のとるべき対策を考えることはできるはずがない。国会は重要な国政上のテーマを適時適切に議論していくという大切な機能を失っているようだ。

国会には政府・自民党の対抗勢力として監視、抑止、批判といった、議会が本来果たすべき機能が働いているだろうか。社会党の凋落、野党勢力の分断や総与党化によって、国会審議は形骸化が進んだようだ。きちんとした事実調査に裏付けされ、しっかりした理論的根拠や、ゆるぎない信念に基づいた国会質疑が行われにくくなっていないだろうか。

戦後五十年を経て、これからの日本が進むべき国家目標を見失い、きちんとした理念を見いだせない現状では、迫力ある外交、迫力ある国会論戦は期待できないのかもしれない。

国会は外交で何をなすべきか

社会党の国際局長をつとめた河上民雄東海大学教授は著者とのインタビューの中で、国会は外交で何をなすべきかについて、マンスフィールド元駐日アメリカ大使から直接聞いた話を紹介してくれた。

マンスフィールドは共和党院内総務時代、ニクソン大統領との朝食会の席上で中国との国交正常化問題について説明された。大統領はこうした朝食会を何回も開き、そのたびに「マンスフィールドを秘密のミッションとして中国に派遣したい」と申し出たという。

マンスフィールドが一九九九年九月に日経新聞に連載した「私の履歴書」によると、ニクソン大統領との朝食会は、共和党と民主党の違いにもかかわらず、ニクソン政権一期目の間は月に一、二度ずつ、ずっと続いた。そこでの議論の大半が米中関係で、大統領は中国と国交正常化するために、水面下で非公式な折衝を着々と進めていたという。

しかし、マンスフィールドはアメリカ憲法の建前から言って、議会人が外交官として外交にかかわっては、政府の先兵のような役割を果たすことになってしまう。議会人が大統領の命令で動くような形はアメリカの民主主義からいって好ましくない、としてこの申し出を断ったという。

その後、マンスフィールドはニクソン大統領がキッシンジャー大統領補佐官を中国への密使として派遣したことを知ったという。

アメリカでは、外交は大統領の専権事項とされており、しかも三権分立が厳格に行われていて、議会が大統領の手足のようになって動くことは、議会の権威をおとしめる、というのがマンスフィールドが大統領の要請を断った理由だ。

このことは議会と外交の関係を考える上で示唆に富んでいる。

もちろん日本の場合は議院内閣制で、議会の中から行政権力が構成される。選挙の結果、与党になれば、議会人が明日は内閣の一員になる可能性がある。したがって、外交における議会の役割は三権分立が明確なアメリカの場合と違ってくる。

わが国の場合、議員が常に議会人である以上、行政府メンバーになる可能性がある。したがって、議員は閣僚になった時にはこうする、という心構えでいなければならない。と同時に、議会人が外交など国家の政策に対してきちんとした見識と、けじめをもって対処する必要性を示していないだろうか。

外交政策形成の過程

外交を考える時、国会が果たす役割は限定されており、野党はもちろん、与党といえども政府・内閣の外交政策に直接関与することは難しい。

曽根泰教・慶応大学教授は外交政策形成の過程について次のように述べている。

① 外交問題についての議員一般の関心は低い。それは国会における外務委員会、自民党の外交部会の人気の相対的な低さにおいて現れている。

② 外交問題は、選挙における票の獲得という点では有利ではない。それは、農林、郵政、建設などの領域との好対照をなす。それゆえ、族議員もそれほど発達しているとはいいがたい。

③ そのことは、外務省の国内的な地位とも関係し、各選挙区に手足を持たないということは外務省出身の議員数に影響を与え、また、天下り先の少なさは、国内的な利害の弱さについての一つの傾向を示している。

④ 国際化がこれだけ進んでくると、外務省だけでなく、各省庁は、独自のルートで対外関係を処理しようとし、そのことは、外務省の相対的地位低下をもたらす。

⑤ また、争点が経済的な問題になってくると、個別利害の調整という問題が発生し、その点では、各省庁、族議員を含めた有力議員による利害調整の必要が生まれる。

⑥ 外交問題を上手に使うことで、内閣支持率を上昇させることが可能であると言われる。それ

は新聞、テレビなどの報道において、首相の外遊には必ず随行記者団がつき、報道量が大幅に増加し、通常一面トップ記事になることと関連する（曽根泰教「日本の政治システムと外交」『講座国際政治四・日本の外交』東京大学出版会、一九八九年）。

ときわ大学の岩井奉信教授は著書『立法過程』（東京大学出版会、一九八八年）の中で「今日の国際化の進展は、一国だけの自己完結的な政治を不可能にし、一国議会政治の環境を大きく変えつつある。にもかかわらず議会は問題が国内政治化した時だけ反応するにすぎない」と述べ、対外政策における行政府主導を可能にする環境があることを指摘している。

III　条約・外交案件の国会審議

憲法に規定されている国会の外交への関与は「条約の締結に対する承認権」（七三条三号後段、六一条）と「外交関係についての内閣総理大臣の国会への報告」（七二条）だけである。

内閣は憲法七三条二号で「外交関係を処理すること」、同条三号で「条約を締結すること」と規定されており、外交関係の処理は行政権の一部として当然に内閣の専権事項とされている。

国民主権の理念を採用している近代憲法の考え方でも、外交関係の処理は君主あるいは行政府にゆだねられるべきもの、という考え方が一般的だ。

しかし、一方で外交は内政と区別して考えることはできない。対外的な外交の処理によって国民の権利・義務、国民生活に大きな影響を与える。したがって、議会、または国民が外交をどのように監督できるかということが重要な問題になってくる、というのが憲法学上のテーマとなっているようだ。国民主権の意味、国権の最高機関としての国会という地位、内閣の国会に対する責任（六六条三項）などからすれば、外交の処理を内閣の「専権事項」として国会の関与や監督を基本的に排除しようとする立場は許されない、という見解が多い（樋口陽一編『講座憲法学五・権力の分立』日本評論社、一九九四年）。

国会の承認を必要とする条約の範囲——「大平三原則」

それでは国会の承認を必要とする条約と、必要としない条約はどこで線を引くべきなのだろうか。

一九七二年の第七一国会で政府は日米原子力協定の締結について承認を求める件を国会に提出したが、その際、協定の第九条に関する日米間の交換公文を、政府間限りで締結し得る行政取り決めとして国会に提出せず、同条約を審議する外務委員会にも説明しなかった。

このことが第七二国会の衆議院外務委員会で問題になり、一九七四年二月二十日に大平正芳外相がいわゆる「大平三原則」を示すとともに、政府間限りで締結できる行政取り決めであっても、国会承認条約を補完するものや、国会承認された条約と同種のものについて締結後すみやかに外務委員会に資料提出することを約束した。

国会の承認を経るべき条約の基準、いわゆる「大平三原則」とは次のようなものだ。

①「法律事項を含む国際約束」＝「国会の立法権にかかわるような約束を内容として含む国際約束」

②「財政事項を含む国際約束」＝「すでに予算または法律で認められている以上に財政支出義務を負う国際約束」

③「我が国と相手国との間あるいは国家間一般の基本的な関係を法的に規定するという意味において政治的に重要な国際約束であって、それ故に、発効のために批准が要件とされているもの」

次に、国会の承認を必要としない条約の基準は

①「すでに国会の承認を経た条約の範囲内で実施しうる国際約束」

②「すでに国会の議決を経た予算の範囲内で実施しうる国際約束」

③「国内法の範囲内で実施しうる国際約束」

の三つをあげている。

学説はだいたいこの趣旨を正当としているようだ。

最近でも、新たに策定された日米防衛協力のための指針（ガイドライン）が政治的に重要な国際約束として、国会承認を求めるべきではないかという議論がなされたことがあった。これに対して政府・外務省は「政治的には非常に重い意味を持つものではあるが、日米両国に対して立法上、行政上、予算上の措置を義務づけるものではないから、そもそも国際約束ではない」という理由で、行政取り決めとして扱うという趣旨を答弁している。

外交国会中心主義

一橋大学の浦田一郎教授は、条約の国会承認手続きについて、憲法は予算議決手続き（六〇条二項）を準用しているが（六一条）、それを超えて外交と内政はかなり類似した構造をもっている、と次のように主張する。

財政民主主義の論理はそのまま外交にあてはまり、外交民主主義が問題の基礎に置かれなければならない。国民生活への影響の点でも、財政と外交は甲乙つけがたい。したがって、外交に関する最終決定権は、国会にあると考えられ、そのことを外交国会中心主義と表現することが出来る。外交国会中心主義を基礎に置かないと、なぜ条約締結に対する承認権が国会に与えられたのか、説明がつかなくなる。

外交は票にならないとして、議員は外交に熱心ではないとか、あるいは国際的視野なしに国内の特殊利益を主張し、外交を混乱させるだけである、とする悲観論が予想できる。

しかしながら、外交を原則として政府の権限とみる見方が議員の外交に対する熱意を奪い、特殊利益の追求に議員を追いやっているのではないか。

外交は原則として政府の権限だとする考え方を放置しておいたのでは、本当の意味での国際化は不可能である（「外交と国会」法律時報六三巻五号、一九九一年）。

条約の修正、承認、不承認

国会が政府の締結した条約の内容を修正できるかどうかは議論が別れるところだ。内閣の条約締結権を重視すれば、修正は内閣の権限を侵害するものであり、政府もこの立場をとっている。しかし、学界では、条約締結は内閣と国会の共同行為であって、国会が承認しないこともできる以上、修正を加えた承認をすることもできるとする説が妥当だとされる。

ただし、修正の効果はそれによって直ちに条約の内容が変更されるわけではなく、事前の承認の場合は修正の内容に従って相手国と交渉する義務を内閣に課するが、相手国の同意が得られなければ条約は不成立になる。

事後の修正の場合は、内閣が条約の改定交渉を義務づけられることになる。

国会開設百年を記念して刊行された『議会制度百年史』（衆議院・参議院編、一九九〇年）の「議会制度編」では、国会は、条約の事前または事後の承認を求められた場合、これに承認を与えないことも、また、その条約に修正を加えた上で承認することもできることを明言している。

さらに同書は国会の承認または不承認の効果は「事前」の場合と「事後」の場合で異なる、として次のように述べている。

「事前」の場合はまだその条約が成立しておらず、締結の手続きの過程にあるから、承認されれば内閣は以後の締結手続きを進めることを承認されたことになる。

修正の上で承認された場合は、内閣はその修正に従ってそれ以後の締結手続きを進めるし、不承認の場合は以後の締結手続きを進められなくなる。

これに対して「事後」の承認を求められた場合は、すでに条約が成立しているから、条約の効力に影響はない。

修正の上で承認した場合でも、承認しなかった場合でも、すでにその条約は相手国との関係においては成立し、国際法的効力はすでに発生しているから、条約の効力には影響を及ぼさない。その場合には、内閣が相手国にその条約の改定または廃止を申し出て、相手国がこれに同意するまでは、条約の国際法的効力は失われない。

なお、これまで国会が承認を求められた条約について修正の上で承認し、または承認を与えなかった事例は一回もない。

日米安保特別委員会の議論

一九六〇年二月一九日の日米安保特別委員会では、改定された日米安保条約の審議に先立って内閣の条約締結権と国会の条約審査権の関係が問題になった。

委員側から「国会は国権の最高機関として条約の修正権を当然持っている」という意見が出た。これに対して外務省と内閣法制局は「条約の締結は内閣の権限であり、国会はその承認についてイエス、ノーをいうのが国会の権限である。もし一部修正しなければ承認できないものであれば否決するのが筋である」との答弁を行った。

この問題について二月二三日には三人の参考人（肩書きは当時）から意見聴取し、質疑を行った。

田上穣治・一橋大学教授は「国会には条約修正権は与えられていない。もし国会で修正承認ということになれば、それは不承認であって、それが可能になればそれは単純な不承認よりいっそう政府を拘束することになる」とした。

中村哲・法政大学教授は「国会が条約を条件付きで承認するのは、部分的承認であって、国民を代表する国会がそういう形で承認するという国会の意思である。それを条件を付けたら不承認であるといって黙殺するということであれば、これは政府が国民の意思を反映する議会を無視することになると思う。条約の締結権は行政権の中に加えられているが、憲法上の概念でいえば、いわゆる統治行為という概念、いわば文字通りの政治であって、まさに国民の権利義務に関係し、ことに日米安保のような大きな問題は国会の意思でやるべきものだ」と述べた。

蠟山政道・前お茶の水大学学長は「国会の条約修正権は憲法上認められていると考える。条約締結の過程は交渉、調印、批准という段階を経るが、行政権も立法権も協力して問題の解決にあたるべきものだ。国会の議案に対する権限は四つある。一つ目は法律案、二つ目は予算案、三つ目は条約案、四つ目は決議案であるが、この四つの議案に対する国会の基本的な権限は少しも変わらない」と主張した。

この問題については安保特別委員会の参考人質疑のほかに、議院運営委員会の中に小委員会が設けられて検討したし、自民党の河野一郎も「国会には修正権があるので、なしとする議論は国会軽視である。このような問題は内閣法制局や政府に解釈を任せるべきではなく、国会や両院法制局で解釈を統一すべきだ」と主張し、岸首相からは「河野君はいつから憲法学者になったのかね」と皮肉られた。もちろん、河野の行動は反主流としての政治的思惑があった。

岸内閣の強硬姿勢が原因

国会の条約修正権議論について佐藤功上智大学名誉教授はその政治的背景を次のように説明していて、わかりやすい。

「この問題は条約の締結――ひろく言って外交政策の形成と実現――にたいして国会がい

かなる方法と限度において参加するか、という、現代政治の重要な問題の一断面であるという性質を持つ。従って、その考察のためには、歴史的に、条約締結権が専制君主の独占から離れて議会の権限が認められるようになる事情、しかもその事情にもかかわらずなお外交という作用の特殊性から、締結権そのものは執行部に留保され、通常、議会は承認権を与えられるにとどまったこと、しかし、さらに、それにもかかわらず、外交に対する議会的・民主的コントロールの要求は漸次に、執行部に留保されている締結権を形式的・手続き的な権能に縮減する傾向を示したこと、などについて検討する必要がある」

「岸内閣はそもそも最初から国会による修正というがごとき事態を全く希望していなかったのである。国会のなしうるのは全面的な承認か全面的な不承認かで、中間的な修正という方法は認められない、というういわば高姿勢的な説明は、そのことの反映であった」

「国会に修正権ありと主張した論者の主張の根底には、このような岸内閣の態度に対する不満があったというべきである。そこにこの問題の政治的意義がある」（「条約の修正権問題」法律時報三二巻一一号、一九六〇年）。

このほか、条約に関してはこれまで国会でさまざまな議論が行われてきた。条約作成段階での国会審議については「条約ができてから外務委員会で議論するのではなく、条約作成段階で議論するのが望ましい」という意見が出されたが、河野洋平外相は「政府が条約案の立案・審議を行い、国会はその結果について審議を行った上で承認するかどうかを決めるというのが三権分立の建前である。しかし、条約作成のプロセスで外務委員会の意見を含めて広く国民の意見を取り入れていくことは必要だと思う」と答弁している（第一三二国会＝一九九四年）。

現行条約改正の必要性についても数多くの議論があった。九五年九月に発生した沖縄米兵の少女暴行事件をきっかけに「日米地位協定」の見直し問題が起きたが、政府は「地位協定は日米安保と表裏一体であり、慎重に検討しなければならない」としている。

IV　野党の役割

野党の対外政策への関与

政府が行う外交以外に、さまざまな名前の「外交」が存在する。首脳外交、皇室外交、野党外交（補完外交）、民間外交、自治体外交、経済外交などなど。ここでは野党が行う補完外交について考えてみたい。

野党が対外政策形成に積極的に関与した例としては、一九七二年の日中国交回復に果たした公明党の役割があげられる。この例を含め、一般に野党が対外政策に貢献できるのは、相手国が社会主義陣営に属しているか、あるいは国交関係のない場合である。しかし、こうした傾向は、米ソの硬直した冷戦時代には当てはまったものの、すでに大半の国々と外交関係を有し、現在のように経済をはじめとする活発な国際的相互交流の下では、必ずしも妥当しない。野党の対外政策形成に及ぼす影響は従来より弱まっていると言えよう（草野厚『講座国際政治四・日本の外交』東京大学出版会、一九八九年）。

ことに社会党時代に野党外交、補完外交を経験してきた政治家たちの、外交に関する思い出は、一部の例外を除いてほろ苦いものになる。自分たちが外交の第一線で活躍し、日本の進路を切り開いてきた、という誇りは少ない。

むしろ、外交の努力の最後の果実を政府に取られてしまう悔しさ、無念さが示されている。社会党の対中国外交などがその典型だ。自分たちが、隣国の大国である中国との関係改善が必要だと思って進めてきた努力に対して、政府・外務省は協力しないどころか、妨害さえしてきた、という思いがあるだけに複雑だ。

竹入訪中による日中橋渡し

竹入義勝元公明党委員長の回想によると、一九七二年七月、田中角栄自民党総裁が生まれた直後に中国からの招請を受けて訪問することになり、大平外相に会ったが（日本政府の考えについて）何も教えてくれない。田中首相に意向を確認したところ「日中に手を着けたら、田中内閣は吹っ飛んでしまう。おれは日中を考える余裕もないし、今はやる気はない」とけんもほろろ、信じられないほど消極的だったという（朝日新聞、九八年九月九日付け「秘話」から）。

しかし、訪中して周恩来首相から国交正常化の共同声明に向けての中国側草案が示される。田中首相の決意も日本側の考えも説明できない立場なのに「周恩来首相は完全に私を特使と思っている。つらかった」（竹入）。周首相は「田中さんに恥をかかせませんから、安心して中国に来てください」といわれる。これらの会談内容を記録したものが「竹入メモ」として日本政府に伝えられ、中国側の真意がはじめてわかった貴重な資料となる。

田中首相はこれを受けて訪中を決断、日中共同声明によって国交正常化が実現する。竹入は「首相特使もどきのことまでやって正常化の橋渡しをやったが、いま考えても冷や汗が出る。あの時期に国交正常化できる人間は田中さん以外にいなかった。正常化に微力をつくすことができて政治家みょうりに尽きる」と回想している（同九月一〇日付け）。

こうしてみると竹入訪中は日中の橋渡しという「大きな成果」をあげたものの、その最初の動機は相当に政治的思惑が働いたようだ。公明党は一九六八年の党大会で中国との国交回復を打ち出し、一九七一年六月に公明党委員長として始めての中国訪問を実現する。このときに周恩来首相とのパイプができるが、竹入自身がいうように、その直後の参議院選挙に向けて「日中問題で何か一発やれば選挙にプラス」という「ヤマ気」が訪中の動機だったらしい。

「政府外交の支援」

社会党委員長をつとめた石橋政嗣は著書『石橋が叩く――政界四十年、社会党へ最後の叱咤』（ネコス、文藝春秋、一九九一年）のなかで中国、ソ連、東ドイツ、朝鮮民主主義人民共和国（北朝鮮）、アメリカなどとの間で社会党が果たしてきた「補完外交」について説明し、次のように述べている。

「野党外交というのはマスコミもその名で常用しているが、もともと真の意味での外交ではない。われわれ野党には厳格な意味での外交権はない。したがって、われわれのこの面での活動は、一つには直接、間接に政府外交を支持し、支援する形で、二つには政府外交の足らざる部分を補う形で、三つには、本来ならば政府が行うべき活動を行わず著しく国益を損なっているときに、政府に代わって国民外交ともいうべき形で、行われることになる。野党外交の主力が三つ目の形に向けられるのは当然である。」

「野党でなければ訪問しにくい国もあれば、野党の立場で政府間交渉の糸口を作り、下交渉をすることはできるわけで、すなわち『補完外交』にまで内容を深めることが出来る。私が『補完外交』という言葉を初めて使った時、社会党内から批判が出たが、いまや野党による外交の補完的役割は、むしろ外国から高く評価されるところとなっている。」

「正式な外交であれ補完外交であれ、交渉事には、秘密を保つことが要求されるケースが多くある。補完的役割であればなお、その信義が問われる。責任は政府が全うし、野党はそれを監視する。その関係にあるだけに、補完の下交渉で絶対に必要なことは秘密を守るということである。すなわち、物事を実現しようと思ったら、事に当たる人間は『黒子』に徹しなければならない。」

土井たか子の「国民外交」

同じく社会党委員長をつとめた土井たか子も自伝『せいいっぱい』（朝日新聞社、一九九三年）で野党外交について述べている。

「外交といっても条約関係や債権・債務の話になると野党の出番はない。しかし、外交のすべてが政府の専権事項というわけではない。野党にできることはいっぱいある。国論が二分している問題、あるいはＯＤＡ（政府開発援助）のように国民の意志が反映されにくい問題では、野党の果たす役割がとても大事になる。それこそ私のいう『国民外交』である。もちろん、政府の外交の隙間を埋める補完外交もある。国によっては、野党のほうが太いパイプを持っている。中国や朝鮮民主主義人民共和国（北朝鮮）との関係では、政府間交渉の『地ならし役』を果たしてきた。」

金丸・田辺訪朝団

自民党の「実力者」金丸信と社会党の田辺誠による北朝鮮訪問（一九九〇年九月）も、議員外交の特徴をよく示した例だろう。

田辺誠元委員長は訪朝団の成果について『月刊社会党』（一九九〇年一二月）に「野党外交の歴史的成果・日朝関係の新しい樹立」という論文を書いている。田辺は、日本社会党と朝鮮労働党との長い友好関係を強調して次のようにいう。

「政党が前面に出て国と国との関係の改善に取り組んで、一つの契機をつくったということに非常に大きな意義がある。いままで戦後の外交の中で最大のものは、中国との国交回復である。日本社会党は中国共産党と長い間友好関係を保ってきたが、最終の時になったら公明党も仲良くなった。最後はニクソンの頭越しでアメリカと中国の国交回復がなる、それに追随した格好で田中内閣の時に国交回復ということになった。

それから見た時、今度の場合は社会党が最後まで自民党と一緒、自民党を引き入れた形でやっていくというところに、政治家の外交、政党の外交、野党の外交に一石を投じたという意味合いがあった。

社会党も国を動かす問題に手をつけたということは、野党であってもそのことに手をつけられるということは非常に意義があると思っている。」

ただ、この時の金丸の思惑は北朝鮮に拿捕・抑留されていた富士山丸船長の救出について奥さんから陳情され、情にほだされただけの単純な動機だった、という見方もある。金丸訪朝は結果として北朝鮮に賠償を約束した形になったり、その後の国交正常化交渉も実際には動かず、むしろマイナス面が目立つ。

北朝鮮にしても、これまでの社会党一本の情報パイプだけでは足りないという判断から「金丸訪朝」に期待をかけていた。自民党という政権政党にアプローチすれば関係が打開できると期待したのに、日本政府の内部事情、日本の政権構造を読み誤ったという側面も見逃せない。

国会は外交で何をなすべきか

河上民雄（社会党国際局長、前出）は、国会が外交にどう取り組むべきか、社会党がこれまで外交で果たしてきた役割について、次のように語った。

「吉田政治というのはポツダム宣言を受け入れた以上はじたばたせずに、いわば負けっぷりをよくしてアメリカを中心とした占領政策のもとで再出発をはかった。

そのときにアジアのことは構っていられないというか、アジアを見捨てる形で、自分たちだけ復興する。そこでもう一九四五年以前の日本のアジアに対する行為にともなう歴史的責任は中断、棚上げしてしまった。

それは戦後の日本政治、ことに議会としては、吉田政治はそうであったとしても、社会党としてやらなければいけない重要なテーマだった。内閣、行政、自民党政治ができないなら、アジアに対する目配り、気配りはやらなければいけないことであった。

このことは、過去の五五年体制が終わったから過去のことだといえないわけで、現在、あるいは将来まで投影していく問題ではないか。それはあの時代社会党だけがやれたし、やった。アジアの多くの国が共産国家になったのだから、これは共産党にできそうなものだけれども、各国共産党との関係がおかしくなると、それはそれ、これはこれと処理できないものだから、結局社会党がやることになった。

これは万全ではなかったかもしれないが、評価していいことではないだろうか。」

ドイツのしたたかな外交

「ただ、同じ敗戦国である日本と西ドイツと比較してみると、西側世界に所属している点では同じだし、東側世界との接点、最前線に立ったという意味でも同じだが、西ドイツの場合は保守党も社民党も西側の一員であることを認めながら、他方、アデナウアー政権の時にはEC（いまのEUの原型）、独仏を中心とした共同体、ヨーロッパで対等のメンバーシップを確立することに成功する。

社民党はこんどは冷戦後の事態を想定していたとしか思えない、東西の安保体制、東西の対立に網をかけるような東方外交を展開して、西ヨーロッパだけでなく、東ヨーロッパをもひとつの家族にするような政治形態、国際システムを作ることに成功した。そしてブラント首相がポーランドに行って、ナチによるユダヤ人犠牲者の霊の前でひざまずく礼を行って戦争責任、歴史認識という点で踏み切った。そういう代償を払った。それが今日の冷戦後の国際政治の土台になっている。

ＥＵはアデナウアーの功績であり、第一次、第二次世界大戦の資源・領土の奪い合いを克服するために、ああいう共同体というものを作った。ブラント社民党の場合は歴史認識というか、ドイツ国民の過去を率直に謝罪するという形で東西の壁を越える共通の家という構想の第一歩を踏み出した。」

アジアを見捨てた吉田外交

「振り返って日本を考えてみると、吉田政治によってアジアを見捨てる形で戦後復興をはかった日本は、ある意味では止解だったかもしれないし、そうしなければ復興が遅れたであろうが、しかし、そこで道徳的な優位を失ってしまった。

西側の一員という以外に国際システムというものを全く持たない、孤立した姿をいまも残している。もし社会党が責められるとすれば、吉田政治の裏側を埋めるということをやっているのだけれど、事実はそうなっているのに、ドイツ社民党のように西側の一員ということを承認したがらなかった。それがなおのこと冷戦が終わってみれば欠点になった。

橋本内閣当時の首相訪中でもいまだに戦後処理の問題が残っている。あんなことは一九七〇年代に終わっていなければならなかった。ブラントのように本当の意味の政治的勇気を持たないと、国内ではあまり問題にされないかもしれないけれど、アジアでは絶対に尊敬されないことになるのではないか。

そういう領域というのは官僚がやるべきことではない。政治家がやるべきことだ。

いずれにせよ、自民党にできないからやる、という補完外交はずいぶんやってきたが、それだけでは、成果が上がれば上がるほど、自らの足場を掘り崩すというジレンマに陥ったのではないか。そして東西両陣営にまたがる独自の外交戦略と、それを実行する努力を全く欠いていたのではないか。それが、せっかく努力しながら、評価されない理由であろう。

日本社会党と西ドイツ社民党の違いはいろいろあるだろうが、決定的な違いは分裂国家の政党と、単一国家の政党の差ではないだろうか。西ドイツ社民党は、共産党の支配する東ドイツという国家と対決してきた西ドイツの政党であるという事実だろう。

西ドイツという国は、東側と宿命的対決を続けなければならず、東ドイツ的なやりかたは社民党にはできない。」

河上が指摘しているように、日本社会党が西側の一員ということを承認したがらなかった、という指摘は、日本が分割占領されることなく、地理的・歴史的にすでに西側の一員に組み込まれているという、ある意味では幸せな状況の中で、逆に吉田政治に歯向かうような政策しか採りえなかったところではないだろうか。

社会党の「補完外交」が大きな力を発揮しえなかったのも、このあたりに限界があったのではないか。

V　安保と日中

社会党の日中問題への取り組み

日本と中国のかかわりは長い歴史があるが、戦後の日中関係は一九七二年に国交正常化が実現するまで、さまざまな障害があった。この障害は、そもそもサンフランシスコ平和条約の成立にあたって、アメリカ議会が中国より台湾を選択するよう日本に迫ったため、吉田首相が台湾と平和条約を結ぶという決断をしたことに端を発している。

一方、社会党の外交政策という観点でみると、一九六〇年の安保改定と一九七二年の日中国交正常化は深い関係があるようだ。

政府は一九五一年九月、サンフランシスコ平和条約と同時に台湾とも平和条約を結び、中国に対して政経分離政策をとった。一九五三年に民間貿易協定が結ばれたが、一九五八年広州や武漢での見本市開催や、第四次日中貿易協定などで、日中関係が政経分離の原則で発展しようとしていたときに起きた長崎国旗事件は、再び日中関係を冷却化させた。

一九六二年に高碕達之助・廖承志間の「貿易覚え書き」に調印し、貿易が再開されたが、佐藤内閣になって、文化大革命による中国の対外政策が強硬路線に傾いたこともあって、また悪化、一九六九年の佐藤・ニクソン共同声明に「台湾条項」が入ったことで、中国は佐藤内閣を敵視するようになる。

こうして政府の対中政策が停滞を続けるなかで、社会党は一貫して中国との友好関係維持につとめてきた。

一九五七年四月に浅沼稲治郎を団長とする第一次訪中団を派遣し、さらに五九年三月、第二次訪中代表団（団長同）が日中政治三原則を明らかにした。

日中政治三原則

社会党国際局が長かった杉山正三は、著書『野党外交の証言』（ミネルヴァ書房）の中で次のように書いている。

この状況を打開するため、社会党の国際局長だった佐多忠隆氏が党内の反対を押し切って訪中し、

一　中国敵視政策をやめる。
二　二つの中国をつくる陰謀に加わらない。
三　日中の国交正常化を妨げない。

という日中政治三原則を中国側と確認し、日中間の関係維持、継続に成功した。

この三原則は、その後の貿易三原則、復交三原則の土台になっただけでなく、日中国交回復にいたる交渉ならびに一九七二年の日中共同声明の枠組みとなった。

浅沼氏は第二次訪中で「米帝国主義は日中両国人民の共同の敵」という発言をしたことが党内外に波紋を呼び、翌年の一九六〇年一〇月一二日に右翼の少年に刺殺される遠因となった。

中国の人たちはよく「水を飲む時には、井戸を掘った人のことを忘れてはいけない」という。が、国交回復によって生命を犠牲にした浅沼委員長ら、日中関係の正常化に努力してきた社会党関係者のことはどの程度評価されているのだろうか。

社会党関係者は、長年の苦労を積み重ねてきた日中関係正常化が、田中首相訪中によって最後は政府・自民党の手柄になってしまったことを、複雑な思いで眺めているようだ。

日中について——石橋の著書から

石橋政嗣は著書のなかで、野党である社会党が共産圏諸国との関係を続け、政府外交を補完しながら、最後は手柄も政府にとられてしまった無念さを語っている。

振り返ってみると、とくに共産圏諸国——ソ連、東ドイツ、中国、朝鮮民主主義人民共和国（北朝鮮）との交流では、前途に国交回復という大事があったから、政府与党ではない社会党の運動はおのずと制限があり、難しい局面もあった。たとえば中国である。

日本政府はアメリカと手を組んで中国敵視政策を取り続けており、そのなかで国交回復運動を進めることはほんとうにたいへんであった。浅沼稲次郎委員長が右翼少年に刺殺された一事をもってしても、その困難さをわかってもらえると思う。私自身にも脅迫電話や、血でしたためた脅迫状がきていた。そうした雰囲気のなかで日中関係の正常化のために闘ってきたのである。

中国の国連加盟を最後まで妨害した自民党政府は、ニクソン訪中で国交を回復すると手のひらを返したように政策転換をはかった。いまでは草木もなびくように自民党の人たちが中国に行くようになった。日中友好という目的は果たしたのだから、それでもいいと思う。それもこれも私たちの長年にわたる努力の積み重ねがあったればこそと胸を張るのみである。

自民党政府に対しては台湾で厳しい批判が出ている。「いままでさんざん台湾を利用してうまい汁を吸っておきながら、事態が変わると猫も杓子も北京、北京と出かけていくのはどういうことだ」。

日米安保と社会党

日中国交回復と日米安保条約の改定は一見、何のつながりもないように見えるが、社会党にとってはどちらも関わりあいながら、重要テーマとなっていった。日米安保条約が不平等であるから改定しようという動きは吉田内閣に代わって登場した鳩山一郎内閣のときに始まったが、日ソ国交回復に全力をあげたために、岸内閣に引き継がれ、安保改定を実現した岸内閣の崩壊とともに完結する。

当時、社会党は日米安保条約について「解消」「改廃」「改定」「再検討」などを政府に要求していた。したがって一九五八年九月の藤山・ダレス会談で日米安保条約改定交渉開始に合意したさいにも、社会党は藤山を激励していた。

藤山外相は「私がダレスに会いに行くまで社会党は条約改正論であった。外務委員会で、しっかりやってこいと壮行の儀みたいなものを社会党がやってくれた」と回想している（原彬久『戦後日本と国際政治――安保改定の政治力学』中央公論社、一九八八年）。

東京国際大学の原教授はこの著書のなかで、反安保が社会党の運動エネルギーとなったのは、浅沼稲次郎書記長の中国訪問（一九五三年三月）での発言「アメリカ帝国主義は日中人民共同の敵」だったと指摘していて注目される。以下、原教授の著書からその大筋を紹介する。

浅沼書記長の日中共同の敵発言

浅沼書記長のこの発言は一九五九年三月九日に中国側との会談ででたもので、毎日新聞が浅沼書記長は「米国は日中共同の敵だ」と発言した旨報道したため、自民党の福田赳夫幹事長が直ちに北京に抗議電報を打ったことで重大な衝撃を与える。

浅沼書記長はその後、一二日に次のように講演している。

「中国の一部である台湾にはアメリカの基地があり、日本の一部である沖縄にもアメリカの軍事基地があります。それぞれが本土から分離されているのはアメリカ帝国主義のためであります。アメリカ帝国主義についておたがいは共同の敵とみなしてたたかわなければならないと思います」。

福田幹事長は浅沼発言の内容を確認せず「アメリカを共同の敵」としたことに抗議したわけで、これが社会党の「安保改定反対闘争」に大きなはずみをつけることになった。

つまり、第一に、浅沼発言の「共同の敵」論は社会党左派に推進されていたもので、彼らは中国側の岸政権に対する冷ややかな態度をやわらげるためにも「戦闘的な態度を表すことで事態の打開をはかるべきだ」と考えていた。この問題は社会党の派閥関係を集約的に反映するものであった。

第二に、本来右派に属する浅沼がなぜ「決然と敵というきつい表現を選んだ」のか。

一九五八年五月二日に起きた長崎国旗事件によって完全に冷却した日中関係は、動きのとれない政府に代わって野党である社会党に行動の好機を与えた。そういう動きの中で浅沼は委員長選挙出馬のさいに日中問題を争点にしたいと考え、日中関係打開の「基本方針」を党見解としてまとめることに成功する。

その要点は、①中国政府が中国を代表する政権であり、②岸政権の対中敵視政策は転換されるべきであり、③社会党はこの基本方針にもとづいて広範な国民運動を展開すべきである――というものだ。

これに対して西尾末広ら社会党右派は強く反発し、浅沼自身も左傾化していくことになり、ひいては委員長選挙において左派の支持を受けて浅沼委員長が実現（一九六〇年三月）することになる。

第三に、「共同の敵」論を媒介に樹立された中国と社会党の連携強化こそが社会党の「安保反対」に重大な弾みをもたらした。

中国は安保改定について「アメリカ帝国主義が日本民族を奴隷化する、一方的な不平等条約である」「中国人民は日本人民の独立、平和、民主をめざす闘争を支持するとともに、日本が平和な中立国になることを心から望んでいる」としていた。

自民党がアメリカ、共産党がソ連と太いパイプで結ばれていたなかで、国際的うしろだてを特に持っていない社会党は孤立感に悩まされていた。社会党が中国に接近していくのは自然なことで、日中関係に取り組むことと、安保改定反対闘争に中国の支援を得ることは自然に結びついた。「反安保と日中は車の両輪である」（山口房雄）といわれるゆえんである。

なお、浅沼発言に関する当時の事情について社会党委員長だった勝間田清一は国会図書館が行ったインタビューの中で次のように語っている。

「浅沼第二次訪中団が到着して中国側に挨拶に行った。そこで浅沼さんが日本もアメリカ軍に占領されています。台湾もアメリカに占領されています、と語ったところ、中国側がアメリカ帝国主義は日中両国人民の共通の敵ですね、と述べた。はじめは中国側の発言だった。それが日本で浅沼発言として大きく報道されて大騒ぎになった。自民党の幹事長から抗議電報が届き、中国側も浅沼さんの態度に注目するようになって、はじめは気楽な気持ちだった浅沼さんも決意を固め、断固譲らない、と意地になったようだ。改めて浅沼さんが中国側が開いた講演会でアメリカ帝国主義は日中両国人民の共通の敵、と明言した。これで中国側は浅沼さんを評価し、訪中は成功した、というのが真相です。」

ところで、新しい日米安保条約に対して革新陣営はアメリカを戦争勢力、ソ連を平和勢力とする立場から、平和勢力であるソ連が日本を侵略するはずがなく、極東を緊張させているのはアメリカの世界戦略であると主張した。安保改定はアメリカの戦略を強化させ、極東の緊張を激化させるという理由で反対した。

マスコミも安保改定はわが国の安全保障を決める重要な条約なので、総選挙で国民の信を問うべきだ、と主張した。しかし、岸内閣はこうした声に耳を傾けず、国民に条約の意義を説明して理解を求めようという姿勢に欠けていたようだ（永野信利『日本外交のすべて』ミネルヴァ書房、一九八九年）。

社会党安保五人男の活躍

安保特別委員会の審議は一九六〇年二月一九日に始まり、強行採決の五月一九日まで連日のように行われた。

特別委員会の社会党メンバーは一三人だったが、一三人全員で集まって打ち合わせをするとその内容が政府側にもれてしまう。そこで「安保五人男」といわれた者だけが密かに場所を変えて打ち合わせをした。

岡田春夫＝秘密資料を抜き打ち的にぶつける奇襲攻撃型。

飛鳥田一雄＝新聞に出た問題をさらに掘り下げていく正面攻撃型。

横路節雄・黒田寿男＝同じ事を執拗に繰り返す粘り腰型。

石橋政嗣＝組み立てた理論をもとに先を読み、じんわりと相手を追いつめ、とどめの一撃を加えるという型。

このほかにも松本七郎、戸叶里子、森島守人といったメンバーが活躍した。

石橋の回想によると、一人で三日間連続して質問。神田の本屋街を歩いて防衛に関する論文や書籍を探し、準備期間を含めて一年あまり、人生最高の勉強をした。安保国会に備えて作ったノートは三〇冊にのぼった、という。

日米安保は五月二〇日未明に衆議院で可決され、六月一九日、参議院で議決されないまま自然承認となった。

安保改定は阻止できなかったが、安保特別委員会で極東の範囲や事前協議などの問題を追及し、矛盾や問題をあばきだす中で、国民の間に新安保条約への不安や批判が広がり、安保反対運動は次第に盛り上がっていった。院外の運動に勇気付けられてわれわれも勉強して活発に政府を追及する、院外が呼応するという状況だった。

なお、前述の勝間田は安保闘争を振り返って「あれだけの大勢の人が岸内閣を打倒したのに、あの政治的エネルギーをあのあとどう結集するかということについて社会党は方向を示せなかった。ただ混乱だけで、あの政治力を結集する方法も知らず、指導力を発揮できなかった。これが残念だ」と語っている。

安全保障に関する委員会設置問題

これまでの国会の防衛や安全保障に関する論議をひと言で総括すると、憲法に関する論議と同様に、非常にいびつな、限定された議論しか行われてこなかった、といえる。

その典型的な事例が安全保障に関する委員会設置問題だ。国会は委員会中心主義で審議が行われる。いっぽうで、安全保障の問題は国政の最重要課題である。ところが、安全保障について審議する委員会を設置すべきだという主張は、憲法違反の自衛隊を認知することにつながる、といった奇妙な理屈で反対され、戦後三〇年以上もの長い間、設置することができなかった。自衛隊は違憲だという立場から、自衛隊に関する基本的な論議を避け、「タブー視」してきたことは、戦後国会の「恥部」といえよう。こうした議論を封じるような動きは国会の自殺行為であり、国民の政治不信を生むだけだろう。

憲法問題も安保・自衛隊問題と同様に、議論することさえ、認められない風潮が続いていたが、二〇〇〇年の通常国会から衆参両院に憲法問題を議論する調査会が設置されることになった。

国会に安全保障に関する委員会を設置すべきだという議論は、保安隊の自衛軍化をめぐって吉田首相と芦田元首相との論争が展開された一九五三年にはすでに提起されており、実際に設置された一九八〇年まで、実に二七年間にわたる国会の懸案だった。

安全保障委員会設置をめぐる経過

一九五三年の議論のあと、一九六五年二月に社会党の岡田春夫議員が追及した自衛隊の三矢研究(有事における総合図上研究）をきっかけに自衛隊の実態を把握する委員会を設けるべきだ、という意見が各党から出て、議院運営委員会でも検討された。

このとき、「自衛隊に対するシビリアンコントロール（文民統制）を強化するために国会に専門の委員会をつくるべきだ」という意見を発表したのは社会党の石橋政嗣だった。石橋はさらに翌六六年には「自衛隊等調査特別委員会」の設置を打ち出した「石橋構想」を発表したが、社会党内から「自衛隊を認めることになる」という激しい批判を浴びた。

そのあと、一九六五年一〇月の日韓国会は、日韓条約の強行採決をめぐって紛糾したため、国会正常化が政治問題となり、翌六六年三月からは議院運営委員会の理事と正副議長による「議会制度に関する協議会」が正式に発足して協議が続けられてきた。この協議会もすでに設置から三〇年以上経過し、これまでにさまざまな改革を合意し、実現している。

たとえば船田議長時代の一九七〇年から七二年にかけて、民社党から防衛問題に関する常任委員会の設置が問題提起され、それ以降何回も取り上げられてきた。

一九七六年秋にソ連のミグ戦闘機が北海道に亡命する事件が発生して安保・防衛論議が高まり、社会党も態度を軟化させ、七七年五月、衆議院議院運営委員会に、①新設の委員会は法案を審議せず、日米安保、自衛隊を調査するための特別委員会とする、②かわりに科学技術、公害・環境特別委員会を常任委員会に昇格させる――という条件を示して歩み寄りを見せた。

一九七九年末のソ連のアフガニスタン侵攻、八〇年一月の社会・公明両党の連合政権合意を受けて与野党合意が成立、八〇年四月一日に衆議院の特別委員会としてようやく設置された。なお、委員会制度についてさまざまな取り組みを続けていた参議院は、衆議院と同じ委員会を作る必要がない、などの理由で設置を見送った。

一九九一年に衆議院安全保障特別委員会は常任委員会に昇格された。

この時にも社会党は「政府・自民党の安保政策に巻き込まれかねない」などという反対論が続出していたが、東西冷戦の終結、湾岸戦争などの国際情勢の激変の中で、ようやく賛成に回った。

VI　まとめにかえて

新しい未来を切り開く国会論議

紀元二千年という区切りの年を迎えた国会の最大の出来事は、衆参両院に憲法調査会が設置され、憲法論議が始まったことであろう。同時に、論壇では「新しい国家目標はどうあるべきか」という論議も活発に行われている。

国の基本法である憲法だから、国家とはどうあるべきか、日本国民がこれからの二十一世紀に向かって進むべき進路は何かを示す議論から始めなければならないのは当然のことだ。

このところ、日本のさまざまな側面でほころびが生まれている。経済が挫折し、湾岸戦争ではこれまでの日本の生き方が否定されてしまった。戦後の日本がこの一〇年間で再び「敗戦」の苦渋を味わったのだ。これを日本病と呼ぶ人もいる。

グローバル化の中で世界中に広がってゆかざるを得ない日本人に、アイデンティティ意識を育成し、国際社会において責任ある地位を占めるための手掛かりを与えなくてはならない。

「国際社会への積極的な関与と貢献への意思と、国際社会における日本の自立と適応に対して憲法第九条が大きな障害をなしてきた。国際社会における日本の地位を論じる前にまず第九条の改正が不可避になった」（中西輝政京大教授『「第二の戦後」の国家目標』中央公論二千年二月号）。

日本の新しい未来を切り開いていくためには、国会の議論が欠かせない。外交における国会の役割がますます重要性を増すゆえんである。

第二章　日ソ交渉と国会

浅海伸夫

I　日露交渉の原点

日ソ共同宣言

日本とロシア（ソ連）との戦後の交渉史を考える時、その大きな山場が一九五六年（昭和三一年）一〇月の日ソ共同宣言にあったことは言うまでもない。この宣言は、同月一三日から一九日までモスクワで行われた日本とソ連の両国政府の交渉でまとめられたものである。両国関係の戦争状態を終結させ、国交を回復させるとともに、ソ連が日本の国連加盟を支持することや日本人抑留者を日本へ送還することなどをうたっている。

そして、両国間で最大の懸案となる北方領土問題に関しては、その第九項で、①両国間に正常な外交関係が回復された後、平和条約の締結に関する交渉を継続する、②ソ連は、日本国の要望にこたえかつ日本国の利益を考慮して歯舞群島及び色丹島を日本国に引き渡す、③ただし、これらの諸島は平和条約締結後に現実に引き渡される、と規定した。

外務大臣として日ソ交渉にあたってきた重光葵は、同年一一月一九日の日ソ共同宣言批准のための「衆議院日ソ共同宣言等特別委員会」の提案理由説明で、

「領土問題の全面的処理について両国間の意見の一致をみない現状におきましては、平和条約の締結はこれを後日に譲るのほかはございませんので、とりあえず暫定的に、国交を正常化することを目的とした両国間の正式約束を締結いたしました次第でございます」

と語った。つまり、この交渉では、領土問題は解決できず、その結果として、平和条約の締結は先送りされ、国交の回復と日本の国連加盟が優先されたのであった。日本側からすれば、領土問題は、この宣言により、歯舞、色丹の二島は条件つきながら返還のメドがついたともいえたが、その後の日ソ交渉では、これすら一時、反古にされた経緯もあり、この二島に国後、択捉を含めた北方四島返還を求める日本側と、その返還は困難とするソ連側との話し合いはいまなおついていない。

とはいえ、ソ連末期の九一年四月のゴルバチョフ大統領来日による日ソ首脳会談、九三年九月のエリツィン・ロシア大統領の来日時の日ロ首脳会談などにおいても、この日ソ共同宣言の領土問題の条項は交渉のベースの意味をもっている。

この日ロ交渉の原点とも言うべき日ソ共同宣言をめぐる日本外交に国会は、一体、どのような影響を与えたのだろうか。とくに、一九五六年という年は、その前年に自由党と民主党による保守合同と左派と右派社会党との統一が果たされるなど、1½といわれる戦後の自社五五年体制が一歩を踏み出した時期であり、政界再編に伴う政党や国会の混乱と日ソ交渉の行方とは深い関連性があったのである。

折りしも、米ソ冷戦の終結の中で、自民党一党優位体制は崩壊し、連立政権の不安定な状態のもと、日ロ関係も平和条約締結に向けた新たな動きが出ている。こうした状況下で、日ソ共同宣言の時代を検証しなおすことは、一層、有益であることは論をまたない。

鳩山内閣の誕生

日ソ共同宣言に至る外交交渉は、鳩山内閣のスタートと時を同じくして始まり、鳩山内閣の終焉をもって、文字通り終わった交渉である。

吉田長期政権に代わって、鳩山・民主党内閣が発足したのは五四年一二月九日だった。鳩山首相は、民主党と左右両派社会党の支持によって首相指名された。この首相指名選挙の前に鳩山は、両派社会党の鈴木茂三郎、河上丈太郎両委員長と会談し、両委員長は、「選挙管理内閣」として鳩山を推薦する考えを表明し、鳩山は衆議院解散を約束した。つまり、社会党の支持は、解散の条件付きだった。これを受けて、民主、左右社会党は、休会明けに解散を断行する、との共同声明を発表した。

鳩山内閣は、外相は重光葵、農相に河野一郎、通産相に石橋湛山、運輸相に三木武夫といった顔ぶれで、とくに重光、河野は、日ソ交渉で一貫して重要な役回りを演じることになる。

前臨時国会に連続して同一〇日に召集された第二一回通常国会初日の勢力分野は、衆議院では、自由党一八五、日本民主党一二一、日本社会党(左)七二、同(右)六一、小会派クラブ一一、新党同志会六、無所属三、欠員八で、与党・民主党は第二会派であり、議席増を狙って解散することが必要だったといえる。ちなみに、参議院でも、自由党九二、緑風会四八、日本社会党（左）四四、同（右）二六と続き、日本民主党は、わずか二〇議席に過ぎなかった。

鳩山は、翌五五年一月二二日の初の施政方針演説で、「わが国の自主独立を完成いたし、独立国家の国民としての自覚を高め、わが国の自立再建を達成すること」を強調し、「国交の開かれざる諸国との関係もでき得る限り調整をしていく方針」を明らかにした。

鳩山が政策の柱となる憲法改正と日ソ交渉の重要性を訴えたのは、五二年九月一二日に遡る。この日、鳩山は公職追放から政界に復帰して初めて、東京・日比谷公会堂で第一声を挙げたのである。米ソの「（軍備拡張が続く）世界の情勢の時に、日本とソ連とは戦争状態終結未確定の事態にあることは非常に危険だと思い、（さらには）……両国の橋渡しでもできれば、非常に世界のための幸福だ」（五六年一一月二〇日の日ソ特別委員会の答弁）というのがその動機だった。しかし、憲法改正といい、日ソ国交正常化への取り組みといい、それらはいずれも、吉田政権の従来の政策に対する強烈な批判と対抗意識にもとづいたものであったことは疑いない。

これに対して、吉田の基本的な立場は、「米ソ二大陣営が対峙し……、日本がアメリカ陣営に属している時、アメリカの力を弱めることは決してすべきではない」（北岡伸一「吉田茂における戦前と戦後」、『戦後外交の形成』に所収、一二四頁）というものであった。当時、アメリカが、「歯舞諸島は日本領だと表明し、日本の返還要求を後押しする強硬な施政をにわかに示し始めたのは、ソ連をして日本にこれらの島を返還させるためではなく、これによってソ連に圧力をかけ、日ソ関係を緊張させておくためであった。……アメリカとしては、どうしても日ソ両国の接近をブロックしなければならなかったのである」（和田春樹『北方領土問題を考える』岩波書店、一九九〇年、一四二―一四三頁）。日米関係の分断を図りたいソ連と、日ソの接近を牽制する米国という構図。しかし、鳩山は、アメリカの思惑や戦術を超えて、日ソ国交回復に進んでいったのだった。

鳩山と吉田

五五年一月二四日に衆議院が解散されたあとの総選挙では、鳩山が組閣とともに掲げた、憲法改正と対中ソ外交の推進が争点となった。選挙戦は、「民主党が『鳩山ブーム』に乗り、中ソとの国交調整などを公約して有利であったのに対し、左右両派社会党は、選挙後に両党の統一を実現すると公約し、鳩山内閣の憲法改正、徴兵制実施の企図を攻撃して保守対革新の対決を謳った。自由党は悪名のうちに政権を離れた不利を補うべく、鳩山内閣の外交の危険性を強調した。その間に注目すべき事態は、政界を引退したかにみえた吉田が立候補し、自由党内に反主流の一派を形成する意欲を示したことである」（岩永健吉郎『戦後日本の政党と外交』東京大学出版会、一九八五年、四八頁）。

民主党と社会党は、憲法改正問題では真っ向から対立する形だったが、対中ソ関係の進展では共同歩調がとれた。とくに社会党は、日ソ交渉方針に対しては、はじめから好意的姿勢だったのである。

これに対して、自由党は「鳩山外交」にも改憲にも批判的な立場をとった。とくに、吉田は自由経済論者、「反共」主義者として、日米軍事・経済関係を損ないかねないソ連との国交回復は急ぐべきではないと考えていた。

そもそも、鳩山、吉田両氏の摩擦は、鳩山が敗戦後の四六年の組閣直前、公職追放にあい、吉田が後任総裁・総理に就いたときに始まっていたが、鳩山が政界復帰して後、対立感情は一層激化し、対ソ外交をめぐって頂点に達するのである。鳩山が吉田に抱いていた感情は『鳩山一郎回顧録』（鳩山一郎著、文藝春秋新社、一九五七年）の中で造船疑獄に関連して書いている次の一節からも推察できる。

「吉田君は流石に吉田流で、最後にはこれを例の〝指揮権発動〟という大ナタで、一挙にたたき消してしまった。これはいかにもムチャなやり方で、三権分立も何もない――これでは政党政治に対する信頼は地に墜ちるだけだ――と思ったが、黙っていた」（一三二頁）。

また、鳩山らが民主党を結成、吉田政権打倒に向かい、内閣不信任案の上程直前に吉田が総辞職したときの回顧でも、「あくまでも解散を主張したという吉田君も、考え方によっては面目躍如としている。とに角、彼は何といっても殿様流、自分に逆らうものは、何でも斬って捨てようという精神がにじみ出ている」と批判している。

これに対して吉田も、最後まで鳩山訪ソに反対し、この両首脳のぬきさしならぬ対立が、それ以降本格化する日ソ交渉にも大きな影を落としていく。そして、あらかじめ、鳩山の政治を総括してしまうとすれば、鳩山は「日ソ国交回復という反吉田的目的を達成して退陣したが、もう一つの反吉田的目的であった憲法改正・再軍備を実現することはできず」（升味準之輔『日本政治史４』東京大学出版会、一九八八年、二二七頁）に終わるのである。

国交調整に動く

五五年二月の衆議院議員選挙の結果は、日本民主党一八五、自由党一一二、日本社会党（左）八九、同（右）六七。民主党は第一党になったが、過半数に遠く及ばなかった。一方、左右社会党は合わせて二一議席を増やし、改憲阻止に必要な三分の一の議席を確保した。憲法改正は当面は不可能な情勢となり、鳩山政権として取り組む課題は、おのずと日ソ国交調整に絞られていくことになる。しかし少数与党政権が挑むには、かなり至難なテーマであった。

日ソ交渉は、衆議院が解散された翌日の五五年一月二五日、元ソ連代表部首席ドムニツキーが東京・音羽の鳩山首相の私邸を訪問し、国交正常化交渉に関する政府の書簡を手渡したことから始まった。これは最初は外務省に持ち込まれたが、同省と重光外相はこれを拒絶していた。鳩山は、交渉開始に積極的な姿勢をみせ、二月一六日には再度、ドムニツキーが鳩山邸を訪れ、交渉開始を申し入れて来た。鳩山はこれを受けて、重光の消極論を押し切る形で、日ソ交渉開始の方針を閣議決定した。ドムニツキーは、「正体の知れない、一種の妖気」（松本俊一『モスクワにかける虹――日ソ国交回復秘録』朝日新聞社、一九六六年、二二頁）の漂う人物であり、こうした人物と総理大臣が接触したこと自体、吉田系の「反ソ・反共」の外務省主流からは強い反発を買ったという。

全権は当初は、杉原荒太の予定だったが、防衛庁長官として入閣したことから、前駐英大使で終戦時の外務事務次官、松本俊一（衆院議員）が選ばれた。そして、いよいよ開始される日本政府の対ソ交渉の基本方針は、和田春樹によれば、「外務省の討議のさいには、南千島返還論も検討されたかもしれないが、結局のところ、訓令としては、南樺太、千島列島の返還から主張し、歯舞、色丹の返還を最重要の獲得目標とする……。南千島のエトロフ、クナシリ島を千島列島から取り出して交渉せよとの方針は最初の訓令には含まれていなかった」（一四八頁）のであり、いわゆる二島返還が妥結の条件だったという。政府・与党内での最大の対立点は、領土を含めた全懸案を解決して平和条約交渉を締結するのか、それとも国交回復だけを優先させるかにあった。ロンドン交渉が開始されたのは六月三日である。

II　少数単独政権

内閣戒告決議

五五年三月一九日に成立した第二次鳩山内閣で、重光、河野、石橋、三木らの閣僚はいずれも再任された。しかし、このように与党が過半数に届かない少数与党の単独政権では、当然のことながら国会は行き詰まりやすい。その政局・国会運営の困難さは、少数与党連立の羽田内閣（九四年四月成立）が在任五八日間で終わった例を思い起こせば十分であろう。

鳩山内閣は、少数の悲哀を総選挙終了後の特別国会（第二二回）での衆議院議長選挙から早くも味わうことになる。召集日の三月一八日に行われた衆院議長選挙の結果、鳩山の最側近で民主党の長老、三木武吉（一八八票）が自由党の益谷秀次（二七一票）に敗れた。おまけに、副議長選挙でも右派社会党の候補に民主党候補は敗れた。

これは、野党の自由党、左右社会党が手を結んだ結果にほかならない。この連携について、当時、自由党の幹事長・石井光次郎は、後日、民主党主導を牽制するとともに、自由党の存在感を示すため、社会党と組んだと明言、次のように回顧している。

「選挙の直後、衆院議長を選出する際、民主党から『三木武吉を立てるので賛成してくれ』といってきた。本来ならば賛成していいわけだが、第一党といえども、過半数を占めない場合は、そう自由にならないぞいうことを示しておかなければならない。今後、予算折衝の場合でも、第一党の思い通りにやられたのでは、われわれの党の存在が危ぶまれることになる。私は、はじめは三木武吉君でいいと思っていたのだが、議長選挙の前日の夕方、ふと思いついて、議長をひとつひっくり返してやろう、社会党と組んで、われわれのほうから議長を出し、社会党から副議長を出すということで話をつけようと考えた」（石井光次郎『回想八十八年』カルチャー出版社、一九七六年、三九一―三九二頁）。

社会党との工作に動いたのは小沢佐重喜副幹事長、議院運営委員長はのちの首相、吉田の側近である佐藤栄作だった。鳩山と三木は、戦前から盟友関係にあり、「鳩山は首相に、三木は衆院議長に」それぞれ就任しあうことを誓いあってきた。三木はその日、モーニングを持ってきていた。結局、三木は、ついに議長に就くことなく終わるが、この落選が鳩山らを相当落胆させたことは想像に難くない。

さらに四月六日、野党提出の「鳩山内閣の外交措置に対する戒告決議」が衆院外務委員会で可決された。その経緯をみると、政府は、アメリカとの昭和三〇年度防衛分担金削減問題の難交渉を辛うじて妥結させた。ところが、結果的に三一年度以降の防衛予算の増額を約束させられることになり、改めて対米調整のため、重光を米国に派遣しようとしたが、米側がこれを事実上拒否。その一方で、日ソ交渉の交渉地をニューヨークにしたいという日本の提案もソ連側から拒否されたのだった（『日本議会史録』4、第一法規出版、一九九〇年、富田信男執筆）。この対米、対ソ交渉の拙劣さが野党の攻撃の的になったのである。

その四月六日の衆議院外務委員会の会議録からは、当時の鳩山政権の外交に対する国会内の見方が浮き彫りになってくる。この中で「反鳩山」の自由党の北澤直吉は、「私どもの考えでは、鳩山内閣の行き当たりばったりの外交政策、政府の部内における不統一な、ばらばらな外交政策、国外に対しましてはいわゆる二股外交、こういう問題が重なって内外に信を失った」と厳しく政府を追及。アメリカ側からは「屈辱」を受け、ソ連外交には「非常な甘さ」がみえると指摘した。これに対して、鳩山首相は、「門外漢からみればいろいろの見方があるが、前の内閣については外交方針が一貫していない、『そのつど外交』だといわれたのであります。私どもが内閣をとって以来は、『そのつど外交』はやめた」と突っ撥ねた。しかし、社会党の森島守人も、ドムニツキー書簡について、鳩山と重光の対応が明確に違うのは二元外交にほかならないとして、二人の齟齬を追及した。

この鳩山と重光との関係は後述するが、自由党代表が提案理由を説明した戒告決議案は、「鳩山内閣は、その外交方針を進めるに当って、ことごとに閣内に意見の一致を欠き、且つその取扱いは軽率を極め、わが国の国際上の信用を著しく傷つけるに至った。これは、現内閣の重大なる失態であると認める。よって政府は深く反省すると共に、今後かかる失態を繰り返さないよう善処すべきである」としていた。これに対して、民主党は「独断と曲解と悪意に満ちたもの」と反対したが、社会党は鳩山内閣の「アメリカ一辺倒」外交の修正は是としつつも、「対米」調整と「対中ソ」国交回復の外交方針を統一する思想を欠き、相手国の態度に翻弄されているなどして賛成した。ここからは、吉田内閣の外交政策の転換を図りつつも、混乱しどおしの鳩山少数党政権の外交ぶりと、国会での弱体ぶりがはっきりみてとれる。

つぶれる法案

この国会は三月末に暫定予算（四、五月）を処理した後、本予算編成のため、事実上の休会に入った。本予算が提出されたのは四月二五日で異例の国会日程といってよい。しかし、予算審議は難航し、本予算は五月中に成立させられないまま、六月中の暫定予算補正に追い込まれ、同月八日になって、民主・自由両党の共同修正によって、ようやく衆院を通過した。この結果、政府提出法案の成立は大幅に遅れ、会期は七月三〇日まで三〇日間延長された。ちなみに、当初の会期六月三〇日までの政府提出法案一三七件のうち成立したのはわずか五六件と、半数に遠く及ばなかった。

そして、最大の対決法案は、憲法調査会法案と国防会議の構成等に関する法案（国防会議構成法案）だった。前者の憲法調査会法案については、民主党は自由党との共同提案を狙ったが、自由党がこれを拒否。さらに社会党はこれに強く抵抗した。結局、同法案は六月二八日に提出され、七月二八日に衆議院を通過したものの、参議院では、米軍が原子力弾頭装備可能のロケット兵器オネスト・ジョンを沖縄に持ち込んでいたのではないかとの問題をめぐる紛糾も加わり、内閣委員会に付託後、審議未了、廃案に追い込まれてしまった。

一方、国防会議構成法案は、国防会議の構成について、議長は首相、議員は副総理、外相、蔵相、防衛庁長官、経済審議庁長官と有識者五人以内とするものだった。同法案は五月三〇日に提出されたが、自由党が難色を示し、七月二七日、内閣委員会で修正可決、同日に衆議院を通ったものの廃案となった。この間、政府側は国会の会期再延長による成立をめざしたが、自由党の協力が得られなかった。杉原荒太防衛庁長官は、同法案不成立の責任をとって七月三一日辞任。結局、この国会の政府提出法案(最終的には一五〇件)は、三〇日間の延長によって一三五件に達したが、結果は、「政府完敗の形となった。……しかし、(これは)保守陣営の危機感を強め、当時すでに動き出しつつあった保守合同への歩みに拍車をかける効果を生み出した」(『日本内閣史録』5、林茂、辻清明編集、第一法規出版、一九八一年、三二三頁)のも事実だった。

民主党総務会長の三木武吉が保守結集を呼び掛ける談話を発表したのは四月一二日のことである。社会党はすでに解散前の一月一八日の臨時党大会で、両派統一の共同決議を採択し、選挙でも議席増を果たし、勢いをえていた。三木の決断は、こうした社会党の動きと、弱体与党で味わった国会運営上での限界から生まれたのである。

鳩山の苦痛

この時の国会運営について、鳩山首相は「身体を攻める自由党の作戦」に、ほとほと参ったと告白している。野党側が、国会審議で必要以上に首相を拘束し、心身ともに疲弊させるのは、今日でもあまり変わらない。脳溢血で倒れ、体が不自由だった鳩山は、こたえたに違いない。鳩山が味わった苦痛や苦衷は、以下引用する『回顧録』の記述からも十分察することができるだろう。

「四月から七月一杯までかかった国会は、文字通り、悪戦苦闘の連続であった。社会党が憲法改正と自衛隊の問題で食い下がって来たのは致し方ないとしても、自由党がこれと一緒になって事々に頭からおおいかぶさって来たのには、本当に閉口した。

自由党にすれば、選挙では吉田君のやり方をこっぴどくたたかれたし、その上、大負けに負けて、政権を取られてしまったのだから、腹が立つのも無理はなかったのかも知れないが、その攻め方は尋常一様ではなかった。来る日も来る日も両院の本会議はもちろんのこと、すべての委員会に引っぱり出されては質問の集中攻撃を受けた。

朝は一〇時から、夜は一〇時、一一時までという日が続いたことも決して珍しくない。しかもその間、昼食をたべるために与えられる時間は大体三〇分足らず、むし風呂のような暑さの中で、水を飲むことはおろか、夕食さえ食べさせてもらえないような日も幾日かあった。家へ帰ると、シャツやズボン下だけではなく洋服の上衣まで、背中一面が汗でグッショリになっている。だから洋服は毎日とりかえた。新聞記者などから聞くところによると、当時、自由党は、ボクを体で参らせてしまおうという作戦であったらしい。『鳩山は、あの通りの病体だから、連日連夜、国会に引っ張り出していじめれば、三か月もたたぬうちに必ず体も精神も参り切って死んでしまうに違いない』というのだったそうだ。道理で激しかったのも無理はない。あんな苦しかったことは、私の長い長い政治生活でも初めての経験であった。よくも続いたものと今から思ってもぞっとする。こうして入れ替わり、立ち替わり攻めたてられたのだから、たまには言い間違いをすることもあれば、知らない所も出てくる。

そうすると、待ってましたとばかり、『取り消せ』『陳謝しろ』とやられる。ひどい時は、衆議院の委員会に出席していて、参議院の方に出て来なかったといって、陳謝させられる。その陳謝をするに、参議院の方に回ると、今度は衆議院の方が「怪しからん。あやまれ」と来る。体は一つしかないのだから、どっちかに出席すれば、他の方には出られないことは分かり切っているのだが、理屈をいつも許してくれる所ではない。

何人かの大臣も、陳謝の要求や戒告決議案、不信任案などを突き付けられた。特に河野君に対する風当たりは強く、一度米価の問題で野党は本当に不信任案を通すかも知れないという情勢になったことがある。この時ばかりは、私も少々腹が立って解散のはらを決めた。緊急に閣僚と党の幹部に集合してもらい、『もしも河野君の不信任案を強行すれば、解散するより外、仕方あるまいと思う』と話したたところ、全員が賛成した。ところが、これが直ちに野党に伝わって、河野君の不信任案はシュンと消えてしまった。もしもあの時解散していたら、民主党は少なくとも二百名以上は当選し、その後の政局は、今と大分違った方向に進んでいたかも知れない。考えると、一寸惜しい気もする」（二六五―二六七頁）。

この国会終盤の七月二六日、衆議院の外務委員会では、こんな光景がみられた。席上、鳩山首相は、次のように答弁した。

「私が日ソ交渉をやりたいと考えましたのは、ちょうど私が病気になりました年ですから四年前なんです。その当時、アメリカにおいて一九五二、三年ごろが、どうも米ソ戦争が始まるだろうという年だったんです。そういう本を寝床の中で人に読んでもらって私は聞いていたのですが、私はどうしてもソ連と日本との国際関係を戦争状態に置いておいたならば、これはとんだことになると思いまして、それで日ソ間の戦争状態を終結せしめることを果たさなければならないと考えて……」

質問した羽生の証言によると、この時、鳩山は、声涙ともに下って、ついに答弁ができなくなってしまった。隣の重光外相が「総理そんなに興奮しないように」といって、鳩山の背に手を当てて慰めた。そこで、羽生も不規則発言で、「総理大臣の地位は長くても二年か三年でしょう。日ソ国交回復を実現されれば、必ず歴史に残りますよ、しっかりやってください」と語りかけると、鳩山は「ありがとう。よろしく」と涙を拭きながら退席した（羽生三七『戦後日本の外交――野党議員の証言』三一書房、一九七一年、六三―六四頁）。「良識の論客」と評された羽生の一言に、鳩山は大いに慰められたことだろう。

III　二元外交

鳩山と重光

政党政治家の鳩山、官僚出身者の重光の連携のありよう、そのぎくしゃくぶりは、交渉の行方に大きな影響を与えた。鳩山と重光は、その政治経歴も個性も対照的である。

鳩山一郎（はとやま・いちろう）は、一八八三年（明治一六年）、東京に生まれた。一九一五年（大正四年）に三二歳で衆院議員に当選、政友会に属し、田中義一総裁のもとで幹事長、田中内閣の内閣書記官長のあと、犬養、斎藤両内閣の文相をつとめている。内閣書記官長の時代は、ゴルフに夢中になって官邸の部屋の絨毯を磨り減らしたり、ときにはゴルフの練習に出かけてしまったりというエピソードを残した人で、よくいえば天衣無縫、人によっては生意気な悪童的な人物にうつったようである。

終戦後の四五年（昭和二〇年）一〇月に自由党を結党し、翌年四月の総選挙で第一党になったが、公職追放され、首相の座を棒に振った。政界に復帰したのは五一年八月で、その直前に脳出血で倒れていた。政治家になったときから、「総理」の座をめざす立場に置かれてきた鳩山にとって、これ以上の悲劇はなかったであろう。

一方、重光葵（しげみつ・まもる）は、一八八七年（明治二〇年）、大分県生まれ。上海事変の時の駐華公使で、テロ事件に巻き込まれて片足を失い、一九三三年（昭和八年）、広田弘毅外相のもと外務事務次官に就いた。三六年から三八年までは駐ソ大使で張鼓峰事件の解決にあたった。さらに駐英大使（ちなみに前任大使が吉田茂）、駐華大使などを歴任し、東条内閣で外相、小磯内閣でも外相兼大東亜相。東条内閣時代の重光について、リベラリストの論客、清沢洌は日記（一九四二年四月二一日）の中で、「重光は大のオポチュニストにして、今までとても軍部の色を見てはロンドンとモスクワから報告を書いていた。出世主義の雄なるもの」（『暗黒日記』岩波文庫、一九九〇年）と辛辣な批評をしていた。

戦後は、東久邇内閣の外相として、政府代表としてミズーリ号上で降伏文書に署名した。東京裁判でA級戦犯として禁錮七年の判決を受けたが、五〇年に保釈、五二年の追放解除後に政界に復帰し、改進党総裁に就任していた。

ロンドン交渉の全権・松本俊一は、重光について「霞ヶ関の伝統的な外交官、すなわちABC型というべき外交官」（『モスクワにかける虹』一六四頁）と評した。ABC型とは、A（アメリカ）、B（ブリティン＝英国）の双方に在勤して、C（チャイナ＝中国）に行って活躍する外務官僚のことだという。そして松本は、この型の外交官は「戦後もアングロサクソンとともに日本は外交を推進すべきであるという信念を抱いていたので、……共産圏の諸国に対しては、対抗意識こそはげしかったけれども、これと友好をはかるということにはきわめてリラクタント（不承不承）であった」とし、ソ連では「非常な嫌われ者」だったと指摘している。

こうしてみても、政党人の鳩山と、官僚の重光という対照性は明らかだが、この二人の人生行路が重なるのは、政界再編成の途上であった。当時の政治状況をみてみよう。五二年二月、旧民政党の追放解除組である大麻唯男や松村謙三らが作った新生クラブと、国民民主党（民自党と連立しなかった民主党野党派と国民協同党が合同した）とが一緒になって改進党が結成される。その総裁に迎えられたのが重光だった。五三年四月の総選挙では、改進党が七六議席、鳩山自由党が三五議席、自由党が一九九議席だった。自由党は過半数に遠く及ばず、政局の焦点は同党と改進党との提携や、鳩山自由党の動向に移った。吉田は改進との連立を考えるが、重光は健全野党として進むことを決し、自由党は今度は鳩山派の復帰工作を行った。この結果、鳩山以下二六人が自由党に戻り、三木武吉ら八人が日本自由党を結成した。

しかし、この後、造船疑獄などを機に吉田自由党政権は限界を露呈し、鳩山や安藤正純ら自由党からの脱党者三九人と、改進党からの六七人、日本自由党の八人の議員を中心に五四年一一月二四日に日本民主党が結成される。このときに鳩山と重光は初めて接することになる。少数勢力ながら総裁には鳩山、副総裁には重光が就いた。重光はその日の日記にこう記している。

「日本民主党結党式。党名、総才〔裁〕、綱領、政策、宣言、内閣打倒決議、型の如く成功裡に行はる。総才は詮衡委員会にて記者推薦の形にて行はる。記者の発声にて万歳三唱、閉幕。演説会、午後二時定刻より行はる。記者、鳩山総才、岸幹事長、三木総務会長の順序、何れも反吉田。聴衆堂に溢れ、場外一万を数ふ。稀有の盛会にて世相を知るに足る。昨日及今日は成功の日なり。私心なきが為めなり」（重光葵『続 重光葵手記』中央公論社、一九八八年）。

「昨日及今日は成功の日なり。私心なきが為めなり」と重光が記したことについて、渡邊行男は、著書『重光葵——上海事変から国連加盟まで』（中公新書、一九九六年）で「重光首班の夢は去ったが、これでいいという心境のようであった」と書いている。

一方、鳩山はこう回顧していた。

「もちろん、口にこそ誰もいわなかったが、当時は、皆んなが、『新党が出来れば総裁は鳩山』というふうな空気であったし、それと同時に、『副総裁は重光』という気持であったことも事実だが、それ以上の将来のことは何の話も出なかった。誰一人口にも出さなかった。一部に『鳩山のあとは重光という約束が出来上がっていた』というようなことが伝わったようだが、それは全く誤りで、そのような話は、誰にも、またどんな場所でも、全くしたことはなかった。ただ、私個人とすれば、もちろん、重光君の立場は出来るだけ尊重しなければならないと思っていたことは事実である。改進党よりも数の少い私の方から総裁が出る。これは本当からいえば妙な話なのだから、私としては、何とかして改進党の立場と重光君の立場を重視しなければならないとは考えていた。出来るなら、私の後は重光君がなるのが順当であるということも考えた」（『鳩山一郎回顧録』一二九頁）。

「対ソ」で〝寒暖差〟

この時点では、双方のいがみ合いや緊張や摩擦はみられなかったようである。

しかし、憲法改正や再軍備では、鳩山の路線に同調していた重光だったが、対ソ国交正常化については、きわめて慎重論であった。松本俊一によると、松本は全権になる直前の総選挙に民主党から出馬して当選したが、その時の選挙応援にきた重光が、「日ソ交渉は鳩山が非常に熱心で、ソ連の態度を甘く考えているので、自分としてもやむを得ず賛成したが、自分のみる限りではこの交渉はなかなか一筋縄ではいかないし、長引くであろう」と話していた（『モスクワにかける虹』一九頁）と書いている。

また、元サンケイ新聞政治部記者の久保田正明は、『クレムリンへの使節――北方領土交渉一九五五―一九八三』（文藝春秋、一九八三年）の中でこう整理している。

「交渉のやり方について鳩山と重光の考えはかなり違っていた。鳩山は何よりもまず戦争状態の終結を宣言して、抑留者を帰国させ、その他の懸案問題は外交関係樹立後にやればよいと考えていた。これにたいし正統派外交官の重光のほうは、日本外交の第一は米国との協調であり、第二が亜細亜諸国との親善、第三が中国・ソ連との国交調整だと主張し、日ソ交渉にかんしては終戦宣言というだけでは単に法的に戦争状態が終わるだけで実効は少ない。日ソ間の諸懸案を解決して平和条約を結ぶのが外交の本道だ、と主張していた」（二〇頁）。

そしてこの重光の考え方は、自ら全権として臨む五六年夏の交渉まで不変だったようである。それまでは、ソ連側の二島返還論を一蹴しつづけていたからである。

『日本の政治と外交――日ソ平和交渉の分析』（中公新書、一九七〇年）を書いたD・C・ヘルマンは、同書で別の側面からの見方を示している。

「重光はまた鳩山内閣の副首相もつとめたし、主として彼自身の希望するところにしたがって、外務大臣にも任命された。彼は鳩山内閣の存続中ずっとこれらの地位にとどまった。ここで重要なことは、重光自身の考えでは、これらの地位は総理大臣の椅子への踏み石であったということである。政府の首班たらんとする彼の野心がたえずはばまれたことは、彼が対ソ政策に関して鳩山首相と意見を異にしたことと相まって、日ソ交渉の経緯に、直接かつ劇的な影響を及ぼした」。

民主党の結党時、鳩山グループは少数勢力であったが、鳩山が総裁におさまることは誰もが疑わなかった。重光は、戦前の経歴こそ重いものはあったしても、その出発点から総理・総裁の座を期待され、自らそれを目指して来た鳩山とは、政治家としては、比肩すべくもなかった。とはいえ、吉田政権末期の五三年には、吉田から重光への禅譲を模索する動きがあり、重光は政権をにらんで政策を整理した経緯もある。いかにも外交官らしい重厚さもあったという。そのカムバックは、当時の「反米」の空気の中、戦犯追放から復帰したそのキャラクターが受け入れられたせいでもあった。鳩山ブームのもと、重光待望論などなきに等しかったという証言もあるが、だからといって重光自身に、ポスト鳩山への意欲がなかったとは言えまい。そして両氏の確執は最終局面まで続く。

国会審議でも亀裂

鳩山・重光の二元外交ぶりについては、野党側は外務委員会の審議の中で、「閣内においては、重光外相の背後に、鳩山総理、杉原防衛庁長官、一萬田蔵相、高崎経審長官ら外務大臣心得」がたくさんいるばかりか、「政党の幹事長、首領連が勝手に外交をやっている」などと内閣発足当初から批判した。しかし、やがて日ソの早期妥結論が、与党内をリードするようになっても、重光だけは吉田と連絡をとりあい、鳩山との間はぎくしゃくし続けたのである（有村卯平「鳩山外交の実態」中央公論一九五六年八月号）。

そうした中、五五年六月から始まった、ロンドンでの松本・マリク両全権による日ソ交渉は、齒舞、色丹の二島返還に力点が置かれた。「鳩山首相だけはくりかえしてソ連が歯舞、色丹を返す可能性があると語っていたが、これに対して、七月一四日の衆議院予算委員会では、自由党の北澤直吉が『首相の考えは甘すぎる。首相はソ連の出方をはじめ最近の国際情勢の判断を誤っているのではないか』と批判」(『北方領土問題を考える』一五三頁)していたほどで、国会では二島返還すら難しいとみられていた。

のちに、衆議院日ソ特別委員会の質疑で、鳩山は、松本全権の派遣当時、「歯舞、色丹の譲歩が得られるならば、それで妥結する腹構えがあったのではないか」と問われて、「いつごろでしたか、私は時期をちょっと忘れましたが、去年の夏ごろからじゃなかったかしら、鈴木(社会党)委員長とお目にかかりましたときに、私はそういうようなことを言った覚えがあります」(五六年一一月二〇日)と答えている。二島返還が獲得できるなら上々という判断が鳩山には確かにあったとみてよい。

しかし、この鳩山の腹を読んでいたような提案が、七月になってソ連側の全権マリクから、非公式ながら日本の松本全権にもたらされた。それは、日本側の要求に応じて歯舞と色丹を日本側に引き渡してもいいというのであった。のちに河野一郎は、「あの時が妥結のチャンスだった」と、述懐したといわれる。

和田の前掲書によれば、対ソ交渉に慎重な姿勢をみせていた外相の重光や外務省は、妥結に向かうよりも、それを阻止する方向で動いていた。鳩山と重光の軋轢が一層、深刻化してくるのは、この時点からだ。松本・マリク全権によるロンドン交渉の際の外務省の対応に、鳩山はこんな不満を漏らしている。

「話しがなかなかまとまらない。特に、領土について、ソ連はぎりぎりのところ、ハボマイ、シコタン、両島までは、日本に譲ってもよいという態度を示したが、エトロフ、クナシリ島となると、ガンとして承知しない。かくて交渉はその一点でどうにも進展せず、松本君は一〇月一日、いったん帰国した。しかもその間、私は、ロンドンからの情報を得るのに随分不自由をした。外務省には松本君から会議の模様を詳細に報告したものが届いていると思うけれども、外務省は、いくら催促しても、それらしいものを私の手元に回してよこさない。来るのは大ざっぱな電報だけである」（『回顧録』一七六―一七七頁）。

外務省への不満は、重光への不信につながる。外務省が以下の新方針を打ち出したのも、重光のリーダーシップの結果とみられている。

新方針は、条約調印前に引き揚げが行われるよう保証をとりつける一方、領土問題については、①出来得る限り、国後、択捉両島を返還させるとともに、歯舞、色丹は無条件返還させる、②北千島、南樺太は、国際会議によってその所属を決定する、というものだった。これが、その後のわが国の対ソ外交の基本として採用される「四島返還論」である。

この方針がソ連側に伝えられるやソ連側は日本側を非難、交渉は中断してしまった。

その理由として、交渉にあたっていた松本は、平和共存政策が軌道に乗った矢先の日本側の抵抗にフルシチョフが意外感をもったこと、米側が日ソの妥協を極力阻止したかったことのほか、保守合同の相手方の自由党が日ソ交渉に反対のうえ、重光外相ら民主党内にも慎重論があったこと（『モスクワにかける虹』五四—五五頁）を挙げている。さらには「常に右の自由党と左の社会党との間に圧迫され、その指導力はきわめて弱く、少数党内閣の悲哀」（『同』六五頁）がそこにはあったとしている。

鳩山、重光両氏は、国会答弁でもしばしば対立した。とくに「委員会の審議は、その対立がどの程度のものであるかを、具体的な形で十二分に暴露した」（『日本の政治と外交』）のである。例えば、ヘルマンは、暫定協定でも国交の正常化を急いだ鳩山と、平和条約が望ましいとした重光との間には見解の相違が存在したと指摘、「深刻な内部対立を含んだ政府」というイメージを増幅させた例として、衆議院外務委員会の重光答弁を挙げている。

当時の会議録（五六年五月一六日）を繰ると、委員長は前尾繁三郎で日ソ交渉を取り上げたのは田中稔男（社会党）。会議録から抜粋すると、

［田　中］　そこで私は、今度の日ソの国交回復の問題（では）、最初、鳩山首相あるいはその側近の御意見では、領土問題はあと回しにして、とにかく国交の回復をはかろう、それから領土問題につきましては、歯舞、色丹で大体妥結をして、自余の領土につきましてはこれを将来に保留する、大体、こういうふうな御意見であったと思うのであります。ところが、自民党

の内部のいろいろな意見があり、外務大臣はその自民党の中の強硬派といいますか、そういう方面の意見をむしろ代表されて、南千島まではどうしても返してもらいたいというようなことを交渉の中途から強硬に主張された。こういうふうなことになりまして、ロンドン交渉は無期休会というような形になったわけであります。

ところが、今日の段階におきましては、アデナウワー方式をとるという話もあります。与党の中にそういう意見もありましょうが、大体平和条約でいきたいという御意見の方が強いようであります。その場合には、やはり歯舞、色丹で一応妥結するより仕方がないというような御意見が多いようでありまして、おそらくそういうことになると予想される。そういうふうになりました場合には、私は外務大臣の重大な責任問題が発生すると思う。私どもから見れば、むしろ首相が客観的に正しい交渉方式をお考えになっておったのに、外務大臣がそれにむしろ異議を唱えたというようなことで、日ソの国交回復がおくれた。従ってまた漁業交渉においても非常に不利な結果に追い込まれた。こうなりますならば、国益を阻害するというような結果になったわけでありまして、外務大臣の重大な責任問題だと私は思いますが、それについてはどういうふうにお考えになりますか、御答弁願います。

この中に出てくる「アデナウワー方式」とは、ソ連と西ドイツとの国交回復方式、すなわち、完全な平和条約でなく、共同宣言の形で外交関係を樹立するやり方である。さて、これに対する重光外相の答弁。

［重　光］　政府のきめました方針に従って外交を運用することが、私の義務であり、責任であると思いますから、そうして参りました。……自民党は自民党としての政策をきめております。……これは政府の方針ではございませんが、私も一党員として、それによって動いておるわけでございます。これが政策の運用であり、交渉の仕方はそういう工合にしてきておるわけでございますが。それについては私はなはだ不敏の責めは免れません。しかし政府の方針を私は逸脱し、もしくは変更したことはございません。それを運用して参ったのでございます。

田中はこの答弁に満足しない。重ねてこう追及した。

［田　中］　……国論がまとまらないと、少なくとも閣内の意見がまとまらないと、国民は途方に迷うと私は思うのであります。……鳩山首相、これは内閣の首班でありますから、その鳩山総理の大体お考えになります方向に対してまして、外相も同調なさるお考えかどうか、あるいは自民党内部のいろいろな御意見に立ってむしろ総理のお考えとは違った方向を自ら打ち出そうとお考えになるかどうか……。

［重　光］　……同じ鳩山総理の主宰の政府のもとにあって相談をして決定をしていくのでありまして、少しも違っておることはない、こう申し上げます。それは自民党内部にいても、自民党総裁は今日鳩山総理でございます。自民党すなわち鳩山総理、これの意見が違っておると

は私は思いません。しいて違っておると言われるのは、違っておることを希望されなくても、それを非常に高調したい、これは党派間の関係としてあり得ることだと思います。そういう立場ならこれはやむをえません。……自民党のすべての問題について、やっぱり個人としていろいろ気持が違っておることは私は当然のことであって、それは政策をはっきり決める場合においては、みんな解消してその政策に帰一しなければならないと私は考えております。……私は国家の大きな外交問題などについては、国家的にやっぱり考えが一致するということがぜひ必要だと考えます。それがために、いろいろな立場立場による気持ちはありましょうけれども、結局は結論において一致するよう私は努力を致したいと思うのであります」。

重光は、衆議院外務委員会で森島守人（社会党）にこう追及されたことがある。

「重光さんは、小磯内閣当時外務大臣として繆斌事件というものが起きた時に、小磯首相並びに今の自由党総裁の緒方さんとの間において意見の疎隔を来たして、外交は一元的に運営すべきものだと強く主張された」。

森島にこう批判される状況は、確かにあったのである。

松本俊一の国会観

松本俊一は、外務省条約局長や外務事務次官を歴任したあと、イギリス大使などを経て、一九五五年二月の総選挙で広島二区から出馬して当選。その年に始まったロンドン交渉の全権をつとめたが、松本が日ソ交渉がまだ行われている時期に、中央公論（一九五六年七月号）誌上で「外交と国会」と題したインタビューを受けている。

その中で、松本は五二年からの在英体験を踏まえて、イギリスの議会の外交討議についてこのように語っている。

「政府側は首相と外相が矢面に立つ。当時はチャーチルとイーデンでした。一方、攻撃する野党側は党首と副党首が主として質問する。当時はアトリーとモリソンでした。まず、イーデンかチャーチルが口火を切って政府の立場を明らかにすると、それに対しアトリーやモリソンが矢継ぎ早に質問の矢を放つ、というわけで、与野党の総大将と副将の舌戦が展開されますから非常に華やかで大がかりなものです。日本では、外交問題の討議は外務委員会でやり、本会議でやる場合でも、必ずしも与野党の双方から主将と副将が出てきて激しいやりとりをするわけではありません。イギリスはその点が日本と非常に違っているわけです。それから長時間熱心に討議したあと、イギリスでは終りに『サミング・アップ』（Summing up）というのをやる。締め括りですね。首相が討議の口火を切った場合には、サミング・アップは外相がやる。『今日の討議はこうこうだった』ということを結論として述べるわけです」。

松本は、イーデンはこのサミング・アップで名をあげたと指摘し、そのサミング・アップでの結論がイギリスの外交政策となって現れ、イギリス外交を動かすことを強調している。日本の国会論戦、とくに二〇〇〇年の通常国会から導入される「党首討論制」のあり方を考える上で、貴重な示唆というべきだろう。

さらに、松本は、イギリスでは、政府委員が答弁に立つことはないとしたうえで、「私は駐英大使時代、ロンドンに見えた日本の議員の方々にその点をお話しし……、皆さんロンドンでは賛成されるのですが、日本に帰ると旧来の風習のとりこになってしまうようですね」と、皮肉を込めた話もしている。松本も、一九九九年の臨時国会からわが国でも、政府委員制度が廃止されることになろうとは、とても、想定しえなかったであろう。

松本の話でとくに興味深いのは、イギリスの外交討議では、「たくまざる八百長」が行われているという指摘である。それは、「野党は政府の態度の矛盾を衝くと同時に、猛烈にアメリカの中共政策、台湾政策を攻撃する演説をぶつ。政府としても実はアメリカにいいたいこともあり、また台湾問題などについてはアメリカを牽制したい気持ちもあるのだが、政府当局者として正面切ってアメリカにそんなことはいえない。そこのところを野党が代弁する」というわけで、「敵は本能寺」にあり、ということだと解説している。松本は、与野党がたくまざるタッグを組んで、国益のために討議してみせるという側面を強調したかったようである。

このほか、当時の外務官僚の外交感覚について、松本は「十数年間、外交の空白時代がありましたからね。外務官僚に急に求めても無理だから、私はもう観念しています。でも、今度の日ソ交渉問題は外務省にとっても、また、一般の国民にとっても非常にいい勉強の材料になっていますね」と、当時の外務省の力量不足を認める見解を示していた。

一方、ヘルマンは前掲書で、国会が日ソ交渉に与えた影響について分析している。その中で、ヘルマンは、日本の国会の外務委員会とアメリカ議会の外交委員会の比較論を展開している。

ヘルマンは、アメリカの上下両院の外交委員会について「権威は高く、議員は争って委員に任命されたがる。委員会のとる立場は、一方ではアメリカの外交政策の超党派性を、他方では個々の委員の党規律からの独立性を示している。そのうち、上院の外交委員会の方がより大きな影響力をもっており、それは政府機構の中で独特の地位を占めている。上院外交委員会のメンバーになるのは、たいてい行政府と結び付きをもち、格別の特権に恵まれ、一般国民と議会の双方から非常な尊敬を受けるようなきわめて著名な人物であり、上院外交委員会がアメリカの外交政策を形成するうえでもっている実力は、その形式上賦与される権限をはるかに超えている」と指摘した。

そして、ヘルマンによれば、一九五五年から五六年当時の日本の外務委員会は、設置されてからまだ比較的日が浅く、米外交委員会のような法的権限以上の力を発揮できる基盤はまったくもたなかった。そして同委員会は外務省との間にしっかりしたつながりもなく、委員は党規に縛られ、外交政策に関して能力ももっていなかった。結局、委員会は、「政策形成過程における受動的な主体にすぎず、その活動は保守党内の派閥的対立に左右され、与野党間の鋭い対立を伴った」(一九三―一九四頁)と総括している。

IV　二大政党制下の国会

保守合同

日ソ交渉の行方に重大な影響を及ぼしたのが保守合同である。歯舞、色丹の二島返還で妥協を探ってきた「鳩山官邸」と、四島返還論でこれを強く牽制してきた外務省との綱引きに一つの結論をもたらしたからだ。端的に言えば、自民党が四党返還を党議として確定したことで、鳩山は自らの交渉に大きな枠をはめられたのだった。

日本民主党と自由党が合同して自民党を結成した「保守合同」の成立は、一九五五年(昭和三〇年)一一月一五日である。『自由民主党十年の歩み』(編集・発行 自由民主党、一九六六年)によると、「新党の性格や政策について両党の代表者の間に数十日にわたって慎重な検討が加えられ、とくに独立後のわが国の基本的課題である憲法問題と外交政策についてはきわめて熱心な討議が行われた」とあり、事実、進行中であった日ソ交渉の問題は、結党大会の直前まで、民主党の「外交問題調査特別委員会」

（芦田均会長）と自由党の「外交調査会」との間でぎりぎりの折衝が続けられた。そこで「意見の調整が難しかったのは、日本民主党が日ソ国交正常化を急いだのに対し、自由党が慎重な態度をとったためである。いくたびもの討議の結果、この問題は自由党の主張の線に沿って、『日ソ国交の合理的調整』という見出しのもとに、『緊急政策』のトップに掲げられた」（『自由民主党党史』発行 自由民主党、一九八七年、一二二頁）のだった。

それは、日ソ交渉は「平和条約の締結を目途とし、国論を基礎に次の主張を堅持する」として、

1　抑留邦人を即時完全に帰還せしめる。

2　領土については、

イ　ハボマイ、シコタン、南千島を無条件に返還せしめる。

ロ　その他の領土の帰属は関係各国において国際的に決定する。

3　わが国の主権を制限し、また将来の政策を拘束するがごとき要求を排除する。

4　相互に内政に干渉しない。

5　日本の国際連合加入を支持せしめるほか、国交再開に伴う諸懸案を解決する。

これは外務省の方針そのものであり、ソ連側が第一次ロンドン交渉で示した二島返還に対抗して政府が松本全権に出した追加訓令そのものだった。

松本の回想では、保守合同までの政界の空気は、「重光外相の慎重論に党外から自由党が呼応する形」

にとどまり、対ソ慎重論をさほど重視せずにすんだが、保守合同してからは、重光と旧自由党系が結合して「反日ソ交渉勢力は比重を増した」(『モスクワにかける虹』七〇頁)のだった。これに関して、和田春樹は「外務省の方針が保守合同で生まれた新与党の党議となったことで、妥協の道は完全にふさがれたといってよい。ソ連の二島返還の申し出に対抗的に提出された外務省の四党返還論が『国論』となった瞬間である。このとき『北方領土』問題が生まれたのだとみることができる」(前掲書一九八頁)と書いている。

この保守合同と対ソ方針の関わりについて、参議院外務委員会(五五年七月二一日)で羽生三七(社会党)が「内閣の対ソ方針は保守合同とのにらみあわせで将来制約を受けることにはならないか」と質問している。これに対して、鳩山首相は「制約を受けることはない」と撥ね付けた。が、羽生は「民主党の外交の長老、あるいは自由党の方が日本の立場を貫徹する国民大会なんかを開いている。これは交渉がつぶれた方がいいと期待しての大会だというふうに聞いておる」と指摘、自由党が抵抗をみせるなら、この問題に限って「社会党」に協力を求めてはどうかとも迫ったが、鳩山は自由党との間に「懸隔」はありえないと否定した。しかし、羽生の指摘の通り、鳩山はこの問題に終始、苦しむことになる。保守合同から明けて翌五六年一月にもなると、歯舞、色丹返還だけで国交を回復するという「早期妥結論」は弱まり、「鳩山のためにとられた保守合同のために、鳩山の悲願＝日ソ国交回復は、打ち壊されて」(『鳩山外交の実態』)いくのであった。

ここで吉田の対ソ外交観をみておこう。

吉田は『回想十年』（吉田茂著、新潮社、一九五七年）の中で、「鳩山君がソ連から睨まれたことについては、この私にも多少の責任があったかもしれない。というのは、……鳩山君はその（私の言った）通りに、天皇制護持、共産主義反対を掲げて、日本自由党を発足させた。これがソ連側をして、鳩山君の追放を強く要請させ、かつ最後までその解除に反対させた主因になったと思う。……もっとも、その後に至り、鳩山君自身総理大臣として、しきりに共産主義恐るるに足らずと主張し、ソ連との国交回復を〝引退の花道〟とやらにしたところをみると、当時の反共は、所詮〝付け焼刃〟で、本物ではなかったのでもあろうか」（第二巻、九〇頁）と皮肉っぽく語っている。

吉田は、五六年の鳩山訪ソには最後まで反対するが、吉田が鳩山訪ソ直前に公開した鳩山宛ての書簡「鳩山首相に与うるの書」の内容は激越である。この中で吉田は

「……徒らに早期妥結をいそぐ、……ことにソが最も重点をおく国交再開、大使交換になんらの用意なく応ずるとせば、無条件に国家国民を赤禍に開放、暴露するものにして、対等、互譲の交渉にあらず。無条件降伏にほかならず。かかる親ソ友愛外交は従来親善関係にある自由国家群より失望軽侮を買い、冷戦場裡、孤立無縁の地位にたつのほかなきにいたる危険あり。……無経験かつ病弱の首相、何の成算ありて自らすすんで訪ソ、赤禍招致の暴をこころみられんとするや。国家国民のために訪ソを思い止まれんことを切望す」

と強調したのだった。吉田は、鳩山訪ソによって日本の国連加盟が決まったあとにも、「国連加盟に寄す」という談話（一二月一三日）を出しているが、「ソ連に入れていただいたような形になったのは、おかしなことだと思う」と、いささか感情的な話をしていた。

さらに吉田は後年、前掲『回想十年』の中でも、「先きごろ、日ソ国交回復のことが喧しい問題であったころ、これによって世界平和に貢献するとか、通商貿易を促進するとか、美辞麗句を謳ってその意義を称えるの論が行われた。甚だしきに至っては、日本が東西融和の懸け橋になるのだといったものもあった。……復交の背景をなしたこの種の考え方は……、現実の効を重しとする実際政治の観念からするならば、全く言葉の遊戯というの外はない……」（第一巻、二七五—二七六頁）と振り返っているのである。

鳩山は、訪ソを閣議決定したときに発表した談話で、「日本が日ソの関係を正常に回復させ、すすんで両陣営の間の懸け橋たることこそ平和の達成と戦争回避のために大きな役割を果たすゆえんであると考えます」と述べていた。吉田と鳩山の対ソ関係打開の意識は、これだけかけ離れていたのだった。

社会党の立場

社会党は、鳩山内閣の早期国交回復方針を支持したが、「内情は複雑な面があった」（飯塚繁太郎・宇治敏彦・羽原清雅『結党四十年・日本社会党』行政問題研究所、一九八五年、一六一頁）とされる。というのも、鳩山内閣の発足時、社会党には「保守にお株を奪われた」との空気が強かったという。しかし、保守党内が対ソ政策の進め方で意見が割れる中、鳩山の対ソ正常化交渉を支援する社会党の立場は、ずっと変わらなかった。

同党は、保守合同に先立つ五五年一〇月に左右両派の統一大会を開くが、その政策大綱では、領土問題については、歯舞、色丹、千島、南樺太の返還を要求するとともに、平和条約の交渉が遅れた場合は、「暫定協定」によって戦争状態を終結させるとの暫定協定案を提唱していた。

鳩山首相は五五年夏、社会党の鈴木委員長と軽井沢で極秘に会い「日ソ交渉は、領土問題を後回しにして、まず抑留者の帰還や国連加盟などを早く実施させる方法をとらなければ駄目だ。私はそういう方針で片付けようと思うが、社会党は間接にご援助願いたい」と協力要請をした（『鳩山一郎回顧録』一七八頁）。

当時の社会党の基本姿勢をよく示している国会質問がある。鳩山と重光の対ソ交渉の進め方の違いを追及した質疑だが、その中で質問者の田中稔男（社会党）は、「鳩山内閣というのはずいぶん反動的な内閣である。だから鳩山内閣を何からなにまで支持はしません。しかしながら、こと、日ソの国交回復のごとく、日本の外交の一つの転機を作るこの重大な問題については、ほんとに無条件と言っていいくらい支持し、わが党の委員長も鳩山総理にたびたび公式、非公式に会って、プッシュしてきたのです」（五六年五月一六日、衆議院外交委員会）と、社会党が鳩山対ソ外交の強力な支援者であることを強調しているのである。

一方、重光と羽生三七との間でこんな質疑があったことを羽生が白著『戦後日本の外交』の中で触れている。それは、当時の政府当局者と社会党との間で、密かに通じ合うものがあったこと、また、重光のモスクワ交渉での「豹変説」とも関わるものである。

羽生によると、重光が五六年七月に全権として訪ソする数日前、国会内の政府委員室で、羽生と重光が二人だけで会っている。席上、羽生は「歯舞、色丹の二島で平和条約を結び、南千島については、国際緊張が緩和した場合、再検討の約束をしてもらったらどうか」と提案した。これに対し、重光はじっと意見を聞いてくれ、最後に「羽生さん、今度は必ず妥結させますよ」と語った。これが、後に触れる、重光の方針転換につながったかどうかは定かでないにせよ、重光がこの交渉で一気に勝負に出る気構えがあったとみるべきエピソードといえよう。

『日本社会党史』（日本社会党五十年史編纂委員会、一九九六年）では大略、こう総括している。

「社会党内にも、鳩山内閣を倒すためには日ソ交渉でも、内閣を叩く必要があり、交渉の失敗を攻め立てるべきだとの立場から、領土問題で強硬姿勢を貫くべきだとし、日ソ交渉の失敗を歓迎する意見もあった。しかし、鈴木委員長らは党内をとりまとめて、領十問題をたな上げにして、平和条約の調印を繰り延べ、共同宣言によって国交樹立をはかろうという『鳩山方式』による日ソ国交回復に全面的に協力する意向を表明した。社会党は五六年九月八日の首脳会議の決定を受けて、浅沼書記長らが根本龍太郎・内閣官房長官らに、①日ソ交渉は平和条約方式で妥結すべきだが、内外情勢からみて困難、②この際、次善の策として暫定協定方式で妥結すべきだ、③鳩山首相がこの線で交渉をとりまとめる決意で訪ソするならば社会党は支援する——と申し入れた。さらに九月十三日には、この内容に基づいた党声明を発表し、日ソ国交回復を全面支援することを改めて確認した」（三三七頁）。

ただ、党内には、交渉の長期化に伴い、松本治一郎ら平和同志会は「領土放棄も現状ではやむなし」との意見を発表する一方、西尾末広が「領土は民族感情の上からも放棄すべきではなく、場合によっては交渉を中断してソ連の反省を求めるべきだ」と主張する（『結党四十年・日本社会党』一六二頁）など、社会党内の意見も割れていた。

鳩山はソ連訪問に先立つ一〇月四日、鈴木社会党委員長と会談した。鈴木は席上、「日ソ交渉妥結という政府の方針はわが党の方針と一致しているから賛成する。平和条約も結べず暫定方式をとることは遺憾だが、政府が早期妥結をはかるかぎり我々は支援する」と約束した（『日本社会党史』三三八頁）。鳩山と鈴木の関係は、鳩山と吉田との関係に比べて実に友好、協力的であった。

国会運営の源流

もっとも、社会党が鳩山内閣の対ソ政策を支援していたとはいえ、国会戦術は決して協力的ではなかった。五五年一一月二二日に召集された第二三回臨時国会で、社会党は、重光外相に対し、対ソ外交をはじめとして鳩山首相と『不一致』があるなどとして不信任決議案を提出している。これは、その直前、ソ連による拒否権発動などでわが国が国連に加盟できなかったのは、「甘い見通しの重光外交の失敗」(『日本議会史録4』三六六頁)の結果とされたからであった。

その国会が召集される前の同月二八日、自・社両党が「二大政党下の国会の民主的運営につき、今後両党は国会運営にあたり、相互それぞれの立場を尊重し、極力話し合いにより円満な国会運営に当たるとともに、その民主的ルールを確立し、もって国権の最高機関たる国会の権威を高めるため最善の努力を払うこと」との趣旨の申し合わせをしている。確かにこの国会で、国会運営上の新ルールも生まれた。例えば、一二月一日の鳩山首相の所信表明演説に対する代表質問について、自民党は野党第一党の社会党に質問順の第一番を譲ったのである(『議会政治一〇〇年』政党政治研究会、一九八八年、五七四―五七五頁)。

しかし、二大政党下の国会が民主的ルールとはほど遠い結果となるのにそう時間はかからなかった。保守・革新の両党が対峙する初の第二四回通常国会は、一二月二〇日に召集(会期は六月三日まで一六七日間。延長一回、一七日間)された。国会召集日の勢力分野は、衆議院は、自由民主党二九九、日本社会党一五四、小会派クラブ八、無所属三、欠員三。参議院は、自由民主党一二〇、日本社会党六八、緑風会四五、無所属クラブ八、第一七控室四であった。まさに自民党一党優位体制が崩れる一九九三年（平成五年）まで続く、自社両党による「1½」体制の幕開けを告げる国会だった。しかし、当時はまだ、自社両党の「二大政党」時代の到来という見方も強く、国会はそれだけ対決色の濃いものになったのである。

この国会は、鳩山首相の発言をめぐり、審議はたびたび紛糾した。

まず、五六年一月の参議院本会議で、首相は「陸海空の軍備を持たない現行憲法には反対である」旨を答弁。このため、社会党は、憲法九九条（公務員の憲法尊重義務）違反として反発し、衆参両議院に首相の問責決議案を提出した。首相は「自衛力としての部隊を持てないという憲法の解釈には反対する」と前言を訂正して「言葉足りずで」と釈明、社会党は決議案をとりさげたが、二月の参議院予算委員会では「自衛のためなら敵基地を侵略してもよい。侵略というのは攻撃のことである」と答弁。社会党は衆議院に首相の引退勧告決議案（のちに撤回）、参議院に鳩山首相の戒告決議案（否決）を出した。ただし、五六年度予算は、好調な経済と保守合同による「数」を背景に年度内成立した。

しかし、予算成立後は、前年に続き、憲法調査会法案や小選挙区制導入のための公職選挙法改正案、健康保険法改正案、教科書法案、国防会議構成法案など、与野党対決法案の扱いが焦点になった。まず、その法案審査の結果をみておこう。

◇憲法調査会法案（二月一一日提出、三月二九日衆院で可決、五月一六日成立）

◇小選挙区制導入法案（三月一九日提出、五月一六日衆院で修正可決。参院で審議未了）

◇健康保険法改正案（二月二五日提出、四月一〇日衆院で修正可決。参院で審議未了）
◇教科書法案（三月一三日提出、五月二四日衆院で可決。参院で審議未了）
◇国防会議構成法案（三月一日提出、五月二日衆院で可決、六月三日成立）

自民党が議員立法で提出した憲法調査会法は、社会党が抵抗したものの成立したが、小選挙区制導入のための公職選挙法改正案の審議は混迷を極めた。まず、政府が三月一九日に法案を上程しようとしたのに対し、社会党は衆議院解散要求決議案や太田自治庁長官不信任決議案を提出（いずれも否決）してこれに抵抗。同二二日も、日ソ交渉中間報告の要求や重光外相不信任決議案を提出して審議を阻んだ。ようやく同二三日になって趣旨説明が行われたが、結局、自民党は、衆議院では同法案を異例の手続というべき「中間報告」で強行突破した。しかし、公選特委員会に差し戻され、最終的には区割り案を切り離して本案のみを可決（衆議院本会議では賛成二五七票、反対一五一票）した。ところが、参議院でも社会党が抵抗し、六月三日の会期終了とともに審議未了・廃案になった。この法案処理をめぐる混乱の中で、益谷、杉山正副議長は数度にわたって斡旋に乗り出している。そして「与野党の紛糾を議長の斡旋によって収拾するという方策も、このとき慣行化」（『議会政治一〇〇年』五七六頁）したのである。

一方、義務教育教科書を無償化するとともに、検定制度を強化する教科書法案を審議した参議院本会議では、社会党は議長席に殺到、松野議長は警察官五〇〇人を導入し、そのうち二〇〇人が議長の命により本会議場に入った。この法案も審議未了・廃案になり、良識の府はそのあり方を厳しく問われた。この国会の政府提出法案は一七二件、うち成立したのは一四一件であった。

一方、この国会で鳩山首相は、河野一郎農相の進言を入れて、税制改革と行政改革にも取り組むことになった。河野は予算編成権を大蔵省から「総理大臣直属の機関」に移すことを考えたが、これも当時の政権の体力では実行不可能であったようである。

V　政争と外交

日ソ漁業交渉

日ソ共同宣言に至る国交正常化交渉を考える時、その地ならしの意味をもったのが、日ソ漁業交渉であった。この交渉の主役が河野一郎（当時は農相）で、河野は、事実上、単身でモスクワに乗り込んで妥結に持ち込み、これによって、その後の国交正常化交渉のイニシアチブをとったのである。

この問題は、北洋水域に一方的に広い規制区域を設けてサケ・マス漁業を規制するとのソ連閣僚会議の布告によって持ちあがった。鳩山は、漁業問題は自ずと日ソ交渉とも絡むとみて、双方を一気に妥結させる意気込みで五六年四月、河野の派遣を決めた。河野はブルガーニン首相との直談判などでなんとか合意に持ち込むが、河野が調印に先立って東京に請訓を仰ぐと、重光がこれを拒否し、閣議は大荒れになった。そして、「結局、『河野代表が調印することは許すが、調印が発効するのは河野が帰国して閣議で説明し、閣議が承認したときとする』という、まことに日本的妥協で一応おさまった。こういう漁業交渉の経過をつうじ鳩山、河野らと重光の距離はますます遠くなっていった」（『クレムリンへの使節』一〇五頁）といわれている。

日ソ漁業条約が調印されたのは五六年五月一三日。その前日の衆議院外務委員会では、野党側と重光外相との間で激しいやりとりが展開されている。外相は、同条約は平和条約の発効と同時に「発効」するとともに、遅くとも七月三一日までに国交正常化交渉を開始することで両国が合意していることを明らかにしている。これに対して、社会党の穂積七郎は、「国交回復の予約の協定である以上、国交回復に対する政府の態度が決まらなければ調印はできない」などとして政府側を揺さぶった。さらに注目されるのは、河野・ブルガーニン会談の、いわゆる「密約」に言及する質問が早くも出ていたことである。穂積は、この中で、「歯舞、色丹以外の南千島の領土権を日本に譲渡するわけにはいかぬ」というソ連側の主張を河野は承知したうえで、「国交回復はすみやかにやるから、ぜひ、漁業協定は結んでもらいたい」として、妥協したのではないか追及した。

さらに、岡田春夫は質問で、①河野代表の読売新聞インタビューでの言葉どおり外務省の情勢認識は甘い、②岸幹事長すら平和条約方式ではだめでアデナウワー方式でなければ、といいかけており、日本の国内では外相だけが孤立している、せいぜい外相を支援しているのは党外交調査会か吉田派の一派くらいだ、③あくまでもこういう協定を強行するならば自民党内の頑迷固陋な吉田派の中には脱党するという連中がいる、それでも断固としてやる決意があるのか――などと口を極めて追及した。重光が「えらい熱弁を伺いました」と応じると、岡田は「あなたのためにいいました」と応酬し、重光は「私は私の信ずるところによって国の利益の命じるところによって行動する」と突き放した。が、こうした社会党の重光への追及は、重光の外交官としての矜持を傷つけ、その進退や心理状態に大きな影響を及ぼさざるを得なかったとみられる。

重光は、後述するように、このあとモスクワ交渉に向かい、二島返還論に急旋回し、失敗するのだが、重光は、交渉の帰途、ロンドンでシュピーロフ・ソ連外相と会談した際に、「密約」の真偽を確かめている。前掲書『クレムリンへの使節』によると、そこでシュピーロフは、ブルガーニン‐河野会談の模様をこう説明したという。

［ブルガーニン］　歯舞、色丹は本来ソ連領であるが、ロンドンでの交渉で日ソ国交回復のために、あえてソ連が譲歩して日本側に引き渡すことにした。これに対し日本側はさらに国後、択捉を返せと言いだし、このためロンドン交渉は中絶した。国後、択捉はすでにソ連領として確定しており、この原則はソ連として絶対に変更できない。

［河野］　ブルガーニン首相の今の提案は理解しうるものであり、かつ実際的なものであって、

わが方として受諾しうるものとして評価する。

この時の重光の心の〝揺れ〟も同書に詳しい。重光はモスクワ交渉で、自分が二島返還で合意しようとした矢先、日本国内にあって、河野が閣議の席上、「国後、択捉の帰属は棚上げして平和条約を結ぼうというブルガーニン提案を蹴った」と断言していることを知っていた。だから、シュピーロフのこの証言をもとに「密約があったことを暴露すれば、河野は失脚するだろう」と重光が考えたとしても不思議はない。が、鳩山主流派は重光の口封じに動き、重光も思い止まったとされる。

これに対して河野は、〝密約説〟について、「なんで僕が日本人として日本に不利な話合いをするはずがあるだろうか」(河野一郎『今だから話そう』一九七四年、四九頁)などと全否定、この「デマ」に嫌気がさし一時は、政界から引退しようと考えたとも書いている。いずれにせよ、この密約問題は依然として解明されていないが、議員による密室の外交交渉がこうした不明朗さを残したことは確かだろう。

第一次モスクワ交渉

一九五六年七月に再開された日ソ交渉は、重光が全権となった。この首席全権を誰にするかも、政局と絡んでもめた。鳩山は自民党の全国組織委員長の砂田重民を考えていた。長老の松村謙三は元参議院議長の佐藤尚武を推した。幹事長の岸は、重光がどうせ承諾することはないだろう、最後は砂田に落ち着くと読んで、形だけ重光を推したところ、重光はこれを受けたのだという。この重光の全権受諾は、重光の政治指南役の大麻唯男が、日ソ交渉を妥結させれば総理への道が開けるとアドバイスしたせいだったといわれる（同前書一一二―一一三頁）。

同月から八月にかけての交渉で重光は、シュピーロフ外相に対しきわめて強い態度に出て、ソ連側もこれに反発、ブルガーニン、フルシチョフとの会談でも一向に進展しなかった。結局、重光は、「いまや忍び難きをしのんで断を下すべき時期であると信ずる」として、歯舞、色丹返還で平和条約に調印せざるを得ないと判断、その旨、東京に請訓した。しかし、日本国内では重光が一部あおった形のソ連の強硬姿勢に反発の空気が強く、鳩山は、「ソ連案に同意することについては閣内挙げて強く反対し、また国内世論もすこぶる強硬であると判断されるについては」（『モスクワにかける虹』一一四頁）ソ連案の受け入れはできないと決め、重光に訓電した。

この重光の方針変更は「豹変」と受け止められた。その理由については諸説がある。一つは、重光が戦前、駐ソ大使をつとめた時と同様の「強硬姿勢」で交渉に臨んだ末、予想外に厚いソ連側の壁に絶望したためというものである。第二は、全権として交渉妥結の決意でモスクワ入りした以上、その決着を図るのは当然という重光なりの美学、さらには、「首相の座」を意識した重光の焦りとの見方もある。当時、鳩山の花道になる日ソ交渉の早期妥結のためには慎重派の重光を更迭しなければならない、そのためには大改造が必要だと、三木武吉は考えていたとされる。重光は外相として追い詰められた気分にあり、おそらく、これらが複合して重光の判断を導いたものと言えそうだ。

また、重光の対応の変化の要因として、重光の「自主外交」を挙げる見方もある。北岡伸一は、「重光は二島返還がサンフランシスコ講和条約から逸脱するものだということを知っていた筈である。しかし、それをあえて行ったということは、アメリカも日本の若干の逸脱は受け入れるだろうと考えていたからであろう。逆に言えば、日本も独立国なのだから、アメリカの言うことをすべて聞く必要はないと考えていたのであろう」とし、その他、重光の自主外交の例として、①鳩山内閣発足後間もない時期に防衛分担金の削減をアメリカとの相談なしに打ち出し、その不快を招いたこと、②日米安保条約改定を一九五五年八月、アメリカに提起し、峻拒されたことなどを挙げている（『吉田茂における戦前と戦後』）。

重光は、この時の「決意」の理由を日ソ特別委員会の質疑で問われて、「私は日本側としては、主張すべきはあくまでも主張していかねばならぬ、しかし、だからといって、決裂さすべき交渉じゃない。（その結果）主張すべきことを十分主張してみると、ソ連側の承諾しうる限界というものがはっきりした。私はこれ以上の譲歩を求めることはできない、国交調整の大目的のためにはここで妥結するのがいいと考えた」（五六年一一月二〇日）との趣旨の答弁をしたただけで、真意はわからない。

交渉失敗後、重光はスエズ運河に関する国際会議の政府代表としてロンドン入りした。ここで重光はダレス米国務長官と会談したが、その際、ダレスは、日本が国後、択捉をソ連に帰属せしめたなら、沖縄をアメリカの領土とするとの趣旨の発言をした。この北方領土問題を「沖縄」とリンクさせるアメリカの強硬姿勢は国内でも大きな波紋を呼び、また国会でも問題化したのだった。

「佐藤榮作日記」

五六年夏、重光がモスクワ交渉に出かける前の党内の空気をみると、「早期妥結論は鳩山、三木武吉、大野伴睦、河野一郎、岸信介につらなる旧主流派に、松村謙三、石橋堪山、三木武夫らを取り巻く勢力が参加して党内三分の二を優に擁し、吉田派、外交調査会（会長・芦田均）、旧改進党系中間派の慎重派勢力を遙かに凌ぐが、一旦石井系（旧緒方派）が慎重論に回った場合、両論は半々となってバランスする危険性があり、それは同時に自民党分裂の危機」（前掲『鳩山外交の実態』）とみられていた。保守合同による単一保守党の分裂さえ導きかねない事態だったのである。

また、重光の交渉後、鳩山訪ソ前の自民党内の動きを『クレムリンへの使節』（一七五―一八〇頁）にみると、三木武吉はすでになく、促進派の中心は河野一郎であった。これに対して、鳩山訪ソ反対派の中心は旧自由党系の池田勇人。池田は旧改進党系の一部や石井光次郎（総務会長）派、岸派の一部を糾合して「時局懇談会」を結成し、「鳩山訪ソ中止、鳩山内閣即刻退陣」を求めた。一方、岸信介（幹事長）は、当初、旗幟を鮮明にしなかったが、政権禅譲への期待から積極派として動いた。旧改進党系では、芦田均や堤康次郎は時局懇談会に参加し、三木武夫は、最後になって賛成派についたという。

のちに首相となる佐藤栄作の場合は、「反鳩山」の急先鋒だった。その出発点は「鳩山が昭和二十九年十一月下旬、日本民主党に参加するため再び自由党を脱党するころからである」（山田栄三『正伝　佐藤栄作』新潮社、一九八八年、上巻三〇二頁）。佐藤にとって、鳩山の「白由党を出たり入ったりした当時の政治行動」や「借金で首がまわらなくなって助けてもらった吉田自由党に後ろ足で砂をかけながら飛び出した」行動は許されないものだった。とくに「鳩山救援の金策に苦労して、そのために法律違反の汚名を着せられ」たことを、佐藤は許せなかった。佐藤は、保守合同でも、吉田茂と橋本登美三郎とともに最後まで反対した数少ない自由党議員であった。

『佐藤榮作日記』（佐藤榮作著、朝日新聞社、一九九八年）の第一巻をみると、河野による漁業交渉妥結後の五六年五月二四日付には、吉田や芦田、北沢直吉ら外交官有志が重光外相を招いて外交懇談会を開催したことに言及し、翌二五日付には、「単独で四時すぎ大磯を訪問」して、今後の対策として「積極的に河野の責任を追及して倒閣にすすめること」を確認するなど、大磯にいた吉田と「鳩山」「対ソ」対策をたびたび相談している。重光訪ソで交渉失敗後の八月三〇日付では、岸と料亭で会い「鳩山訪ソするとしたら当然の帰結として重光の退陣、内閣改造となり、岸の臨時総理と云ふ事になるとの事故、かくしたら事態が急迫すると注意をしておいた」と記述し、「対ソ」問題がすぐれて政局に絡んで行く様子がわかる。

さらに九月四日付では、新聞で「鳩山訪ソは絶対と報ぜられる。河野一派の常套手段とは云え悪辣そのもの」と、河野一郎に激しい対抗意識を燃やしている。鳩山は同五日、党六役、参院議員会長による八者協議で戦争終結宣言、大使館の設置、抑留者の即時帰還、漁業条約の発効、国連加盟を優先させて、領土問題を後回しするとの対ソ方針を明らかにするが、翌六日付をみると、佐藤は、吉田から夕食に招かれて箱根に行って懇談、「㈠日ソ交渉は新内閣の手で、㈡領土問題は国際会議の線で、等、完全に一致する」と記している。また、朝日新聞に掲載された吉田の「鳩山首相に与うるの書」も佐藤は事前に読んでいたことが日記からわかる。

しかし、時局懇談会が発会式を開いた同二五日付では、「早朝大磯から電話があって鳩山訪ソを何としても阻む様にとの事だったが名案今の処ない」と手詰まり感も出てくる。それでも時局懇談会は同二九日に、㈠領土問題は棚上げして、戦争終結宣言により国交を回復するアデナウワー方式反対、㈡領土権の明確な主張、の二点を再確認して、議員総会を開くよう要求するが、これに対し、政府側は強行突破に出る。結局、一〇月二日付をみると、「一時から総会を開くに到らず、その間顧問会や時局懇談会等との打合わせ等に時間をとられたので、河野一派は党を無視して午后十時過ぎ閣議で鳩山訪ソを決定。政党政治否認の暴挙に出た」と猛烈に反発している。

日ソ共同宣言が調印された翌日の一〇月二〇日付では、「退陣は今度こそ本格か。それにしても尚、岸、石井、石橋の三巴戦は見ぐるしい。早く決め度いもの」とあり、本格的な「政変」体制に突入したことがわかる。そして一一月二四日付は、「共同宣言案取扱ひ漸く論議に上る。青票論者は池田君をはじめ丙申会及時局懇談会に於てなかなか盛ん。執行部の懐柔策亦さかん。結局党内で賛否を投票にとって結果で党議を決定して本会議に臨む心算。委員会では小坂、大橋、小沢、鈴木善幸君等次々に質問に立ち首相を追ふ」とあり、反対派が激しい揺さぶりをかけていた当時の模様がわかる。

鳩山訪ソ

重光訪ソ後、日本政府は、①国交回復そのものをロンドン交渉の場合のように無期延期してしまうか、②領土棚上げ方式の国交回復に踏み切るか、③ソ連側の領土条項を呑んで平和条約による国交回復を実現するか、の三者選択の前に立たされた（重光晶『「北方領土」とソ連外交』時事通信社、一九八三年八八―八九頁）。

鳩山が選択したのは、北方領土問題は先送りして、戦争状態の終結と抑留者の返還、日本の国連加盟などを先行させるという②であった。しかし、これだと北方四島の領土回復を求める自民党の党議とそごを来たすうえ、ソ連側の反応を見極める必要がでてくる。そこで鳩山が展開したのが「書簡外交」であり、鳩山はまず、ブルガーニン宛てに手紙を出した。それは、領土問題は後日、継続して行うとして、戦争状態の終了、大使の交換、在ソ抑留者の即時返還、漁業条約の発効、国連加盟の五点を決めるという内容だった。しかし、ブルガーニンからの返書は、領土問題の継続協議に同意したのか、していないのか、その点が不分明だった。そこで松本俊一がロシアに派遣され、グロムイコ第一外務次官との間で改めて書簡を交換したのである。

この中で、グロムイコは、①鳩山訪ソによる交渉の結果、外交関係再開後でも、日ソ両国の関係が、領土問題をも含む正式の平和条約の下に、より確固たるものに発展することがきわめて望ましい、②領土問題を含む平和条約締結に関する交渉は、両国間の正常な外交関係の再開後に継続される――との日本政府の見解を了承したうえで、「両国間の正常な外交関係が再開された後、領土問題をも含む平和条約締結に関する交渉を継続することに同意することを言明します」(グロムイコの松本宛書簡)として、継続協議を確認した。これは、日本政府がその後の日ソ交渉で、領土問題を解決済みなどとしていたソ連側に対する有力な反証材料になったものである。

しかし、それと前後して自民党は、新しい党議を決定する。それは、

一　抑留邦人の無条件即時返還を実現すること

二　領土については左の通りとする。

①　ハボマイ、シコタンは即時返還せしめること

②　クナシリ、エトロフ両島は日本固有の領土であるとの主張を堅持し、条約の効力発生の日以後も、日本の主権が完全に回復されることについて引き続き日ソ両国間で協議すること

③　その他の領土についてはサンフランシスコ条約の趣旨に反しないこと

三　その他の事項

となっていた（『クレムリンへの使節』一九七―一九八頁）。これは松本・グロムイコ書簡の確認事項とは違っていた。だが、党内がもめる中、今さら調整はかなわず、鳩山は、党総務会も議員総会も開かないまま、ソ連に向かったのであった。

鳩山のモスクワ入りは、五六年一一月一二日。空港にはブルガーニン首相が出迎えた。日本政府の交渉案は、領土問題については、(1)ソ連邦は、一、歯舞、色丹を即時日本に返還し、二、国後、択捉を沖縄の日本復帰後、日本に引き渡す、(2)日本は、前記以北の千島列島及び南樺太を放棄する、となっていた（『モスクワにかける虹』一四〇頁）。

交渉の主役は、河野一郎全権とフルシチョフ党第一書記であった。河野は、新たな党議と政府の交渉方針に基づいて、歯舞、色丹両島の返還を要求したが、フルシチョフは領土問題には触れないはず、と反発し、ソ連の姿勢は変更の余地がないとした。しかし、河野は食い下がり、三回目の最終会談で「日本国とソビエト連邦は、両国間に正常外交関係が回復後、領土問題を含む平和条約の締結交渉を継続することを合意する」とともに、歯舞、色丹両島は平和条約締結後に日本に引き渡すとの案を示した。これに対して、フルシチョフは、「領土問題を含む」を削除すればいいと返答、これを河野が拒否すると、フルシチョフは「歯舞、色丹を日本に引き渡すことによって、領土問題は一切、解決済みと書いてもよろしい」とたたみかけてきた（同前書一四九頁）。そして、結局、河野は鳩山首相と協議した結果、松本・グロムイコ書簡の文書を交換することによって、「領土問題を含む」の部分を削除することで共同宣言の署名に踏み切ったのだった。

領土条項である日ソ共同宣言第九項は、以下の通りである。

「日本国及びソビエト社会主義共和国連邦は、両国間に正常な外交関係が回復された後、平和条約の締結に関する交渉を継続することに同意する。ソビエト社会主義共和国連邦は、日本国の要望にこたえかつ日本国の利益を考慮して、歯舞群島及び色丹島を日本国に引き渡すことに同意する。ただし、これらの諸島は、日本国とソビエト社会主義共和国連邦との平和条約が締結された後に現実に引き渡されるものとする」。

共同宣言批准

五六年一一月一二日に召集された第二五臨時国会は、日ソ共同宣言、貿易議定書、漁業条約及び海難救助協定の四議案の承認が最大のテーマだった。

鳩山首相は同月一六日の所信表明演説で、「戦後一一年間も継続した日ソ間の戦争状態は終結し、外交関係は回復され、日本の国連加盟への支持、抑留者の送還、漁業条約の発効等も確定」するとともに、「両国間の平和条約も今後引き続いて交渉され、歯舞、色丹両島も、平和条約締結の後、我が国へ引き渡されることになった。この交渉に当たり、我が全権団は、国民の期待に沿うべく渾身の努力を傾けたが、その成果は十分満足すべきものとは思っていない。しかし、国際関係の現実を冷静に見詰めながら、我が祖国と国民の将来を深くおもんぱかって妥結の道を選んだのである」と語った（『議会制度百年史』衆議院・参議院編集、一九九〇年、「国会史」上巻七五四頁）。

衆議院での審議は、日ソ共同宣言等特別委員会で行われた。審議のスタートにあたって、社会党の松本七郎は同委員会（五六年一一月二〇日）冒頭、鳩山首相に「衷心から敬意を表する」としたうえで、「なるべく早く国会承認、批准にこぎつけて」、「きわめて短期間」で審議を終えるよう社会党として協力する、と言明した。その一方で、松本は、自民党内の反対意見は首相にとって非常に気になることとしても、その反対意見に遠慮して真相をごまかすことはあってはならない、と釘をさした。つまり、首相にとって問題なのは、野党・社会党より与党・自民党内の反対意見とみられたのである。

松本に続いて質問した自民党の北沢直吉は、鳩山の「友愛精神」は国際関係には適用できず、交渉は、ほとんど「ソ連の言う通りの条件で妥結した」と批判、これには他の委員から「同じ党内で意見の違いがあるんだな」「代議士会でやれよ」などと野次も飛び、委員会室は騒然とした。

北沢の主張は、①戦争状態の終結、大使の交換はソ連側の希望、②抑留者の返還、国連加盟、漁業問題の容認はソ連側の義務であるからソ連側はなんら譲歩していないというもので、肝心の領土問題も自民党の新党議に反すると追及した。これに対して、鳩山は領土問題については、「満足ではない。けれども、これは先方が承知をしないのだから致し方ない」とかわし、北沢がさらに「米ソの関係がよくなれば、島々が返ってくるだろうというのは、冷戦が激化するなかでは楽観に過ぎる」と追及しても、「私はよく人が楽観者だといいますから、楽観者かもしれませんが、一体世の中のことを悲観するよりも楽観する方がいいと思います」と論点をぼかした。

そして北沢の追及は、共同宣言は「領土問題を含むという字句を削って、単に平和条約交渉を継続する、としたソ連の底意は、歯舞、色丹は返すけれども、それ以外の南千島その他はすでに解決ずみで継続審議の対象にしないということではないか」と、最大の論点に及んだ。これに対して、全権の河野農相はフルシチョフとの会談の内容についての答弁は「差し控える」と突っぱたが、北沢は、平和条約交渉は領土問題を含むという留保条件を付して承認を与える、という考えを表明、この留保条件にソ連が同意できないなら批准は無効にすればいい、と食い下がった。しかしこれに対して、重光外相は「平和条約は領土をどうするということを入れなければならぬのは当然。日本側としては考え方を十分言う機会はある」とそれを退けた。平和条約といえば、当然領土問題を含むものと解すべきもので、国後、択捉については条約締結に際し、問題とされるべきはことは当然、というわけであった。

日ソ復交四議案は、後述するように、衆院では一一月二七日、参議院では一二月四日に承認されるが、参議院で自民党と緑風会共同提案の付帯決議が採択されたのも、この問題があいまいだったためである。すなわち、同決議では、

一、日ソ共同宣言第九項に規定する平和条約締結に関する継続交渉には、国後・択捉を含む領土問題に関する交渉が、当然含まれるものと了解する。

一、政府は、日ソ共同宣言第九項に規定する継続交渉において、国後、択捉を含む領土問題についての国民的要望を達成するため、最善の努力を尽くすべきことを要望する。

としていた。

ちなみに、後年、鳩山は自著『回顧録』で、その点をめぐるソ連側との交渉の経緯を概略こう説明していた。

「『こちらは、ハボマイ、シコタンは即時、日本の領土とする。残る領土問題を含めて、平和条約のための交渉を継続する』ということにしようと主張し続けた。……ソ連の外務省は一時は、ほとんどこの案を呑み、ただ、ハボマイ、シコタン両島が日本の領土となる時期については『平和条約が発効し、同時に、米国が沖縄、小笠原などを返還した時』ということにするが、残る領土問題については継続審議を認めることにしてもよいという返事を寄こしたことがある。……ところが、翌日、……前段の『米国が沖縄、小笠原を返還した時』という点は削ってもよいが、後段の継続審議のところでは『領土をふくめて』という文字は削ってくれといってどうしても承知しないという話である。……さあ、どうしようというので、全権団は大いに論議もし、協議もした。そしてその結果、たとえ『領土をふくむ』という字句を削っても、『平和条約締結のため、『引き続き交渉を継続する』といえば、残る問題は、事実上エトロフ、クナシリの領土問題以外にはないのだから、当然領土問題は含まれることになる。従って、この際はやむを得ず、この案を承知することにして、まず抑留者を返して貰い、国連に加盟することに全力をあげよう――ということに決した訳である」（二〇七―二〇八頁）。

ソ連側は、択捉、国後の両島については、明確に継続協議とすることを拒み、日本側がその後、鳩山のいう論理に従って、領土問題は継続協議と言い続ける対立の構図は、この時に生まれたものである。

自民党の造反

委員会審議でもわかるように、日ソ共同宣言について、社会党は無条件承認の方針を決めたが、自民党内の調整は難航した。自民党は一一月二六日、国会内で代議士会を開いて、日ソ共同宣言の承認の是非をめぐって、異例の記名投票を行った。この結果、出席者二四〇人のうち、賛成一八二、反対五八の多数決で、承認することが決まった。反対投票をしたのは、吉田派では大平正芳、橋本龍伍、西村直己、保利茂、前尾繁三郎、田中角栄、池田勇人らで、石井派、岸派からも反対者が出た。

そして日ソ共同宣言など日ソ復交関係四議案は、一一月二七日の衆議院本会議に上程された。日ソ共同宣言は記名投票で行われ、投票総数三六五票（自民党二一六、社会党一四一、小会派クラブ八＝うち労農四、共産二）のすべてが賛成票だった。他の三議案は起立採決の結果、全員起立で、いずれも満場一致の形で承認された。

しかし、日ソ共同宣言の投票にあたっては、自民党は、海外出張や病気などを含めて八二人が欠席した。この中には、前日の白民党代議士会で反対を明らかにした五八人のうち、池田勇人ら四四人が含まれていた。また、無所属の吉田茂、佐藤栄作も欠席した。

吉田派は日ソ共同宣言の承認の条件として、南千島（エトロフ、クナシリ）が平和条約締結の際には継続交渉の対象となる旨の留保条項をつけることを要求した。しかし、自民党執行部の受け入れるところとならず、強硬派の池田らは「除名覚悟」で投票で反対するとしていた。このため、林譲治らが説得にあたったが、最後まで池田だけ納得せず、吉田茂が「吉田派は一致した行動をとる」ように指示し、ようやく池田も欠席を受け入れたという。

これに対して、鳩山首相は、承認が決まった衆議院本会議後、社会党役員室に鈴木委員長を訪ね、「ありがとう」を連発しながら号泣した。最後の最後まで、鳩山・吉田の因縁の対決が、議場風景にも、如実に映し出されたのである。

一一月二七日の衆議院本会議で、中曽根康弘は約五〇分間、日ソ国交回復四議案について賛成演説をした。これは全文削除の措置がとられているので、議事録には載っていない。ただ、当時の読売新聞（一一月二八日朝刊）に詳報が掲載されている。

それによると、中曽根は、部分講和であっても日ソ復交が達成されたとして、全面講和論者を批判したあと、国交回復の歴史的意義について、第一に「平和と戦争防止」と「日本の独立完成」を挙げ、「ここに戦後外交史上に一時期を画する重大な意義があり、外交の戦後時代はここに終わった」と強調した。さらに日本の国連加盟は「重大な価値がある」とし、さらには、日本の自主性、独立性の回復は、民族自決主義を強調する東南アジア諸国の歓迎するところと述べた。

しかし、このあと、「問題点なきにしもあらず」として、四島返還の我が国の主張が通らなかったのは「誠に遺憾」とするとともに、共産主義勢力に対する「国内治安」の問題を指摘し、「恐れて敬遠するよりも、むしろ河野という心臓の強い政治家がフルシチョフというクレムリンの最高の生き神様から紙切りナイフをとったことが、どれくらいクレムリンの生き神様たちの権威を失墜させ、この生き神様たちにひざまづいてる、そのへんの共産党員の顔色を蒼白ならしめたかわかりません」と脱線。さらに、この宣言は「サンフランシスコ条約以上に過酷」とも述べて、さながら「反対演説」のような様相も帯びた。しかし、最後は、これに承認を与えようとするのは、「国際政治の冷酷無残の権力政治」の前ではやむをえず、「息子の帰りを十数年待ちわびる年老いた母の涙を見て、われわれはただただ、かくせざるを得ない。私はここに、これらの宣言、条約の背後に何百万の栄霊と同胞の犠牲が累積されつつあることを思い、静かに頭を垂れ、黙禱をささげつつ承認を与えようと思います」と結んだ。

中曽根の語るところでは、演説の間、「社会党と共産党の議員は立ち上がってヤジり、演壇に押しかけ、もう私の声が届かなくなってしまいました。しかし、必死になってやりましたよ。マイクに顔を近づけ汗びっしょりになって」（中曽根康弘『天地有情』文藝春秋、一九九六年、一八〇頁）発言を続けたという。演説終了後、社共両党は「これから国交を回復しようとするソ連を批判し中傷する内容であり、全面講和批判など他党を無視した不穏当なものである」と演説削除を要求、与党側も批准が遅延するとしてこれを受け入れた。

中曽根は当時、鳩山と対ソ外交を推進してきた河野一郎の一派で、推進論の立場に立っていた。とはいえ、「われわれの中にも二島返還でいいというのはだれもいなかったですよ。みんな四島返還でした」（同前書一八一頁）と語っている。ようやくソ連との講和を達成したという思いと、反ソ・反共とナショナリズム、敗戦国としての無念等が錯綜した演説であり、当時の自民党議員の心理の一端が浮び上がる。中曽根は「社会党からみればこんな胡散臭いやつはいないと思っていたでしょう。とにかく防衛問題とか、憲法改正問題で社会党と真っ向から対立して切り込んでいたわけですから、それに対する憂さ晴らしという形で、全文削除という御仕置きにあったわけです」（同前書一七六頁）と回顧している。

何を学ぶか

『クレムリンへの使節』の著者、久保田正明は、同書のあとがきで「……政争は水際で打ち切り、超党派で外交にあたる、というのは本道であるが、現実にはなかなかそうはいかない。国内政局が四分五裂し、政治家の野心と策謀が入り乱れ、外交が内政の具に供せられた、最もひどい見本が鳩山内閣の日ソ交渉だった」と書いている。

確かに、久保田が慨嘆したように、政治家たちが対ソ正常化交渉で、外交を政争の具としたことは否めない。鳩山と吉田の怨念の対立、鳩山の党人派外交と重光の霞ヶ関外交の対立は、米ソ冷戦下の日本外交の進路にかかわりつつも、すぐれて権力闘争であった。この直後の鳩山退陣後の自民党総裁選挙は、八個師団といわれるような派閥抗争と合従連衡の自民党政治の出発点になるが、その前段にこの日ソ交渉をめぐる政争があったわけである。その後、九三年に退陣した宮沢政権まで自民党一党優位の政治が続くことになるが、その自民党政治の原風景がここにあると言ってよい。

その自民党は、結党時の「党の使命」をみるまでもなく、「反共」政党として出発した。しかし、日ソ国交正常化への対応をみても、イデオロギーの幅は広く、国際政治・外交感覚でも、鳩山と吉田に代表されるようなさまざまな人々が混在していた。その意味では、同党は文字通り、包括政党であり、その分、憲法観や安全保障観などで相対立する見解の持ち主をかき集めた〝混合政党〟だったのである。日ソ国交正常化交渉を締めくくる日ソ共同宣言という重大な外交懸案で、党議に反する大量の造反が出たのも、それゆえであり、これは、その後、何度か繰り返される分裂劇のはしりでもあった。

一方、日ソ交渉は、戦後政治のイデオロギー対立の政治の反映でもある。社会党が日ソ交渉に限って「鳩山与党」になったのも、そこから導くことができるが、他の懸案では同党は激しく抵抗した。この五五年体制スタート直後の国会は、審議内容より日程調整偏重の国会運営や、乱闘などの物理的抵抗、議長あっせん、党議違反問題などその後の国会審議の原型が随所にある。審議内容の面でも、自・社両党は、この先、外交、安保・防衛問題でイデオロギー色の強い論争、それも「神学」論争とまでいわれる、現実から遊離した国会審議を展開していくことになるが、その原点も、またここにある。

松本俊一は、ロンドン交渉からモスクワ交渉まで一貫して国交正常化交渉に携わった人物であり、その秘録『モスクワにかける虹』は、交渉経過を知るための代表的な「古典」である。松本はその著書の「序」の中で、「元来デモクラシーの中の外交のむつかしさは名著『モダン・デモクラシー』を書いたプライス卿がつとに指摘した通りで、秘密と敏速とを必要とする外交は公開と漸進とを必須条件とするデモクラシーとは両立し難いものとせられているが、殊に現在の日本のような国柄では、独裁相手の外交はなかなかの難事である。こういった点で、日ソ交渉はそれ自体重大な交渉であったばかりでなく、政府（またその中の外務省）と与党、また政府と反対党との関係が微妙にからみ合い、その上日本の政党独特の派閥関係が外交にまで波及したのは、けだしあまり他に例をみないことではなかろうか」と述べている。

さて、それから四〇年余を経た九八年（平成一〇年）一一月、小渕恵三首相がロシアを公式訪問した。首相は帰国後の一一月一六日、野党党首と相次いで会談した中で、ロシア訪問について各党首に報告した。

首相は、菅直人民主党代表との会談で、「鳩山、田中首相に続く二五年ぶりの訪ロで、モスクワ宣言も出させた。四月に橋本首相が静岡県の川奈でエリツィン・ロシア大統領に日本の提案（国境線画定案）をし、（今回）何らかの文書を（ロシア側から）もらっている。内容については検討中であり、理解してもらいたい。二〇〇〇年までの目標で国境画定、共同経済活動委員会を作ることでも合意した。元島民の自由往来が決まったことも良かった。最終的ではないが、一歩進めたと思う」と語った。

これに対して菅代表は、「（ロシア側の回答は）報道では、四島を含む国境線画定に踏み込んだ内容と理解しているが、前向きの返事があった気がしない。足踏み状態ではないか」とただしたが、首相は「外交であり、文書はすぐには公にできない」とかわした。菅氏は「外交のプロセスを明らかにできないことはある。（しかし）四月の（日本側の）提案は半年以上前だ。政権が代わったことでもあり、日ロ間の交渉がどういう流れで動いているかを国民に説明する必要がある。提案も回答も言えないというのはどうか」と追及したが、これ以上は進展しなかった。

また、共産党の不破哲三委員長は、首相との会談後、記者団に対して「領土については、交渉経過だからということで日本側から非公開で提案して、ロシアが非公開で回答するというのは、国際的な密室協議だ」と批判した。

この一一月の小渕首相とエリツィン大統領との日露首脳会談は、九七年四月、静岡県・川奈での橋本首相とエリツィン大統領との会談で日本側が示した提案へのロシア側回答が焦点になっていた。

その前段の川奈会談での日本側提案は、①択捉島とウルップ島の間に国境線を引くことを平和条約で合意し、当分の間は四島のロシア施政権を認める、②日ソ共同宣言で合意した、平和条約締結後の歯舞、色丹二島の返還については、直ちに求めない、という思い切った内容だったとされる。これに対して、ロシア側は、一一月の小渕・エリツィン会談で、川奈提案は「日本の主権をロシアが認めることを意味している。日本側の極端な方法による問題の解決策だ」として拒絶。国境問題の解決を目指すと明記した「平和友好協力条約」を二〇〇〇年までに署名することとし、国境線の画定の方は、別個の条約で定めようなどと回答したという。この時点でも、依然として溝は深いと言わなければならない。

ロシア側は、この時の回答の中で、国境線の決定は「我々の世論にも議会にも受け入れられない」と指摘、ロシア議会の抵抗の強さ、批准の困難さを示唆している。一方、わが国の国会では、ペレストロイカの風を吹かせたゴルバチョフ改革政権の誕生からソ連邦の崩壊、「法と正義」を掲げるエリツィン政権発足といった政治状況の中で、領土問題の解決への期待が高まった時期もあった。しかし、ロシアの経済危機の深刻化やエリツィン政権の脆弱性、ロシア国内政局の不安定ぶりが際立つにつれて、対ロシア外交への関心はにわかに減退した。この結果、政府のかつての四島即時返還論からすれば大幅に譲歩した日本側提案などが報じられても、国会でこれが論じられることはあまりないのが現状だ。しかし、近い将来、日露問題が再び国会論戦の焦点として浮上するのは確実である。そのためにも、わが国外交の基本戦略はもとより、外交交渉の秘匿性とデモクラシーの公開性の問題、さらに国会や政党は外交にどう関与し、外交へのコントロールはどうあるべきかなどについて、国会はより一層、繰り返し、論じ合わなければならない。

第三章　安全保障をめぐる対立

水野雅之

I　吉田路線の誕生

日米基軸の原点

戦後日本は日米関係を基軸にした外交を一環して展開してきた。その礎を築いたのが吉田茂というのが大方の一致した見方である。吉田の外交努力もあって、日本は一九五一年九月八日、サンフランシスコ講和会議で四九ヵ国との間で講和条約を調印し、敗戦から六年目にして悲願の独立を達成するとともに、米国と日米安全保障条約（正式には「日本国とアメリカ合衆国との間の安全保障条約」。以下、旧日米安保条約）を調印した。

功罪でみれば、吉田外交の功績は大きい。第一は、全面講和か多数（単独）講和かをめぐって国論が二分するなか、西側の自由主義陣営との多数講和を選択したことである。第二次大戦直後、米ソ緊張が高まり、四七年の冷戦を告げるトルーマン・ドクトリン、米国務省政策企画室長・ジョージ・ケナンによる対ソ封じ込め政策、四八年のソ連によるベルリン封鎖と、東西冷戦は一段と激化していった。東アジアにおいても、冷戦の荒波が押し寄せ、中国の共産化、中ソ同盟条約締結、朝鮮戦争勃発という事態が相次いだ。こうした当時の国際環境をみれば、西側との多数講和は当然の選択だった。米占領軍に対し、「負けっぷりをよくする」という吉田ならではの外交観もさることながら、吉田の強烈な反共意識に負う側面も大きかった。

第二は、最大の功績ともいえるが、講和・独立後の日本の安全保障について、旧日米安保条約を締結したことである。米ソ冷戦構造下で、安保条約が抑止力となって日本の平和・安全を支えたことは後の歴史が証明している。第三は、米側の再三にわたる再軍備要求を拒み、国力に見合った防衛力漸増路線を敷くことで巨額の防衛費負担増を回避し、その後の日本経済繁栄の土台を築いた点である。実際、一九五一年から始まった日米交渉で、ダレスが再軍備を要求したのに対し、吉田は軍国主義復活の危険、経済復興の遅れ、近隣諸国の警戒など再軍備のもたらす問題点をあげて必死に防戦した(五十嵐武士『日米関係と東アジア』東京大学出版会、一九九九年)。この路線は、吉田学校の池田勇人、佐藤栄作らに引き継がれ、自民党の保守本流路線を築いた。高坂正堯が「彼(吉田)が持っている商人的な国際政治観は、彼の政治行動の指針のひとつとして注目されなくてはならない。なぜなら、この国際政治観から彼は軍事力が国際関係において第二次的な重要性を持つに過ぎないという信念を得ているからである」(高坂正堯『宰相吉田茂』中央公論社、一九六八年)といい、宮沢喜一が「吉田氏の思想は、戦後のわが国の安全は、国民生活水準の向上と国内経済の繁栄を第一要件とするのであって、本格的な軍備を再開することは経済復興にとって重荷になるから避けなければならぬ、むしろ志を同じくし、領土的野心を持たぬ国によって、わが国の安全保障を図りつつ、わが国としては資源と資金を国民生活の向上に注ぎ込むべきであるというところにあった」（宮沢喜一『社会党との対話』講談社、一九六五年）というのも、こうした点を評価してのことである。

とはいえ、吉田外交が後のわが国の政治に積み残した「罪」も多い。旧安保条約が米国の日本防衛義務を明記しなかった点など「片務的」かつ不平等で、岸内閣で是正したものの、日本の安全保障を米国に依存する体質は変わらなかったこと、警察予備隊―保安隊―自衛隊創設という過程で、自衛力＝自衛隊と憲法九条解釈の整合性をつけず、防衛力漸増をなし崩し的に推し進めたことである。国会で曖昧な答弁を重ねたことも、建設的な安全保障論議に大きな制約を与えた点で、吉田外交の「負の遺産」といっていい。

多数講和の選択

講和問題については、国会でも早くから、全面講和か多数講和か、永世中立か否かなどをめぐり、議論が沸騰していた。講和問題が争点として顕在化したのは、四九年九月、米英仏三国外相会談で「対日単独講和」が確認された旨を示唆する報道が流れてから、とされる（原彬久『戦後日本と国際政治』中央公論社、一九八八年）。翌五〇年四月、トルーマン米大統領が講和交渉の方針を固め、国務長官顧問にジョン・ダレスを任命してから、講和問題は現実味を増していった。

吉田の対国会姿勢で特徴的なのは、無責任な言動が講和という外交交渉に影響を与えかねないとして、自重を求め続けたことである。例えば、第五特別国会（四九年二月一一日召集）の衆院本会議での代表質問で、早期講和を求める社会党の浅沼稲次郎書記長に、「講和を早めようとすれば、まず日本が経済的に独立して、列国から国際社会の一員として世界平和に貢献する資格があると認定されることである。いたずらに議場で騒いだりするがごときことは、私は講和会議を促進するゆえんではない」と突っぱねた。当時、米国内には、講和推進派の国務省と慎重派の国防総省との間で軋轢があり、連合国内にも対立があった。

こうした吉田の姿勢に「国会軽視」「秘密外交」という批判がつきまとうが、吉田は「講和条約への道筋を、伝統的な外交交渉の積み上げと見ていたし、この見地に立つならば、吉田が講和条約についての議論を好まなかったのも当然」（高坂正堯『宰相吉田茂』）という見方が説得力を持つ。

講和に対する吉田のハラは早くから決まっていた。戦前から、「英米協調こそ、日本の生きる道」と信じていただけに、多数講和は必然の選択だった。全面講和論が花ざかりの四九年一一月一一日の参院本会議（第六臨時国会）で、太田敏兄（無所属懇談会）の質問に、吉田は「講和がたとえ少数の国と成り立っても、無いよりはいいのであって、いわんや、これが全面講和に導く一つの道であるならば、喜んで応ずべきものだと私は抽象的に考えます」と多数講和を示唆した。五〇年五月には、自由党本部で開かれた両院議員総会秘密会で、南原繁・東大総長らが唱える全面講和論に対し、「国際問題を知らぬ曲学阿世の徒で、学者の空論にすぎない」と口を極めて非難した。

その吉田が国会で多数講和を公式に明言したのは、五〇年七月一四日に行われた第八臨時国会の施政方針演説である。「全面講和とか永世中立とかいうような議論がありまするが、これはたとい真の愛国心から出たものとしても、全く現実から遊離した言論であります。みずから共産党の謀略に陥らんとする危険千万な思想であります」。

独断的な語り口だが、首相の施政方針演説がともすれば無味乾燥で平板になりがちな今日、大いに見習うべきだろう。

米軍駐留と日米防衛義務のせめぎあい

講和の最大の焦点は、独立後の日本の安全保障をどうするかに尽きる。この点、片山内閣の外相だった芦田均がすでに道筋をつけていた。芦田は四七年九月、米軍駐留を容認する案を軸とした「芦田書簡」を、一時帰国する第八軍司令官・アイケルバーガーに、横浜終戦連絡事務局長・鈴木九萬を通じ、米政府に伝達するよう託した。その内容は、①他国からの侵略に備え米国との間に特別協定を結ぶ、②日本自ら陸上、海上の警察力を増強する、③米軍の日本駐留を認める――ことが柱だった。

芦田は同じく外交官出身である吉田と政敵になるが、四八年一〇月、第二次内閣を発足させた吉田は、この芦田書簡を「方向としては、後に日米安全保障体制の基本をなす考え方と全く同一のものであった」、「片山内閣時代の方向は、大体わが方の方針としてそれ以外にはないと考えていたので、内閣が変ったからとて右の方針を変更する必要は認めなかった」（吉田茂『回想十年』⑶中公文庫、一九九八年）と高く評価していた。

吉田は早くから、米軍駐留を決めていた。「国内の治安は自力で確保するとしても、対外安全に関しては、自力では到底これを保障し難い。そこで適当な外部の力に頼る外ない。一般論としては国際連合によって安全保障を期待するのが正道である。しかし、現実の場合に、国際連合から如何なる程度の支持を受け得るかは不明であり、不確実である。そうだとすれば、特定の一国との間に防衛に関する協定を結んで、国の安全を期待する外はない。然もその特定の一国といえば、終戦以来終始占領管理の中心勢力であった米国以外にはありえない」（吉田茂『回想十年』⑶）という判断からである。

しかし吉田の戦略は「日本側に駐兵受入れの義務あるに対して、先方に国土防衛の義務があることを明らかに」（同）し、「日米両国は対等の協力者」（同）にというものだったが、その目論見は見事に外れた。吉田は、米国との講和交渉が始まる前の五〇年五月、腹心の池田勇人蔵相を密かに訪米させ、マッカーサーの経済顧問で「ドッジ・ライン」を行ったジョセフ・ドッジに、「日本政府はできるだけ早い機会に講和条約を結ぶことを希望する。そしてこのような講和条約ができても、おそらくはそれ以後の日本及びアジア地域の安全を保障するために、アメリカの軍隊を駐留させる必要があるであろうが、もしアメリカ側からそのような希望を申出にくいならば、日本政府としては、日本側からそれをオファするような持ち出し方を研究してもよろしい」（宮沢喜一『戦後政治の証言』読売新聞社、一九九九一年）というメッセージを送った。宮沢は「日本がアメリカに対して講和後に米軍の駐留を認めることによって、講和条約の促進を図ろうとした最初の意思表示であった。同時に、日米安全保障条約の基礎がここにはじめて生まれた」（同）と高く評価するが、吉田はマッカーサーと事前調整をしておらず、そのことがマッカーサーの怒りを買うなど、宮沢がいうほど評価に値しないという見方もある（豊下楢彦『安保条約の成立』岩波新書、一九九六年）。

吉田の努力の甲斐もなく結局、旧安保条約では米国による日本防衛義務は明記されなかった。米軍駐留の目的について、日米政府間の交渉当初は「外部からの武力攻撃に対する日本国の防衛」となっていたが、その後、米側の要請で沖縄有事も対象に含まれ、「外部からの攻撃に対する日本の安全に寄与することを目的」との表現にかわり、交渉末期になると、米軍駐留の目的が日本以外の近隣地域での事態に拡大され、最終的に「極東における国際の平和と安全の維持並びに外部からの武力攻撃に対する日本の安全に寄与するために使用することができる」という表現になった。

この理由について、米国が地域的集団安全保障に参加する場合、「継続的かつ効果的な自助および相互援助を基礎」とする上院のヴァンデンバーグ決議（四八年六月）があるためというのが定説である。しかし、米側の再軍備の要請にもかかわらず、吉田が拒否したことへの「報復」という見方もある（大嶽秀夫編『戦後日本防衛問題資料集』第二巻、三一書房、一九九二年）。

もっとも米側にすれば、在日米軍基地は極東戦略の戦略的要衝であり、講和後も自由使用を継続したいというのが本音であった。このため、豊下楢彦は「『軍隊の駐在を許容する』か否かの意思表示をギリギリまで遅らせることが、敗戦国であり被占領国という弱い立場にたつ日本が駆使できる決定的なカードだった」にもかかわらず、「交渉が開始されたばかりの段階で吉田が早々とカードを切ってしまったことが、このようなバーゲニングを展開する余地を奪い去った」とし、吉田の失点を強調している（豊下『安保条約の成立』）。

「極東条項」も同様で、交渉末期に、国防総省、軍部の強い意向で挿入され、後世に課題を残した。当時外務省条約局長として交渉にあたった西村熊雄は「充分考慮を払わないで『同意あって然るべし』との結論を総理に上申したことは、今日に至ってなお事務当局として汗顔の至り」（西村熊雄『日本外交史27』鹿島研究所出版会、一九七一年）と述懐している。ただ当時は朝鮮戦争の真っただ中で、日本が独力で外部からの侵略に対処する能力がない以上、日本の平和と安全は米軍に依拠せざるをえず、米軍の展開範囲を云々する環境はなかったともいえる。

分裂した社会党

戦後日本の外交・安保論争の上で、社会党の「平和・護憲路線」が一定の役割を果たしたことは間違いない。

社会党の外交・安保政策の原型は、四九年一二月、中央執行委員会が決定した「全面講和、中立堅持、軍事基地反対」の「平和三原則」にある。さらに五一年一月の第七回党大会で、「再軍備は第三次世界大戦に引き込まれる危険を持つ」との左派の主張で、「再軍備反対」を追加して「平和四原則」になった。しかも、委員長に選出された左派の鈴木茂三郎が就任演説で提唱した「青年よ再び銃を取るな、婦人よ夫や息子を戦場に送るな」とのスローガンも国民の厭戦感情に訴え、社会党の「非武装中立路線」の原点になった。

一方、左右両派の対立は根深く、五一年九月八日の講和・安保条約調印から同年一二月二六日の衆院採決までの間に頂点に達した。右派が「両条約賛成」（条件つき賛成を含む）を主張すれば、左派は「両条約反対」を譲らず、左右分裂を恐れた浅沼稲次郎書記長らは「講和条約賛成、安保条約反対」という折衷案を中執委に提案、二票差で採択された。しかし、左派はこれを不満として巻き返しを図り、結局、一〇月二三日開催された第八回臨時党大会は、大混乱の末、左右分裂にいたった。

このように、社会党の安保政策論争は、左右両派の党内抗争が絡むこと、そして組織的に優位でイデオロギー色が強い左派が主導権を握る結果、主張や国会対応が硬直的になりがちで、国会における外交・安保論議を非生産的なものにした側面が大きい。しかも問題なのは、与党と対決するため結束して対抗しなければならないのに、お家騒動を繰り返し、与党を利するという愚を犯してしまうことだった。

実らなかった超党派全権派遣団

講和・安保両条約の対応で割れたのは社会党ばかりでない。保守の方も、第二党の国民民主党（五〇年四月結成）が揺れた。それが表面化したのはサンフランシスコ講和会議への「超党派全権団」派遣問題の時である。五一年八月、ダレスから、①講和会議には吉田が全権として出席する、②全権団は超党派で派遣する――ことを求められた吉田は、自由党の増田甲子七幹事長に国民民主党への説得工作を指示した。しかし、うまくいかなかった。

というのも、国民民主党はそもそも、政権党への連携を重視する連立派と、野党的立場を主張する野党派との確執があった。前身の民主党時代、吉田・民主自由党との連立を主張する犬養健ら連立派と、野党を主張する芦田均ら野党派が対立したあげく、連立派が吉田民自党と合流し（五〇年三月に自由党発足）、野党派は国民協同党などと合流して国民民主党を結成した。この対立の根が国民民主党になっても引き継がれ、講和・安保両条約への対応をめぐり、両条約賛成の連立派と、反対の野党派の対立が再燃した。

調整の過程で、国民民主党の三木武夫幹事長は、臨時国会の開会と、吉田の講和問題に関する経過報告を条件に参加する意向を示したものの、吉田が「三木は信用できない。国会は開かない」と拒否したため、いったんは暗礁に乗り上げた。このため吉田は、国民民主党の面子をたてるため、臨時国会開会に応じるとともに、苫米地最高委員長の私邸を訪問、頭を下げることで決着した。これを受けた第一一臨時国会がわずか三日間という会期で五一年八月に開かれ、吉田は講和条約と旧安保条約の報告演説を行った。

しかし、苫米地はサンフランシスコ講和会議の際、講和条約の署名に参加しただけで、旧安保条約の調印式には出席しなかった。党内事情の複雑さを反映した形で、実際、五一年一〇月の「講和批准国会」（第一二臨時国会）では、衆院本会議採決で、三人（小林信一、園田直、石田一松）が離党のうえ両条約に反対、「講和賛成、安保反対」一人（稲葉修）、「欠席」二人（北村徳太郎、小林運美）と、対応がさまざまにわかれた。

講和批准国会——吉田VS芦田論争

第一二臨時国会（五一年一〇月一〇日召集）は「講和批准国会」であった。五一年一〇月二六日の衆院本会議で、講和条約は「賛成三〇七　反対四七」で可決された。反対者は共産党二二人のほか、左派社会党一六人、労農党四人、国民民主党三人、無所属二人だった。右派社会党は賛成に回った。旧安保条約も「賛成二八九　反対七一」で可決された。一一月一八日の参院本会議では、講和条約は「賛成一七四　反対四五」で（反対は左派社会党三〇、第一クラブ六、労農党五、共産党三、緑風会一）、旧安保条約は「賛成一四七　反対七六」で、いずれも批准された。反対は左右社会党六一、第一クラブ六、労農党五、共産党三、緑風会一だった。

ある意味で戦後日本の礎となった国会だが、吉田の回顧は素っ気ない。

「平和条約については、一通りの質疑応答があっただけで、大した議論はなく、安全保障条約に対しては相当野党からの追及があったが、これも結局大した問題とはならず、僅かに衆議院条約特別委員会における民主党の芦田均君と私との応酬が新聞などで賑やかに伝えられた程度であった」（吉田茂『回想十年』(3)）。

たしかに、五一年一〇月一八日に行われた衆院条約特別委員会における吉田と芦田の講和・再軍備をめぐる質疑は、国会史上に残る論戦として評価されていい。

芦田は、旧安保条約の問題点として、「徹頭徹尾日本がアメリカに懇請した形でできている」と断じた上で、自衛権に関する吉田答弁の矛盾を鋭く追及した。その一つが帝国議会での憲法改正審議で、野坂参三（共産）の質問に対し自衛権を否認した吉田答弁であり、「自衛権を否認するばかりでなく、自衛権を主張することはむしろ戦争を誘発するおそれあるものと答えておられる。（中略）しかるに今回の条約を調印するにあたつて、自衛隊に関する説が全然変わつた」と追及した。これに対し、吉田は「今お読みになつたようなことを私が申した覚えはありませんが、なお速記録を調べます」とはぐらかしながら、「私の当時言つたことと記憶しているのでは、しばしば自衛権の名前でもつて戦争が行われたということは申したと思いますが、自衛権を否認したというような非常識なことはない」とし、自衛権の存在そのものは認めざるを得なかった。

芦田はその発言をとらえ、憲法改正審議での吉田答弁と、その後再軍備を行うには憲法改正が必要とする吉田の主張の矛盾を突きながら、「時に応じ、所によって解釈がかわる。これをそばから見ておると、軍備を持てというものに向かつては、憲法に反するではないかと言われ、条約に自衛の問題が出てくると、これは憲法には反しないと答えられる。実に融通無碍、その柔軟性には敬意を表しますけれども、これは国民を迷わせる」と断じた。さらに警察予備隊について、「明らかに近代的武器で装備を施している」とし、「なぜ政府は国民を納得させる堂々たる方法で、公明正大にやらないのか」とも追及した。吉田は、痛い所を突かれ、終始、芦田に押されぎみだった。

この「吉田ＶＳ芦田」論争は、第一六特別国会（五三年五月一八日召集）でも展開された。この国会では、ＭＳＡ（相互安全保障法）に基づく米国からの軍事援助が問題となり、五三年七月三〇日の衆院予算委員会で火花が散った。

吉田は再軍備について、「日本の独立安全は、これは日本国民みずからの力によつて防衛することが原則の上から当然なことであります。日本の独立安全は、これは日本国民自らの力によつて一応国力の充実をまつてと申しておるのであります。ゆえに日本の国力が許すならば、また日本の国力が自ら守るに足るだけの国力を回復しうるならば、したならばその瞬間においてもただちに持ちたいと思います」と述べた。芦田は「いろいろの政府の答弁を聞いておつてはつきりすることは、吉田内閣が、軍備をやつて、そして選挙においてはこれで投票をかせぐ手段に使う。昨年以来二回の総選挙で軍備問題に対して自由党の政府は何とお約束したか。これはみんな知つております。そうして現実には軍備をやつておることを、内閣諸公もとくとお考えになつてしかるべし」などと皮肉った。

吉田の逃げがやや目立つが、政治家がお互いに真っ向から意見を闘わす議論こそ、国会論戦のありうべき姿である。今日のように官僚が用意した答弁要領に基づいてやりとりする論戦の在り方は大いに反省すべきである。

逆コース――日米行政協定と再軍備強化

外交・安保政策について国会で活発な論争が展開されるようになったのは独立回復後の国会からといわれる。その背景には、独立回復以前は米軍による占領のくびきがあったことは間違いない。とくに占領下時代、再軍備に対する国会の追及には限界があった。

第八臨時国会（五〇年七月一二日召集）における警察予備隊創設問題で、米国は「ポツダム政令」を根拠として創設を指示したのに対し、社会党は法制化を要求した。対処に困った政府は、岡崎勝男官房長官らがホイットニーGHQ民政局長らに見解を求めたところ、ホイットニーは「われわれが法律でなく政令でというのは政府の措置を推進し、国会審議の過程で生ずる遅延や政治的圧力を避けるためである」と語った。GHQは野党工作に先手を打ち、五〇年七月、ウィリアムズ民政局国会対策課長が、野党の責任者である社会党の浅沼稲次郎書記長と国民民主党の苫米地義三最高委員長を呼びつけ、「警察予備隊創設に関する一切の事柄は政令によってなされる。この件に関する限り、国会はなんら審議する権限をもたない。この指令に反することは、最高司令官に反するものとみなされる」と恫喝した（読売新聞戦後史班編『「再軍備」の軌跡』読売新聞社、一九八一年）。これが効いてか、国民民主党は政府の方針に同調し、社会党も法制化要求をトーンダウンさせた。警察予備隊はこうして、国会で論議されないまま、自衛隊の基礎が作られたのである。

また、独立回復後は保守派内部で、吉田と、追放解除で政界復帰した保守政治家を中心とする反吉田勢力との対立が深まり、権力闘争を激化させたことも大きく影響している。その一人、芦田均は、再軍備の必要性を強調、国民民主党の政策に「自衛軍創設」を位置づけるとともに、国民民主党、新政クラブなどが合同して結成した「改進党」（五二年二月結成）の政策大綱に「民主的自衛軍の創設」「憲法改正」などを盛り込んだ。

自由党の方も、鳩山一郎を中心に、吉田の外交・安保政策に対する批判が高まった。岸信介も追放解除後、反吉田勢力を結集、自由党鳩山派や改進党を集めて五四年一一月に日本民主党を結成した。これら反吉田勢力を糾合する格好の接着剤が「再軍備」「憲法改正」であり、後の保守合同への下地を作ったのである。

「独立国会」と称された第一三通常国会（五一年一二月一〇日召集）は、そうしたもろもろの権力闘争が一気に火を吹いた国会だった。行政協定と再軍備をめぐり、国民民主党や自由党鳩山派が再軍備を迫れば、左右社会党は強硬に反対し、与野党が真っ向から激突した。自由党内の吉田、鳩山両派の主導権争いもあり、五回の会期延長のすえ、会期は翌五二年七月三一日の閉会まで二三五日間にも及んだ。

行政協定は、旧安保条約を実施する際の細目的取り決めで、在日米軍の地位に関する取り扱いを定めていた。米軍は日本国内のどこにでも基地を設けることができ、基地は米軍の完全な支配下におかれる(二―三条)、米軍の軍人、軍属、その家族の犯罪は日本はまったく裁判権を認められない(一七条)など、米側に極めて有利な規定だった。

与野党の最大の争点は、この行政協定が国会承認の対象となるかどうかだった。政府は「委任事項を含む安保条約を国会が承認したのだから、改めて国会承認を必要としない」との立場をとったが、野党は「国民生活に関わる重大な規定を含んでいる以上、国会の承認が必要だ」と主張した。林修三・内閣法制局長官（当時）は、次のように回想している。

「わが国においては、駐留米軍の法的地位などを含めた配備を規律する条件を定める国際約束を国会の承認としない行政的取りきめであると直ちにしてしまうことについては、それまで前例がない上に、憲法上の問題もありうるわけで、そこのところをどう説明するかが問題であった。いろいろ相談の結果、条約第三条の文言を引用しつつ、駐留米軍の法的地位などを含む米軍配備の条件を定める国際約束は日本両政府間の行政協定できめるという条項それ自体について国会の承認が得られれば、それで、行政協定についても、国会の承認が得られたことになるというように、一種の委任命令的な説明をして、国会審議を乗り切ることにしたのである」(内閣法制局百年史編集委員会編『証言―近代法制の軌跡』ぎょうせい、一九八五年)。

政府はあくまでも国会承認を拒み続け、一八三六億円の防衛関係予算を含む五二年度予算案は、野党欠席のまま与党だけで強行採決し可決させた。政府が強硬姿勢で臨んだのも、当時、米議会が講和・安保両条約批准にあたり、対中国問題に対する日本の姿勢の明確化とともに、行政協定調印を前提としていた事情があった。

前者は「吉田書簡」として方針が示された。すなわち日本は台湾の国民政府と国交回復のための条約を結ぶ用意があり、大陸の中国政府との間に平和条約を締結する意思のないことを保証するという内容だった。

防衛力増強で変転する吉田答弁

この国会では保安庁法案も提出されていた。保安庁は、吉田がダレスとの交渉で秘密裏に約束したものだった。吉田は五二年一月三一日の衆院予算委員会で、中曽根康弘(国民民主党)の質問に答え、「警察予備隊は今年一〇月をもって一応打ち切り、防衛隊を新たに考えたい」との考えを明らかにした。「防衛隊」はその後、警察予備隊と海上警備隊を統合し、「保安隊」いう名称になったが、野党は事実上の再軍備であり憲法違反だとして厳しく追及。政府はあくまでも治安維持が目的だとしてかわし、保安庁法案は会期末ぎりぎりの七月三一日に辛うじて成立した。

それにしても、不鮮明なのが吉田の再軍備観である。「矛盾」という言葉で形容される吉田だが、再軍備問題に象徴されている。そもそも米国の再軍備要求に抵抗しながら、実質的には防衛力増強を進めていったのがそれだ。五〇年六月、講和条約交渉で初来日したダレスが要求した再軍備に吉田が反発したのは有名だが、その直後に勃発した朝鮮戦争を受けたマッカーサーによる警察予備隊創設の指令には素直に応じた。

たしかに吉田は後年、再軍備について「考えること自体が愚の骨頂であり、世界の情勢を知らざる痴人の夢」と全面的に否定している。その理由として、こう指摘している。

「最近米国の軍備を視察して帰ってきた防衛隊幹部の話によれば、米国はその戦勝の余威を以て、且つまた世界に比類なき富を以て、あの巨大な軍備を築き上げたもので、他の国があれに匹敵し得る軍備を持つということになれば、それこそ大へんな負担であり、仮にその負担に堪え得るとしても、あれだけ費用をかけてさえ、果して今日の米国の如き進歩した高度の武装を実現し得るや否やは疑問とされるそうである。況んや、敗戦日本が如何に頑張ってみても、到底望み得べきことではない。これが私が再軍備に反対する理由の第一である。

第二に、国民思想の実情からいって、再軍備の背景たるべき心理的基盤が全く失われている。

第三に理由なき戦争に駆り立てられた国民にとって、敗戦の傷跡が幾つも残っておって、その処理の未だ終らざるものが多い。」（吉田茂『回想十年』(2)）。

事実、憲法改正案を審議した帝国議会でも、吉田は憲法解釈で慎重な答弁を繰り返していた。その中で吉田は「直接には自衛権は否定して居りませぬが、第九条第二項に於いて一切の軍備と国の交戦権を認めない結果、自衛権の発動としての戦争も、又交戦権も放棄した」（四六年六月二六日、衆院本会議）と、自衛権すら否認した。共産党の野坂参三との論戦でも、野坂が侵略戦争＝不正の戦争と防衛戦争＝正しい戦争を区別し、侵略戦争の放棄を規定すべきだと迫ったのに対し、吉田は「国家正当防衛権に依る戦争は正当なりとせらるるようであるが、かくの如きことを認むることが有害である」とすら言い切った。

反面、吉田は必ずしも再軍備反対一辺倒ではなかったとの見方もある。憲法制定当時、自衛権すら否定していた吉田は、第一二臨時国会における芦田質問に対し、自衛権の存在を認めた。さらに、保安庁法案審議の五二年三月六日の参院予算委員会（第一三通常国会）で、岡本愛祐（緑風会）に対し、「憲法に禁じてありますことは、国際紛争（解決）の具に供する、戦力を以て国際紛争（解決）の手段にするということを禁じておるのであります。自衛手段の戦力を禁じておるわけではない」と、自衛手段としての戦力保持は憲法違反ではないとの考えを表明した。これは、吉田内閣の大さな方針転換を意味し、野党は反発した。委員会空転を受け、四日後に吉田は「自衛のためでも戦力を持つことはいわゆる再軍備でありまして、この場合には憲法の改正を要するということを私はここに改めて断言いたします」と訂正した。しかし、この答弁は憲法が保持を禁じる「戦力」とは何かということをクローズアップさせ、政府は苦し紛れに、「戦力」とは「近代戦遂行に役立つ程度の装備、編成を具えるもの」とし、「保安隊は戦力に該当しない」との統一見解をまとめるにいたった。

第一七臨時国会（五三年一〇月二九日召集）になると、吉田は、近い将来作られる自衛隊は軍隊と称してよいとし、それは「戦力に至らざる軍隊」であるがゆえに「憲法の範囲内において許し得るものである」（五三年一一月三日、衆院予算委員会）と答弁した。ここから「戦力なき軍隊」という不可思議な〝迷言〟が生まれた。

しかも吉田は保安庁発足後の五二年八月四日には、「新国軍建設の土台たれ」とすら訓示している。いずれにせよ問題は、答弁のぶれが大きい結果、軌道修正して後退した内容の統一見解が政府の有権的解釈となって、その後の安保論議を制約し、「負の遺産」を造り上げてしまったことである。

自衛隊創設——吉田退陣へ

五二年四月二八日、旧安保条約とともに、わが国念願の講和条約が発効した。しかし、国内政局は独立達成と同時に荒れ出す。鳩山らを中心とした反吉田勢力が吉田退陣要求を突きつけ、それに抗する吉田は「抜き打ち解散」に打って出た。

しかし、鳩山らが総選挙（五二年一〇月一日投票）で争点に狙っていた再軍備問題は、世論の反発を配慮して引っ込めてしまったため、尻すぼみになってしまった。選挙結果は結局、左社が躍進し、自由党鳩山派や改進党は伸びなかった。続く吉田の「バカヤロウ」発言を機に行われた翌五三年四月総選挙でも、再軍備論の改進党、鳩山自由党は敗退した。この二回にわたる総選挙で、再軍備論を唱えた反吉田勢力は挫折した形だが、吉田自由党も少数与党となったため、改進党などとの政策協力が必要となり、これが保守勢力の垣根を低くし、後の保守合同の礎石となった。その大きな節目が、五三年九月に行われた自由党吉田・改進党重光両党首会談で合意された自衛隊創設である。

この吉田・重光会談の下交渉を務めたのは池田勇人と宮沢喜一だった。合意のポイントは、①長期の防衛計画を立て、自衛力を増強する方針を明らかにする、②保安隊を自衛隊という名称に改め、直接侵略にも対抗できるようにする、③この結果起こってくるかもしれない憲法改正問題は別に協議する――などだった。宮沢らは、②や③は吉田が受け入れないのではないかと思っていたが、暗に相違して吉田は「これでいいじゃないか」と合意に応じた（宮沢喜一『東京―ワシントンの密談』中公文庫、一九九九年）。

もっとも吉田・重光合意の背景には、アメリカからのＭＳＡ援助問題があった。ＭＳＡはいうまでもなく、米側がそれまでの経済援助を軍事援助に切り替え、日本の防衛力増強のテコにしようというのが狙いだった。ただ問題は、ＭＳＡ援助を受け入れるためには、日本が軍事的義務の履行を明確にしなければならなかった。事実、国務長官ダレスは、一〇個師団三五万人もの再軍備を要求していた。宮沢によれば、この局面打開のための方策が、保守全体が共同歩調を取るという吉田・重光合意であり、五三年一〇月にワシントンで行われた「池田・ロバートソン会談」だった。吉田の私設特使として訪米した池田（当時自由党政調会長）は米国務次官補ロバートソンと会談、米側が陸上兵力一〇師団三二万五千人増強を要求したのに対し、池田は抵抗し、「池田私案」として示したのが、後方部隊を除いた「一〇師団一八万人案」だった。この「池田私案」は結果的には対米公約となり、後の自衛隊の基本目標になっていった。

一方、吉田は鳩山が主張していた憲法改正でも歩み寄り、自由党内に憲法調査会を設置することを約束した。これを受けて五三年一一月、鳩山自由党の大部分が自由党に復党した。そして、自由党、改進党、日本自由党の保守三党は五四年二月、自衛隊発足で合意した。

こうした状況下で行われた第一九通常国会（五三年一二月一〇日召集）は、「造船疑獄」もあって大荒れの国会になったが、「防衛庁設置法」「自衛隊法」の防衛二法は五四年六月二日に可決、成立した。ただ、防衛二法の可決にあたり、参院は合わせて「自衛隊の海外出動を為さざることに関する決議」を可決した。「本院は、自衛隊の創設に際し、現行憲法の条章と、わが国民の熾烈なる平和愛好精神に照し、海外出動はこれを行わないことを、茲（ここ）に更めて確認する」という内容である。発議者の鶴見祐輔は「何ものが自衛戦争であり、何ものが侵略戦争であったかということは、結局水掛け論」

としつつ、「我が国のごとき憲法を有する国におきまして、これを厳格に具体的に一定しておく必要が痛切である……。自衛とは、我が国が不当に侵略された場合に行う正当防衛行為であって、それは我が国土を守るという具体的な場合に限るべきものであります。（中略）我が国の場合には、自衛とは海外に出動しないということでなければなりません。如何なる場合においても、一度この限界を越えると、際限もなく遠い外国に出動することになることは、先般の太平洋戦争の経験でも明白であります」と指摘した。これに対し、木村篤太郎保安庁長官は政府の所信として、「自衛隊は、わが国の平和と独立を守り、国の安全を保つため、直接並びに間接の侵略に対して我が国を防衛することを任務とするものでありまして、海外派兵というような目的は持っていないのであります。従いまして、只今の決議の趣旨は、十分これを尊重する所存であります」と答弁した。

ただ、田中明彦も言うように、「ここには、国際社会の安定や平和のために、日本がなしうることがありうる、日本の自衛隊が役に立つことがありうるとの発想や、同盟関係を結ぶことが何を意味するかとの発想は全く欠如」していたといっていい（田中明彦『安全保障』読売新聞社、一九九七年）。この問題は九〇年の湾岸危機でクローズアップされるが、後章にゆずりたい。

なお、この時期は吉田政権末期であり、反吉田勢力の大きなうねりの中で、五四年一一月、鳩山を総裁とする日本民主党が結成され、同年一二月に、吉田内閣は総辞職し、七年余に及ぶ政権の幕を閉じた。

II　安保改定

憲法九条解釈の礎を作った鳩山内閣

吉田の後を継いだ鳩山内閣（五四年一二月発足）が外交・安保政策で果たした大きな役割は、現在の憲法九条の政府解釈の基礎を固めた点である。それをリードしたのは内閣法制局だった。内閣法制局が現在の形で復活したのは、日本が講和条約を締結して独立した五二年八月で、憲法九条をめぐる失言の後始末に苦労した吉田が首相を補佐できる法制局の復活を命令したのが発端とされる。当時、内閣法制局長官だった林修三はこう回想している。

「鳩山さんは、もともと、大局的な政治論を得意とされ、こまかい憲法解釈や微妙なことばのやりとりをされることはお得意でなく、また、好まれるところでもなかったし、それに、ご自分が在野時代にいっておられた憲法第九条改正論のことが頭にあるので、はじめのうちは、私どもの書いた答弁資料によって答弁されることをちゅうちょされる傾向がみえたが、この頃の国会では、特に野党側は、政府側のことばじりをつかまえて攻撃することが得意で、そのため、鳩山さんもつまらないことばのはしのいいまわしをつかまえられて取消しを求められ、それをめぐって議事が紛糾するということがしばしば発生した。(中略)鳩山さんも、こういうことが度重なるのにこりられたとみえて、だんだん、私どもが資料を作り、あるいは耳打ちすることをそのとおりに答弁されるようになった。近頃の末梢的な国会論議の進め方が鳩山さんのような政治的識見の豊かな人の自由な意見の表明を封ずる形になったわけで、私どもは、おかげでだんだん楽になったが、これはわが国の政治のあり方の上では、むしろ悲しむべきことだったと思う」(林修三『法制局長官生活の思い出』財政経済弘報社、一九六六年)。

鳩山内閣が打ち出した重要な政府見解が自衛隊合憲である。大村清一防衛庁長官が五四年一二月二二日の衆院予算委員会(第二一通常国会)で「憲法第九条は、独立国としてわが国が自衛権を持つことを認めている。従って自衛隊のような自衛のための任務を有し、かつその目的のため必要相当な範囲の実力部隊を設けることは、何ら憲法に違反していない」と言明したのがそれだ。自衛隊と憲法九条二項との関係について、政府はそれまで「近代戦争遂行能力」論をとっていた。「戦力」とは「近代戦争遂行能力」を持つ実力組織をいい、その「戦力」に該当しなければ実力部隊を持てる、という解釈だった。しかし、この解釈では持たないというのが当時の内閣法制局の見方で、法制局次長だった高辻正己は「(その)解し方は、その内容を説明することが著しく困難であり、いずれは説明の仕方を変えなければならない時期がくることになるのではないか、と案じていた」(内閣法制局百年史編集委員会編『証言――近代法制の軌跡』)とし、「自衛のための必要相当な範囲の実力部隊」を合憲とする新解釈を編み出した。すなわち、「『戦力』とは、字義上、およそ外国との武力闘争において闘争目的を達成するために役立ついっさいの組織化された人的・物的総合力を意味するものと解し、九条二項の『戦力』の不保持は、第一項との関係で、その武力組織の任務が国際紛争を解決する手段に仕える面を有し、その活動能力がその任務の達成に向けられるものを保持することを禁止するものであり、その任務が、自国に対して武力攻撃が加えられ国民の安全と生存に対する侵害がもたらされる場合、専らその侵害を排除する手段に仕えるものであり、その活動能力が与えられた任務の遂行に照らし合理的に必要とされるものであるかぎりは、憲法はこれを保持することを違憲ときめつけているものではない」(同) という論法だった。衆院予算委員会を直前に控えた五四年一二月二〇日の政府与党連絡会議で、新解釈をめぐり激論が戦わされた。高辻はその時の模様をこう回想している。

「私の真っ正面にいたのが重光葵外相で、『自衛のための戦力ならいくら持ってもいいじゃないか』という、当時、はやっていた自衛戦力合憲論を勢いよく主張した。これを説得するのに時間がかかった。が、最後は根本龍太郎官房長官らが賛成してくれて、私の説でいこうということになったんです」(読売新聞九七年八月三〇日付)。

この高辻案を原型とした「必要最小限度」論は、現在なお政府見解の根幹として堅持されている。

一方、国内政局は、五五年一〇月に左右社会党が統一して日本社会党が、一一月一五日には保守合同で自由民主党がそれぞれ発足、いわゆる「五五年体制」がスタートした。

安保改定に向けた岸の狙い

日本の国会史上、野党や国民の強い反発を受けつつ将来の国家の安全保障を見据えた政治決断に踏み切った「正」の側面と、デモによる死去事件も含め国民的な大混乱を招いた「負」の側面とが大きく交錯した国会として特筆されるのが岸内閣時代の「安保国会」である。

その象徴である新日米安保条約は、岸信介が五七年二月の政権発足当初から、政権の最重要課題に据えていた。前身の旧安保条約は数々の欠陥を抱えていた。外務省も、①米軍の日本防衛義務が不明確である、②「極東の平和と安全の維持」のために、米国が一方的に在日米軍を使用でき、日本の意思に反して自動的に戦争に巻き込まれるのではという不安や危惧が生ずる虞れがある、③在日米軍の配備と装備は米国が自由に決定できるため、米国が日本の意向を無視して核兵器を日本に持ち込みうる、④内乱条項や、日本が米国の同意なしには第三国に基地を供与しないとの条項は、独立国としてふさわしくない、⑤前文では、国連憲章の目的と原則に従って行動すると謳われているが、条約本文には明記されていない、⑥条約の有効期限や改廃手続きが規定されていない――点をあげていた（吉澤清次郎監修『日本外交史29』鹿島研究所出版会、一九七三年）。

ナショナリストである岸にとって、安保改定を決意した理由は、真の独立国として米国と対等の地位を築くことだった。岸は後年、読売新聞の取材に対し、「旧安保条約の下では、アメリカが一方的な行動の権利を持っていたので、不平等条約だとか、いろいろな問題が起きていましてね。どうしても対等な安保条約に改めて、合理的な基礎の下に日本の安全を保持するような新条約を作るべきだと考えたんですよ」（読売新聞政治部編『権力の中枢が語る自民党の三十年』読売新聞社、一九八五年）と語っている。

岸が安保改定を決意した伏線として、五五年八月の「重光・ダレス会談」を指摘する見方が通説だ。外相・重光の安保改定打診に対し、国務長官ダレスは「日本は海外派兵ができないのだから、共同防衛の責任は日本が負えないではないか」（河野一郎『今だから話そう』相武政経研究会、一九七四年）と事実上、門前払いした。当時、民主党幹事長として同行していた岸は、安保改定のためには日本の自衛力強化が必要という意を強くした。このため、岸は首相としての初訪米に先立ち、東南アジア歴訪と日本の防衛力増強に取り組んだ。とくに後者では五七年五月に「国防の基本方針」を決定したうえ、翌六月には長期防衛計画として初めて「第一次防衛力整備計画（一次防）」（三ヵ年計画）を閣議決定した。「国防の基本方針」は「国力国情に応じた効率的な防衛力の漸進的整備」「外部からの侵略に対して、国際連合が有効に機能するまでは、日米安保体制を基調とする」ことが柱だが、今なお自衛隊の〝憲法〟的存在として位置付けられている。

ただ、五七年六月に行われた肝心の日米首脳会談は「日米新時代」をうたった共同声明が発表されたものの、安保改定については、米側は軍部の慎重論もあって消極姿勢に終始し、安保条約検討のための委員会設置を決めただけで、お茶を濁した形になった。

国内政局のカベ

安保改定交渉が日米政府間で正式合意したのは、それから一年後の五八年九月一一日の藤山・ダレス（国務長官）会談だった。米国の政策転換によるもので、日本国内で反米・中立を求める声が高まったのを憂慮した駐日大使マッカーサーが、国務省に進言したことが大きいといわれる。注目されるのは、岸がこの藤山・ダレス会談に先立ち、安保の全面改定をすでに決断していたことだ。岸は同年八月二五日、藤山らとともにマッカーサーと会談した際、「条約を根本的に改訂すると云うことになれば国会において烈しい論議が予想されるが、烈しい論議を経てこそ日米関係を真に安定した基礎の上に置くことが出来るのであって、出来れば現行条約を根本的に改訂することが望ましい」（東郷文彦『日米外交三十年』中公文庫、一九八九年）と発言し、外務省幹部を驚かせた。

しかし、岸の意気込みにもかかわらず、改定交渉は思うようにはかどらなかった。国内政局が大きく立ちはだかったためだ。原彬久は、岸政権が目論んだ条約調印の目標時期は三度にわたり変更を余儀なくされたと分析している（原彬久『戦後日本と国際政治』）。五九年一月の第三一通常国会前の調印という目標が、警察官職務執行法（警職法）改正問題などで先送りされたのを第一期とすれば、第二期の五九年三―四月という目標は自民党内の派閥抗争で、第三期の五九年六月という目標も、党内の合意形成の遅れで延期された。日本側の交渉当事者で、外務省安保課長だった東郷文彦も「条約そのものの骨格はその内（一九五八年をさす）に固まった」（東郷文彦『日本外交三十年』）と言うように、日米政府間交渉は五八年にほぼ骨格が固まっていたが、スムーズに進展しなかったのは自民党内の権力闘争にあった。ただ、国内政局で争点となった安保改定の課題が政府間交渉に影響し、米国から一定の果実をもぎとるという作用もあったことも留意しておく必要がある。

岸のつまづき――警職法改正案をめぐる強引な手法

まず第一期をみると、岸政権は、五八年一〇月（第三〇臨時国会）に提出した警職法改正案をきっかけにつまずく。警職法改正の狙いは「安保条約は相当の反対を予想して、その反対をあくまで押切ってやるという強い決意をもち、命をかけてやるつもりだったから、その秩序を維持するための前提として警職法の改正はどうしても必要だと考えていた」（岸信介、矢次一夫、伊藤隆『岸信介の回想』文藝春秋、一九八一年）というように、安保改定反対闘争を想定し、国内治安警備を強化する点にあった。しかし、「デートを邪魔する警職法」というスローガンに象徴されるように、野党が国会内外での反対闘争を繰り広げるとともに、国民からも猛反発を受け、政府・自民党は窮地に追い込まれた。岸内閣は事態を乗り切るため、衆院本会議開会を告げる予鈴なしに本鈴を鳴らす「奇襲戦法」で、会期延長を単独で抜き打ち強行採決したものの、社会党が無効として登院拒否したために国会は空転に陥り、警職法改正案は審議未了―廃案になってしまった。

問題は、この強引な手法が岸の反動イメージを増幅させるとともに、自民党の反主流派による反岸運動の火に油を注いだことだ。反主流派は「党風刷新懇話会」を結成、五八年一二月には、池田勇人国務相、三木武夫経済企画庁長官、灘尾弘吉文相の三人が辞表提出する「三閣僚辞任事件」が起きた。苦境にたった岸は、大野伴睦副総裁との「次期政権密約劇」を画策。五九年一月、岸、大野に加え河野一郎総務会長、佐藤栄作蔵相の四人が「安保改定の実現に四者は協力し、岸政権の後継総裁には大野を推す」と密約することで、岸は主流派の結束を固め、五九年一月の自民党総裁選を何とか乗り切った。

見逃せないのは、この間の党内抗争が政府間交渉に微妙な影響を与えた点だ。「沖縄・小笠原問題」がそれで、五八年一〇月二三日、岸は衆院内閣委員会で、沖縄を新安保条約の適用区域に入れる方針を明らかにしたが、社会党は、沖縄を含めると、米韓・米台条約との関連から、NEATO（北東アジア条約機構）体制ができてしまうなどとして反対。自民党反主流派も異論を唱えたため岸は断念、沖縄・小笠原は適用対象外となった。

激化する自民党内の権力闘争

第二期では、自民党総裁再選を果たした岸が、五九年三―四月の決着を目ざし、安保改定作業を再開させた。しかし、岸と距離を置き始めた河野一郎による抵抗で、交渉目標は再び延期になってしまう。河野の狙いは、ポスト岸をにらんだ権力闘争にあった。この時期の焦点は行政協定改定問題で、河野は新安保条約との同時改定を主張。これに池田、三木も歩調を合わせた。米側は当初、難色を示していたものの、岸自身、「初めから条約本体と共に行政協定も大幅に改定する方針であった」（岸信介『岸信介回顧録』廣済堂出版、一九八三年）ことから、日本政府も米側に行政協定改定を要求し、米側も応じたため、河野らの目論見は外れた。

そして第三期。岸は五九年六月の参院選勝利をテコに、安保改定のためには「党内の結束が絶対の条件」として体制固めを図った。ポスト岸をにらんで河野と池田の反目が激化していたからだ。岸は、実弟の佐藤蔵相起用が「岸兄弟内閣」と不評だったため、その批判をかわすためにも河野入閣を画策した。しかし、河野が入閣を拒絶したため、目算は外れ、六月下旬に予定された新安保条約の署名はまたも延期になった。河野らの抵抗に業を煮やした岸は、反対論を押し切り、ついに一〇月二六日、自民党両院議員総会での党議決定にこぎつけた。岸は後年、河野のみならず池田、川島正次郎、松村謙三を名ざしして、「これらの人たちは、表面は条約の期限とか適用範囲、事前協議の拘束力、行政協定などを問題としてあげていたが、一皮むけば、次の主導権獲得に対する飽くなき執念が、みなぎりあふれていた。安保改定に関する議論とは、このような執念を満足させるための手段といってもよかった。すなわち、自民党内の意見調整とは、このような執念をいかになだめすかすかということだったのである」（岸信介『岸信介回顧録』）と苦々しく述べている。

社会党の左傾化―分裂

安保改定で見逃せないのは社会党の動向である。結論的にいえば、旧安保条約のときと同様、左右両派による党内抗争が再燃し、安保改定に実質的な影響を与えることはできなかった。しかも左派が主導権を握ったため、イデオロギー色を強め、安保国会ではそれなりの論戦を展開したものの、所詮は反米、反戦一辺倒で、実りある審議にはつながらなかったといっていい。

社会党の流れを方向づけた一つが、五九年三月、第二次訪中使節団長として北京を訪れた浅沼稲次郎書記長の「米帝国主義は日中両国人民の共通の敵」発言だった。この浅沼の左傾化で、左派が主導権を握った。同月、社会党は安保改定反対闘争で実質的に共産党との共闘方針を決め、「安保改定阻止国民会議」を発足させた。

それ以上に決定的だったのは、右派の総帥・西尾末広の「西尾談話」を契機とした党分裂だった。西尾は同年七月の記者会見で、①安保条約改定阻止には、条約解消への具体的対案が必要、②安保改定阻止国民会議は社会党が主導権をとり、共産党を排除すべき――ことなどを表明した。しかし、この発言は総評や左派を刺激し、九月の党大会は「西尾除名問題」で沸騰した。主流派は西尾を党規律違反として統制委員会付託で収拾しようとしたものの、反発した西尾派が党を飛び出したため、分裂は決定的になった。西尾派はその後、社会党再建同志会→社会クラブを経て、新条約・新協定調印（六〇年一月一九日）の五日後の六〇年一月二四日に、民主社会党（衆院四〇人、参院一六人）を発足させた。この結果、社会党は六〇年三月の第一七回大会で、浅沼を委員長とする左派主導体制に切り替え、安保国会に臨むが、一段と左傾化を強めていった。

前哨戦

第三三臨時国会（五九年一〇月二六日召集）は、「安保国会」の前哨戦になった。重要なのは、「極東」の範囲に関する論戦がすでに展開され、当時の対米交渉の議題にもなったことだ。そのきっかけは、極東の範囲について、参院予算委員会（一一月一六日）で、社会党の亀田得治の質問に、藤山外相が「大体フィリピン以北、中国の沿岸、沿海州、日本の周辺を含む」とし、さらに米軍の行動を「ソ連、中国の奥地まで」と答弁したことだった。この答弁に野党は反発し国会は紛糾。このため、自民党は翌一七日の七役会議で、異例の「政府の公式見解」として、①極東はフィリピン以北の地域、②米軍の行動もおおむねこの極東の地域——という見解をまとめた。さらに日本政府は米側に極東条項の削除を申し出たが、米側から拒否されてしまった。

結局、安保改定交渉は、六〇年一月六日の藤山・マッカーサー会談で最終的に妥結し、同一月一九日に調印された。新条約の名称は「日本国とアメリカ合衆国との間の相互協力及び安全保障条約」で、前文と一〇ヵ条で構成され、在日米軍の施設・区域の使用やその地位を決めた「地位協定」、在日米軍の配置や装備の変更、基地の使用についての事前協議などを定めた「交換公文」も付け加えられた。

安保国会幕開け――条約修正論争

そしていよいよ、「安保国会」、第三四通常国会（五九年一二月二九日召集）が幕を開ける。新安保条約審議は、衆院に設置された安全保障特別委員会（小沢佐重喜委員長）を舞台に、六〇年二月一九日、藤山外相の提案理由説明で火蓋を切った。

まず争点になったのは、国会の条約修正権問題だった。社会党の多賀谷真稔らは、国会法からみても国会は条約の修正権があると主張。これに対し、内閣法制局長官・林修三は「条約の締結権は行政権に属する」としたうえで、「条約については、こういうことに内容を変えたらどうかとおっしゃる希望の表明というものはあり得ると思うが、そういう希望の表明があれば政府としても、また向こうと交渉し直して、もう一ぺん条約を出し直すことになる。それは普通の法律案でいう修正とは意味が違う、普通の法律案のような修正はありえない」と突っ撥ねた。しかし社会党は納得せず、さらに河野一郎も国会の条約修正権を唱えたことが混乱に拍車をかけた。岸は直ちに「国会が承認を求められた場合、イエスかノーかの間の中間的な措置、つまり修正はありえない」と反論、「河野くんはいつから憲法学者になったのかね」と皮肉る一幕もあった。この問題自体は、後日行われた参考人の意見聴取でも、「修正できぬ」（田上穣治）、「部分承認できる」（中村哲）、「修正・留保はあるはず」（蠟山政道）と三者三様で、結局、議院運営委員会預かりという形で棚上げされた。

国会が承認する条約の範囲の問題もあった。政府は旧安保条約では行政協定は国会承認を求めなかったのに対し、新安保条約では地位協定の国会承認を求めた。この点、政府は後年、六四年三月の衆院外務委員会でこう説明している。「旧安保条約の際には、安保条約の第三条に、施設、区域の提供その他については行政協定によるという委任規定、授権規定があり、それに基づいて政府間限りでやった。新しい安保条約を改定する場合にその方式によらなかったのは、形式面として授権があり委任があればいいんじゃないかという考え方も一応成り立つが、内容が重要であるから、これはやはり別に御承認をいただく取り扱いにした方がいいというわけで、したがって、本条約のほうに授権、委任の規定を置いていないので、当然に独立の承認案件とした」（藤崎万里外務省官房審議官『証言――近代法制の軌跡』）。

極東の範囲論争

社会党はこの「安保国会」で安保・防衛問題の論客をたて、「安保七人委員会」がリードした。黒田寿男をチーフに岡田春夫、松本七郎、飛鳥田一雄、横路節男、石橋政嗣、西村力弥という面々である。もっとも石橋は、中心は「安保五人男」で、黒田、飛鳥田、松本、岡田、石橋の五人だったとしている（読売新聞政治部『日米安保三十年』行研、一九九〇年）。

社会党が最大の争点に据えたのが「極東の範囲」で、政府答弁の混乱もあって、この問題が大きくクローズアップされた。新条約は、第五条で条約地域を「日本の施政下の領域」とする一方で、第六条で「極東における国際の平和及び安全の維持に寄与するため」、米軍の日本での施設・区域の使用を認めていた。突破口を開いたのは横路節雄で、六〇年二月八日の衆院予算委員会で執拗に攻めたてた。藤山外相は「フィリピン以北、日本の周辺」と答弁したが、前国会での藤山答弁との食い違いは明白で、岸は改めて「フィリピン以北、日本の周辺」とし、「中国大陸や沿海州は、この意味で含まれない」と表明したものの、政府答弁のブレは明らかだった。千島列島についても、政府は当初、歯舞など北方四島は「日本に近接した海域としてはいる」と答弁していたが、同一〇日の淡谷悠蔵（社会）の追及に、岸は、北方四島は日本固有の領土であるため極東の範囲だが、北千島は「含まない」と修正した。混乱を究めた「極東の範囲」問題に終止符を打つため、政府・自民党は二月二六日の衆院安保特別委で、与党質問者に愛知揆一をたて、統一見解を示した。「大体において、フィリピン以北ならびに日本およびその周辺の地域であって、韓国および中華民国の支配下にある地域もこれに含まれる」「この区域に対する武力攻撃、あるいは、この区域の安全が周辺に起こった事態のため脅威されるような場合、米国が対処する行動の範囲は、必ずしもこの区域に局限されない」という内容で、この見解が統一見解として踏襲されている。

しかし、「中華民国の支配下地域も含まれる」というくだりは、中国・台湾の軍事的要衝である金門・馬祖も含まれることを意味し、野党のみならず、親中国派の多い松村・三木派を中心とする自民党反主流派を刺激し、党内対立の火種になった。

たしかに「極東の範囲」論争は、政府間交渉で曖昧だった範囲を限定するという点で、国会審議が一定の効果をもたらした側面もあるが、そもそも米軍の存在が抑止力として極東の安全、さらに日本の安全のために機能している軍事・政治上の意義を考えれば、地理的範囲を特定しようという議論は冷厳な国際社会の現実を無視したもので、日本の安全保障論議がともすれば、現実離れした議論に陥りやすいことを象徴する論争だったといえる。

事前協議論争

もう一つの大きな争点は「事前協議」だった。第六条の極東条項に関し、米軍の核兵器の運用を含め、一定の歯止めが必要という議論が政府レベルの交渉でもあった。このため、「第六条の実施に関する交換公文」では、事前協議の主題は、①米軍の日本への配置における重要な変更、②装備における重要な変更、③日本からの戦闘作戦行動のための基地使用とされた。その具体的な内容は、岸が三月一四日の衆院安保特別委で、①配置変更は、陸軍、空軍は一個師団、海軍はそれに相当する部隊以上をさす。撤退行動は含まない、②装備変更は、核兵器の持ち込みを許さないという建前で、事前協議する、③事前協議は直接行動のみで補給行動は原則として入らないとの見解を示した。しかも、六〇年一月の日米首脳会談を受けた共同声明で、アイゼンハワー米大統領は「事前協議にかかる事項については米国政府は日本国政府の意思に反して行動する意図のないことを保証した」と確約した。この事前協議制度は交渉過程の中で、日本政府が与野党の主張もあって米側に善処を求めたもので、国会の「圧力」が米側の譲歩を生んだ副産物の一つといえるものだ。

安保国会でホットな議論になったのは「核の持ち込み」に、核兵器搭載艦船の「寄港・通過（トランジット）」が含まれるかどうかだった。四月一九日の衆院安保特別委で、横路節雄（社会）が、横須賀、佐世保に寄港する第七艦隊の核装備が事前協議の対象になるのか質した。防衛庁長官・赤城宗徳は「事前協議の対象になります」と明言することで、追及をかわしたが、この答弁について、当時の外務事務次官・山田久就は後に、原彬久のインタビューに「野党の追及を怖れる〝とりつくろい〟にすぎなかった」と述べている（原彬久『戦後日本と国際政治』）。

事前協議については日米のどちらに発議権があるかという問題もある。日本政府は一時、「当方からもできると承知している」（六四年、大平外相答弁）との見解を示していたが、その後、「米国が申し出るのが筋」（六八年、高辻内閣法制局長官答弁）となり、現在は「日米の信頼関係に基づき、米国から事前協議がない限り、日本としては核持ち込みは行われていないと確信する」というスタンスをとっている。

岸は後年、「条文でどうなっていようと、本当に危急存亡の際、事前に協議して熟慮の結果拒否権を発動することに決めてノーと言ったからといって、それが日本の安全に効果があるかどうかは議論するまでもないであろう」（岸信介『岸信介回顧録』）と語っている。

米国は核兵器の所在を一切公表しないことで抑止力を高めるというのが一貫した軍事戦略であり、わが国自身、米国の核の傘に依存している冷厳とした現実がある。しかも、緊急事態が起き、国家存亡の事態になった場合、日本政府が実際に拒否できるのかどうか。「核の持ち込み」という事態は最後まで回避すべきだが、そういう最悪の事態も視野に入れた安保論議が必要という岸のさめた指摘には耳を傾ける必要があろう。

集団的自衛権

集団的自衛権の問題もあった。旧安保条約の国会審議当時は、講和条約の中に「国際連合憲章第五一条に掲げる個別的又は集団的自衛の固有の権利を有する」という条文があるうえ、旧安保条約の前文にも明記されており、ほとんど論議の対象にならなかった。しかし、政府は安保改定交渉では集団的自衛権不行使という態度でのぞんだ。安保国会でも、岸は「日本国も集団的自衛権は持っているが、憲法により権利はあるが行使はできないと考えている」との見解を繰り返した。その一方で、攻撃を受けた在日米軍基地を日本が守ることは「在日米軍に対する攻撃は、日本の領土、領海、領空を侵すものに対して、それを排除するという意味においては、日本は個別的自衛権を発動するということ」(林法制局長官、六〇年二月一三日衆院予算委)という論理で押し通した。

高辻正己は次のように述懐している。「(集団的自衛権不行使は)昭和三三年秋ごろから私も関与して始まった安保条約改定草案作成当時のころから私見として固まってきた（中略）。他国が第三国から武力攻撃を受けた場合、その他国と利害を同じくする我が国が、武力攻撃を受けているわけではないのにもかかわらず、その他国を防衛するため第三国に対してする武力の行使、すなわち集団的自衛権の行使は、その他国と第三国との間の武力衝突にちなむ国際紛争を解決する手段に仕えるもの以外のなにものでもない。我が国と第三国との関係でこれをみても、そこには、他国に対する武力攻撃の停止を第三国に対して求める我が国の主張がその第三国に受け入れられないこと、つまり我が国とその第三国との間に国際紛争のあることが、必然の前提として存在し、したがって、集団的自衛権の行使は、そのような国際紛争を第三国の意思を圧服することによって解消させるため武力に訴えるもの、すなわち、我が国がその第三国に対して武力攻撃を仕掛けるもの、というほかない。そうすると、国際紛争を解決する手段としての武力の行使を永久に放棄することにした我が憲法九条一項のもとでは、武力攻撃を受けた国がたとえ我が国と連帯関係にあって、その他国の命運が我が国の命運に深くかかわるというのであっても、その他国のために我が国が集団的自衛権を行使することは認められない」（内閣法制局百年史編集委員会編『証言――近代法制の軌跡』）。

田中明彦は「集団的自衛権行使違憲という解釈は、一九五四年に自衛隊を合憲とするために行った解釈、自衛のために必要最小限度の軍事力であれば、憲法第九条二項の禁じているものではない、という解釈を守り抜くための有力な歯止めとして考えられた」とし、定義の難しい必要最小限度の軍事力の境界を設定するために編み出された「知的アクロバット」が個別的自衛権と集団的自衛権の峻別だった、とみている（田中明彦『安全保障』）。しかし、保持しているが行使できない権利があるのかという問題に加え、「日本国民の間に、集団的自衛権行使についてのややゆがんだ解釈を与えることになった」（同）わけで、その後の国会論議に制約を与えた。

安保国会の限界

安保国会については色々な評価があろう。原彬久は、極東の範囲等を除けば、事前協議を含む諸問題は与野党の立場の相違を浮き彫りにしてみせたにすぎず、新条約・新協定をめぐる政権側の態度や政策に国会（野党勢力）がとくに変更を加えたという形跡は——核搭載米艦船の「寄港・通過」を事前協議の対象にするという〝とりつくろい〟以外は——見当たらない、としている（原彬久『戦後日本と国際政治』）。これに対し、石橋政嗣は当時の国会論戦を「質的にも最高だった」と高く評価。「一番思い出すのは、審議の時間を本当にたっぷりとれたということですね。私だけでいっても、メインで質問に立ったのが三日間、その他に関連質問で五、六回立っている（中略）。だんだん国会の審議が形骸化している。あの頃が頂点だったんじゃないでしょうか」と回想している（読売新聞政治部『日米安保三十年』）。

安保国会は国会論戦を横目に、採決に向けて、与野党対決が激化していった。岸は、アイゼンハワー米大統領の六月一九日来日をにらみ、五月二〇日前後の衆院通過を目指した。憲法六一条で「条約の締結に必要な国会の承認については、前条第二項の規定を準用する」となっており、六〇条第二項は「予算について、参議院で衆議院と異なった議決をした場合に、法律の定めるところにより、両議院の協議会を開いても意見が一致しないとき、又は参議院が、衆議院の可決した予算を受け取った後、国会休会中の期間を除いて三十日以内に、議決しないときは、衆議院の議決を国会の議決とする」とされている。したがって、アイク来日から逆算して、三〇日前に衆院通過できれば、自動的に国会承認されるという計算が働いていた。

野党は当然、それを阻止するために審議引き延ばしを狙い、切羽詰まった政府・自民党は強行採決―自然承認との判断に傾いていった。岸も当時の心境について「野党の主張する『徹底審議』が、議事引き延ばしの口実に過ぎないことは言うを待たなかった。政府与党が批准を断念する以外に社会党が納得する方法がないとすれば、もはや問答無用というのが偽らざる気持ちだった」と述べている（岸信介『岸信介回顧録』）。

一つの節目は、衆院安保特別委が五月四日、公聴会の日程を「五月一三―一六日」と決めたことだった。野党は「公聴会直後に質疑を打ち切らない」という条件で応じたものの、公聴会は事実上、質疑打ち切りを意味し、公聴会の後は総括質疑―採決というのが国会の慣例だった。しかも政府は、挙党体制を確立するため、自民党反主流派の取り込みを図り、それを代表する形で古井喜実を質問に立たせた。自民党内ではなお、三木・松村派を中心に慎重審議を求める声が強かったものの、最終的には、両派も「新条約を防衛的性格に限定する」という付帯決議を参院段階でつけることで折れたため、衆院での強行採決の環境が整った。

運命の五・一九強行採決

情勢が緊迫するなか、社会党は五月一五日の全国県連書記長会議で、江田三郎書記長が、「安保阻止のため全員懲罰にかかる決意で臨む」と宣言、新条約の質疑打ち切りや採決に実力阻止で臨む方針を決めた。同時に、国会請願デモを抗議デモに切り換え、新条約案の審議未了、廃案と衆院解散に追い込むことを申し合わせ、全員が白バラをつけて登院した。安保改定阻止国民会議も一四日、国民大会を開き、「安保批准阻止、岸内閣打倒、国会解散」を柱とした「非常事態宣言」を決定。統一行動の照準を五月二〇日に設定した。

運命の五月一九日。自民党執行部は、①国会の会期をまず五〇日間延長する、②そのあと衆院安保特別委の質疑打ち切りを今明日中に行う、との方針を決め、福永健司国会対策委員長が清瀬一郎衆院議長に五〇日間延長を申し入れた。しかし衆院議院運営委員会（荒船清十郎委員長）は、社会、民社両党が強く反対したため、決裂と見た荒船委員長が、野党不在のまま会期延長を議長に答申した。これに対し、清瀬議長はいったん却下し、野党に会期延長だけ認めるよう求めたものの、野党は拒否してピケ戦術に出たため、清瀬議長は警官隊五〇〇人の導入を決断した。同一〇時二五分、衆院本会議の開会の予鈴を合図に安保特別委の小沢佐重喜委員長が開会を宣言。椎熊三郎理事（白民）が打ち切り動議を提出し、混乱、怒号のなかで、賛成多数で可決した。当時の速記録には「休憩前に……（以下聴取不能）」とあるだけで、その混乱ぶりを浮き彫りにしている。

そして一〇時三五分。本会議開会の本鈴が鳴ると、閣僚と自民党議員だけが本会議場になだれ込み、衛視と自民党議員に守られて入場した清瀬議長が議長席に着席するや、五〇日間の会期延長を可決して散会。日付が変わって翌二〇日午前〇時五分、再開された本会議で、ついに新安保条約案等関連案件が一括上程され、自民党単独で強行採決、可決された。社会、民社両党はすぐさま「議会主義を踏みにじる暴挙だ」と採決無効を主張。与党側からも退場者が続出、旅行や病気を除く意図的な退場者は二六人にのぼった。その内訳は、三木・松村派（三木武夫、松村謙三、河本敏夫ら）一三人、石橋派（石橋湛山、宇都宮徳馬ら）六人、河野派（河野一郎ら）五人などだった。

国会混乱と岸退陣

国会はその直後から空転、機能マヒ状態に陥った。「五・一九採決」は議会制民主主義への挑戦と受け取られ、国会内外の強い批判を浴びた。社会党は六月の臨時党大会で、岸内閣退陣、国会解散、新安保条約批准阻止とともに、議員総辞職戦術を決定した。自民党反主流派からも岸退陣論が浮上した。

岸は「『声なき声』に耳を傾けて、日本の民主政治を守っていきたい」（五月二八日の記者会見）とあくまで強気だったが、政権の退路を断つ決定打になったのが「ハガチー事件」と東大生・樺美智子さんの死亡事件だった。「ハガチー事件」は六月一〇日、米大統領訪日の打ち合わせのため来日した大統領新聞係秘書ハガチーが、羽田空港で全学連反主流派などのデモで立往生し、ヘリから車に乗り移ったところを学生に取り囲まれ、乱暴を受けた事件だ。さらに、六月一五日の安保改定阻止国民会議による統一行動で、全学連主流派が国会に乱入した際、警官隊と衝突による流血騒ぎになり、樺美智子さんが死亡した。

こうした中で岸は、藤山外相、佐藤蔵相、赤城防衛庁長官らと、米大統領訪日をなお模索し続けた。しかし、石原国家公安委員長をはじめ、柏村警察庁長官、小倉警視総監ら警備当局は、完全な警備は無理と主張。佐藤は、なお自衛隊の出動の余地はないかどうかをただしたが、赤城長官は「再考の余地はない」と反対を表明した。自衛隊出動については以前から、岸が赤城に打診していた。しかし、赤城は「自衛隊は食糧や車両で協力はするが、出動はできない」と断っていた。ついに岸は六月一六日の臨時閣議直前、「警備がどうしても難しいといっているから断ろう」と言明、大統領訪日中止を決定した。そして六月一九日、十数万人のデモ隊が国会議事堂を取り巻く中で、新安保条約が自然承認され、二三日に批准書が署名された。それを待っていたかのように、同日の臨時閣議で、岸は退陣を表明した。

安保騒動について、様々な評価があるが、「日本の置かれた安全保障環境についての冷静な分析からもたらされた反対運動であったというよりは、安全保障政策以外の政策も含む岸政権への不満あるいは恐怖に対する抗議からもたらされたもの」（田中明彦『安全保障』）とみることができる。たしかに強行採決という手法は議会制民主主義からみるならば反省点は多い。では、国論が二分し、国会外の大衆運動のエネルギーが極限状態を迎えるなかで、妥協はありえたのだろうか。いえることは、安全保障の観点からみて、新安保条約は旧安保条約より完全とはいえないまでも、よりましな内容に改善されたし、その後の日本の平和と安全を考えた場合、社会党などが主張していた「戦争巻き込まれ論」は誤りであり、平和と安全を支える土台になったことは確かなことである。

III　沖縄返還

沖縄が返るまで戦後は終わらない

池田勇人政権は、六〇年安保の反省を下に、「寛容と忍耐」「低姿勢」を掲げ、岸政権の政治優先路線から、経済優先路線に大きく舵を切った。池田の後を継いだ佐藤栄作政権も基本的にその路線を踏襲し、外交・安保政策は、新安保条約のレールの上で、日米安保体制と防衛力漸増の共同運用で進めればいいという傾向が定着した。このため、「二度と再び『安保』のような大騒動を起こしてはならない、との教訓は、安全保障について正面から議論することを避けるような風潮を呼んだ」のは確かだ（田中明彦『安全保障』）。

安保改定後の日米関係の大きなエポックは、佐藤が政権の最大の課題に据えた沖縄返還である。かねてから戦後処理の一つとして日本の悲願であり、吉田も講和条約交渉の過程で、沖縄の復帰を働きかけ、五一年のサンフランシスコ講和会議で、米英両代表から、沖縄の「潜在主権」が日本にあるとの確認を引き出した。岸、池田ら歴代政権も沖縄の「潜在主権」を確認したが、沖縄返還は容易な問題ではなかった。米ソ冷戦が激化するなか、米国はソ連、中国に対する共産圏封じ込め策をとっており、六〇年代以降もベトナム戦争の泥沼化で、沖縄を対アジア軍事戦略上の要衝として重視していたからである。

佐藤が沖縄返還を初めて政治目標に据えたのは、六四年七月の自民党総裁選で、池田三選に対抗して出馬表明した時で、重点政策の中に盛り込んだ。その背景には、吉田の助言が大きいとの見方が有力だ。佐藤にとって沖縄返還は、政治の師匠である吉田が果たし得なかった夢を成し遂げるという性格を持つ。首席秘書官・楠田實は「当然佐藤は吉田の助言を求めた上で踏み切っている、と考えるのが自然である」と語っている（千田恒『佐藤内閣回想』中公新書、一九八七年）。当時、愛知揆一ら佐藤の政策ブレーンたちも、政権構想のなかで、将来の国際情勢について、「世界はもはや戦争のない方向に動いている」、「中国はいずれ国連に加盟するだろうし、アメリカの軍事中心の対ベトナム外交は失敗するだろう」（同上）と緊張緩和を予測、こうした認識が沖縄返還を模索する一因になっている。もちろん経済復興を果たした日本にとり、第二次大戦で失った領土を回復したいという国民世論が盛り上がっていたことも大きい。

こうした文脈の中で、六五年一月、首相就任後初めて訪米した佐藤は、ジョンソン米大統領に沖縄問題の重要性を指摘。日米共同声明でも「大統領は、施政権返還に対する日本の政府及び国民の願望に対して理解を示し」たとの表現を盛り込んだ。さらに、六五年八月一九日、首相として初めて沖縄を訪問した佐藤は「沖縄の祖国復帰が実現しない限り、わが国にとって戦後が終わっていないことをよく承知しております」と述べ、沖縄問題解決への決意を明らかにした。

不可思議な社会党

沖縄返還問題に対する社会党の存在は薄い。第五一通常国会（六五年一二月二〇日召集）では、こんな珍問答がなされている。六六年三月一〇日の参院予算委員会で、稲葉誠一（社会）が「沖縄が他国から攻撃された場合、日本に自衛権があるのか」と質したのに対し、佐藤は「同胞は見殺しにできない。同胞のためには、日本も米国と協議して（防衛に）あたることも考えられる」と答弁した。もちろん当時は、沖縄の施政権は米国にあった。社会党は翌日になって、「首相の発言は、岸元首相が述べた米軍の施政権下では自衛隊は沖縄へ出動しない、ということと違う」として答弁取り消しを求めた。

しかし佐藤がこれをはねつけたため、社会党委員は退場し、国会は空転してしまった。与野党折衝の末、三月一六日に、鈴木強（社会）の質問に答える形で、佐藤は「前の発言は、切実な国民感情から率直に言ったもので、万一の場合でも、直ちにわが自衛隊が出動すると結論を下したわけではない」と再答弁した。この結果、審議は軌道に乗り、予算は成立した。山田栄三は「言葉じりをとらえて居丈高に居直る野党の姿勢に日頃から反発していた佐藤が、国会の空転を横目に意地を通した。社会党は前内閣時代、国会末期になると、政府、与党の虚をついて国会運営の主導権を握り、法案成立への選択権を手中に収めていた。佐藤は多数党の党首として、少数横暴を許さなかったのである」としている（山田栄三『正伝佐藤栄作（下）』新潮社、一九八八年）。ここには、国会対策優先で政府答弁の揚げ足取りをする野党、とりわけ社会党の体質が垣間見える。

しかも社会党は、六七年の佐藤訪米にあたり、「国民世論を背景に、沖縄、小笠原の返還を強く要求する姿勢が見受けられない。訪米によって、米国から危険な負担を強いられる」として、訪米そのものに反対する方針を決めたのである。

両三年内の返還

次のステップは、二年後の六七年一一月の日米首脳会談である。この会談は、沖縄返還の時期の明示が最大の焦点だった。すでに首相の諮問機関、沖縄問題等懇談会（座長・大浜信泉早大総長）は中間報告で、「両三年の内に、施政権の返還時期を決定することの合意をみることが望ましい」と注文をつけていた。

佐藤はジョンソン大統領との会談で、「ターゲット・デートがほしい。この二、三年の間に、いつ返せるかというメドをつけられないか」と迫ったのに対し、大統領は「そのかわり日本が経済その他で世界の責任の一端を引き受けるというのなら歓迎する」と応じた。「両三年内」は「within a few years」という表現で折り合い、共同声明にも盛り込まれた。ただ、大統領が同意したとは書かれなかった。国防総省、軍部を中心に反対論があったためだ。が、大統領が期限明示に応じたのは、佐藤が、米政府のベトナム介入政策に批判的な国内外の世論に抗して、支持を表明したことが大きかった。さらに重要なのは、佐藤が帰国後、「自主防衛」を強調したことである。六七年一二月五日の所信表明演説（第五七臨時国会）で、「国民一致して自らの国を自らの手で守る気概を持ち、現実的な対策を考えることこそ、わが国の国際的地位の向上とアジアの安定とに寄与し、ひいては近い将来、沖縄の祖国復帰にもつながることを確信するものであります」と強調した。そこには、日本が防衛力を強化し、自らを守る姿勢を示してこそ、沖縄返還に対する米国の理解を得られるはずだという思惑がのぞいていた。

宙に浮いた非核三原則の国会決議

六七年の日米首脳会談を受けて、国内で争点になったのが、沖縄が返還された後の米軍の核兵器をどうするかだった。当時、米国の核抑止力は、米本土に配備されたＩＣＢＭ（大陸間弾道弾）を中心に、グアム島に基地を置くＢ52、ポラリス潜水艦によって構成され、沖縄にも旧式ながら戦略用攻撃ミサイル「メースＢ」が配備されていた。野党やマスコミはこぞって「核抜き、本土並み」を強調したが、佐藤は「白紙」の態度を取り続けた。

佐藤が「非核三原則」を表明したのは、第五七臨時国会の衆院予算委員会（六七年一二月一一日）での社会党の成田知巳書記長の質問に対してだった。佐藤は「本土としては、私どもは核の三原則、核を製造せず、核を持たない、持ち込みを許さない。これははっきりいっている。その本土並みになるということです」と明言した。このときは小笠原の返還方式に対する答弁だったが、「非核」問題に弾みをつけたのが、翌六八年一月二七日の施政方針演説（第五八通常国会）である。ここで佐藤は「核時代をいかに生くべきか」を主題に、「われわれは、核兵器の絶滅を念願し、自らも敢えてこれを保有せず、その持ち込みも許さない決意であります」と述べ、「非核」政策への決意を示唆していた。

佐藤の〝誤算〟は、野党がこの演説をとらまえ、「非核三原則」の国会決議を迫ったことだ。当時の首相秘書官・楠田實はこう回想している。「自民党国対からの連絡を受けて、正直なところ私は大変あわてた。（中略）この問題は外交交渉の本質にふれることであった。非核三原則が佐藤内閣の政策であるかぎり、沖縄返還交渉は佐藤内閣の責任において行えるが、いったん国会の決議になれば、すべてそのワク内にしばられることになり、外交上のフリーハンドは全く失われてしまうわけである」(楠田實『首席秘書官』文藝春秋、一九七五年)。そこで、楠田は友人の若泉敬京都産業大学教授に相談し、若泉が考えたのが、①非核三原則の堅持、②日米安保条約による米国の核抑止力への依存、③核軍縮の推進、④核エネルギーの平和利用の推進、という「日本の核政策四本の柱」だった。若泉は後年、「非核三原則は他の三つの政策を伴ってはじめて維持できるのであって、それだけを単独に主張する政策をとるわけにはいかない、というのが重要なポイントであった」(若泉敬『他策ナカリシヲ信ゼムト欲ス』文藝春秋、一九九四年)と説明している。実際、佐藤は一月末の衆院本会議でこの政策を表明することで、国会決議を免れた。しかし、国会決議問題はこれで立ち消えになった訳ではなく、沖縄返還問題の土壇場で「切り札」として息を吹き返す。それは後述するとして、この国会では、社会党議員が問題発言し、登院停止処分を受ける一幕があった。三月の衆院外務委員会で、穂積七郎(社会)が佐藤の沖縄「白紙」答弁に、「防衛、外交権を一方的に白紙委任することは、やがて日本の自衛隊が米国との共同作戦に加わることになる」とし、佐藤を名指して「あなたは売国奴だ」と決め付けたためで、これを問題視した自民党は衆院懲罰委員会にかけ、三〇日間の登院停止処分にした。

佐藤・三木論争

沖縄返還の政府間交渉は六八年五月にスタートしたが、実質的な進展はみせなかった。しかも、それに先立つ三月末に、ジョンソンが米大統領選不出馬を表明したことは、再選を想定して沖縄返還の戦略を組み立てていた佐藤にとって大きな痛手になった。本格的な交渉はニクソンの登場を待たねばならなくなった。

この年注目を集めたのは秋の総裁選で、佐藤三選がなるかどうかだった。対抗馬に三木武夫外相と前尾繁三郎が名乗りをあげたが、特筆されるのは、この総裁選で沖縄問題が争点になったことだ。火つけ役は三木で、一一月一八日、三木は「沖縄返還における基地の態様は、本土並みを期して交渉すべきだ」「佐藤首相は、あたかも自分でなければ解決できないようにいうが、実情を知っているものからすれば、言い過ぎだ」などと発言した。これに腹を立てた佐藤は翌日、佐藤派総会で反論。「三木氏の本土並み発言が終局の目標を示すものならよいが、これから交渉に臨むものとして言ったのなら、非常に難しい問題にぶつかる。沖縄の住民は祖国復帰を心から望んでいるが、住民が本土並みを望んでいるというのは認識不足だ」としたうえで、「私と考えを異にする人を、つい最近まで外相にしていたのは私の不明だった」とまで述べ、激しく三木を批判した。

佐藤としては、「当時、沖縄返還問題については、アメリカの態度そのものが、国務、国防両省の考えにズレがあるというように、きわめて微妙な段階にあったにもかかわらず、三木が沖縄を国内政争の材料に使ったことに不満があった」（千田恒『佐藤内閣回想』）のだろうし、側近の保利茂が「佐藤氏の言いたかったのは、つまり、三木君が『核抜き本土並み』というなら、外相時代その線で全責任を背負って対米交渉にあたっているべきなのに、『駐米大使と一度しか話し合っていないとは何だ！』ということだった」（保利茂『戦後政治の覚書』毎日新聞社、一九七五年）と言うように、その不誠実さへの不満もあったのだろう。

これに対し三木は後年、こんなエピソードを明らかにしている。「池田勇人首相の辞意表明を受けて、故川島正次郎氏と私との後継者選考で佐藤さんを押すことにしたときのことだ。『必要以上に長くやろうとしないように』というと、佐藤さんの方から『二期までならいいか』と聞き返したので『後継者を育てておくように』といって承知したいきさつがある。だから、佐藤さんが三選に立つというのでその理由を聞くと、沖縄復帰を自分の手で実現するためだという。それはおかしいということで、閣僚を辞めて三選阻止に立候補したのだ」（自由民主党編『自由民主党党史　証言・写真編』一九八七年）。三木からすれば、佐藤の約束の裏切りというわけで、佐藤・三木論争の裏に権力闘争があった。

いずれにせよ、総裁選では前尾も本土並み返還を主張し、「この党内論争が、佐藤にとって逆に『核抜き・本土並み』へ踏み切らせるひとつの政治的きっかけとなった可能性もある」（千田恒『佐藤内閣回想』）ようだ。実際、総裁三選を果たした佐藤は、直後に断行した内閣改造で〝沖縄シフト〟を敷いた。官房長官に保利茂、官房副長官には官房長官だった木村俊夫を〝降格〟させる前代未聞の人事を行うとともに、外相に愛知揆一、自民党幹事長に田中角栄を起用した。翌六九年はちょうど日米安保条約の期限が切れる七〇年の前年にあたり、自民党は自動延長論が大勢だったものの、野党は反対の構えで、六九年は沖縄返還の〝決戦の年〟と予想されたからである。

「核抜き、本土並み」決断

佐藤が「核抜き、本土並み」を公の場で初めて言明したのは、六九年三月一〇日、参院予算委員会（第六一通常国会）で、前川旦（社会）の質問に対してだった。前川が、戦略核を保持するとされるポラリス潜水艦がその性能から「方々に寄港する必要はない」との言質を有田喜一防衛庁長官からとったうえで、佐藤に「ポラリス潜水艦の沖縄寄港を断ったとしても、米国の基地機能なり戦略核体制なりが崩れるということはないのじゃないかと判断する。その点、総理も同じ考えになっていただけるのかどうか」と問い質した。佐藤は「ポラリス潜水艦が沖縄を含めての本土に寄港する必要はないように思う。（中略）皆さん方の希望も、持ち込みをするな、許すな、それが非核三原則の何であるかということもありましょうから、そういう点は十分私も心得て交渉したい」と答えた。前川がB52についても、「沖縄に来てもらわないでいいぞと主張できるだけの根拠があると思うが、総理もそう考えるか」と聞くと、佐藤は「核兵器を持ったB52は、沖縄が返還された後にそういうもののあることを許すべき筋のものではない、これはもうはっきり言える」と答弁。さらに前川が「政治的なデメリットを考えれば、核のあるよりもない方が、米国にとってもプラスになる」とたたみかけると、佐藤は「現地同胞の理解ある支援がなければ、基地の効用は十分発揮できない（中略）。それがいまのように最もらう核を持っている、なおさら（県民は）理解はしにくいんじゃないか、そういうところの問題もあることは、百も承知でありますし、そういう意味の説得はもちろん私はしたい」と言明した。佐藤は『佐藤榮作日記』にこう記している。「沖縄問題は今日の段階で遂に、核抜き本土なみで交渉するとの結論をとられた様だ。勿論、態度は尚白紙という説明だが。憲法はそのまゝ、更に自動延長の安保態勢（体制）からかく判断されても仕方がない」（佐藤榮作『佐藤榮作日記』第三巻、朝日新聞社、一九九八年）。

この後の記者会見で保利官房長官も「返還後の沖縄には非核三原則が適用される」と言明したことで、政府が「核抜き、本土並み」で決断したことは明白になった。それにしても、慎重居士の佐藤が、微妙な外交政策に関する方針を国会答弁で言明するのは珍しいことだが、その背景には、佐藤が、社会党議員ながら前川と同僚の羽生三七（社会）の二人を、革新には珍しく柔軟で良識ある政治家と評価していた事情もあったようだ（多田実『日本議会史録5』第一法規出版、一九九〇年）。

ただ、佐藤自身の決断の時期はもう少し早かったようだ。国会答弁に先立つ六九年一月の時点ですでに佐藤が、一時帰国した下田武三駐米大使に「核抜き」の対米交渉を指示したという下田証言と保利証言がある。下田は「核つき、基地自由使用返還論」が持論で、一時帰国した際も佐藤に持論を進言し、記者会見でもその考えを表明したため、野党から総スカンを食った。面白いのは、佐藤が『佐藤榮作日記』で、「各紙とも下田発言で賑ふ。結局余の世論作りに下田を使ってるとの事。もっともっと安保や沖縄では世論を騒がさぬときまらぬ様だ」（佐藤榮作『佐藤榮作日記』第三巻）と記している点だ。ここには「核抜き」を求める国内世論を対米交渉に利用しようというしたたかな思惑ものぞいている。

その下田はこう証言している。帰任に際して佐藤に指示を仰いだ際、「長考一番、息づまるような沈黙が続いた。そこへ突如、ドアを開けて保利官房長官が入ってこられた。それが合図となったかのように、佐藤首相は『下田君、やはり核付きの返還なんて考えられんよ。あくまで核抜きでいこう』と、厳然として裁断を下された」（下田武三『戦後日本外交の証言・下』行政問題研究所、一九八五年）。

保利も次のように回想している。「これ（下田の報告）に対して首相は『まとまらんでもまとまっても〝核抜き本土並み〟でいかなければダメだ』と強く主張、下田大使も首相の〝洗脳〟を受けたわけだ。（中略）（下田は）『成否は別にして最善を尽くします』ということで米国へ帰った」（保利茂『戦後政治の覚書』）。

ここで見逃せないのは、保利が「この時の佐藤首相の信念的な見識は誠に立派だった。私らも実は半信半疑だったが、あの時に外務省当局や、出先の意見によってあいまいに左右されていたら、ああいう形での返還はできなかった。首相として一世一代のリーダーシップをとったと強く感じた」（同）と書き記している点である。とかく、外交交渉は外務官僚ペースに乗せられがちなだけに、政治のリーダーシップの面から佐藤の政治決断は評価されよう。

七二年沖縄返還決定へ

沖縄返還交渉は、六九年秋の日米首脳会談で最大のヤマを迎えた。沖縄返還の時期や米軍基地の態様などの骨格は、六九年六月と九月の愛知外相の二度にわたる訪米でほぼ詰められていた。愛知は六九年六月の国会（第六一通常国会）で、返還の時期について、「遅くも沖縄は72年中に返還されるものと思う」と報告した。ただ問題は、事前協議について、愛知は米側に対しては「拒否権だけでなくイエスもあるという弾力運用が本来の趣旨」とより踏み込んだ見解を示していたのに、国会では「イエスもありノーもある」と説明するなど、内と外で使い分けをしていた点だ。

また、目を引くのは共同声明で「韓国・台湾条項」を盛り込んだことである。東郷文彦は「朝鮮半島に関しては『韓国の安全は日本自身の安全にとって緊要である』と云うわが方の認識を共同声明で明らかにする」（東郷文彦『日米外交三十年』）との方針で、台湾については、「朝鮮半島の場合と全く同列に扱う訳には行かなかったが、大要同様の趣旨で措置することに合意した」（同）としている。

最大の争点である核兵器の扱いについては、日米両首脳の決断に決着が持ち越された。六九年一一月一九日から始まった佐藤―ニクソン会談は、第一回会談で、七二年返還を確認したうえで、核兵器について、ニクソンが「施政権返還後、緊急事態における沖縄の使用について、どういう手続きでやるかが一番問題だ」と切り出した。佐藤は「沖縄返還を日本政府の政策に背馳しないよう実施する」との案を示したのに対し、ニクソンは「緊急時において沖縄の米軍の基地の機能を損なわない」という対案を出した。これに佐藤は「日米安保条約の事前協議制度に関する米国政府の立場を害することなく……」とする案を再提示し、合意をみた（楠田實編『佐藤政権・２７９７日〈下〉』行政問題研究所、一九八三年）。これを踏まえて共同声明も「大統領は、深い理解を示し、日米安保条約の事前協議制度に関する米国政府の立場を害することなく、沖縄の返還を、右の日本政府の政策に背馳しないよう実施する旨を総理大臣に確約した」とうたった。

しかし、この後行われた第二回、第三回会談では、繊維問題が取り上げられ、後に問題を残すことになった。繊維問題は後述するとして、問題は共同声明の際、「有事核持ち込み」の密約があったとされる点で、真相は薮の中だ。当時のキッシンジャー米大統領補佐官は自著『ホワイトハウス・イヤーズ』で、また、佐藤の密使としてキッシンジャーと裏交渉にあたった若泉敬・京都産業大学教授もその著『他策ナカリシヲ信ゼムト欲ス』で、秘密合意議事録の存在を明らかにしている。

その内容は、米大統領が「重大な緊急事態が生じた際には、米国政府は、日本国政府と事前協議を行った上で、核兵器を沖縄に再び持ち込むこと、及び沖縄を通過する権利が認められることを必要とするであろう。かかる事前協議においては、米国政府は好意的回答を期待するものである」「総理大臣は遅滞なくそれらの必要を満たすであろう」とした内容である。「佐藤日記」には若泉の名前が頻繁に登場し、「取引」の具体的内容には言及していないものの、「核持ち込み密約」の存在を伺わせる記述がある。

佐藤は七一年一二月九日の衆院沖縄・北方問題特別委員会（第六七臨時国会）で、美濃政市（社会）の質問に、「わが国の危急存亡の際に、また日本防衛のためにアメリカが核兵器を持ち込もうというような事態が全然ないと、これははたして言えるかどうか」と一度は答弁した。それが野党の追及を受けて翌一〇日、「事前協議で核持ち込みの申し入れがあれば、はっきりノーと言う」と修正した。この点について同日付の日記では「口は災のもとか。核のもちこみに、事前協議に当り非常時に於ても断固NOと云ふべき処が、ほんねが出て、そのシッポをつかまれた」（『佐藤榮作日記』第四巻、朝日新聞社、一九九七年）と記している。

秘密合意議事録の存在について、外務省は一貫して「関知せず」という立場をとっている。今となっては、佐藤がどこまで若泉という密使に信をおいて交渉を進めたか厚いベールに包まれたままだが、外務省という正式ルートを通さない二元外交は、首相に外交交渉権があるとはいえ、不透明で、国民への説明責任を欠く嫌いがあることは確かだ。

尾を引く繊維問題

沖縄返還交渉では、「縄（沖縄返還）を糸（繊維輸出規制）で買った」といわれるように、繊維問題という代償があった。日本政府は当時、日本繊維製品を自主輸出規制していたが、一九六〇年頃から米国の繊維業界が国際競争力を失い始め、対日輸出規制強化を求める政治的圧力が高まっていた。しかも、ニクソンは六八年の大統領選で、南部票獲得のため思い切った日本繊維製品の輸入制限を公約していた。

ニクソン政権は、繊維問題打開のため、沖縄返還を絡める外交戦略に出、佐藤も沖縄返還に関連し、密使・若泉敬をキッシンジャーと極秘接触させたとされる。その経過は若泉の著『他策ナカリシヲ信ゼムト欲ス』に詳しく綴られている。繊維問題は、六九年の佐藤・ニクソン会談で継続交渉とすることで折り合ったが、米側に〝誤解〟を与えたのが、会談で、佐藤が『前向きに検討』『善処する』という日本流の発言をしたことだった。東郷文彦は、「首相は国内の国会などで使い慣れた〝心境〟を語ったものだ」（東郷文彦『日米外交三十年』）と援護しているが、この佐藤発言は後々まで日本の非外交性を物語るものとして伝えられている。すなわち、通訳は「I do my best」と訳しており、ニクソンが、佐藤が米側の要求を飲んだと思い込んでも仕方なかった。

このため繊維問題で動かない佐藤に、ニクソンが〝背信行為〟とみてつむじを曲げるのも無理はなく、繊維交渉をめぐり日米関係は悪化した。七〇年六月、愛知外相とともに訪米した宮沢通産相はスタンズ米商務長官と会談したが決裂。七一年夏、米側は「対敵取引法」を突き付け、一〇月までに改善策をまとめなければ同法を発動すると最後通牒を突き付けた。このため田中角栄通産相の決断で、米側の要求をほぼ丸のみする形で決着させ、日米繊維戦争はすんでのところで一件落着した。

しかし、一度壊れた信頼関係は修復しなかった。七一年の二つの〝ニクソン・ショック〟がその典型だ。一つがニクソン訪中声明（七月一五日発表）であり、もう一つが「ドル・ショック」（八月一五日発表）で、いずれも日本が知らされたのは発表直前だった。この対米関係の失敗が、佐藤退陣の伏線になったという見方すらある。

沖縄国会――沖縄返還協定の強行採決

沖縄返還協定の調印（七一年六月一七日）を受け、「沖縄国会」と称される第六七臨時国会は七一年一〇月一六日に召集された。しかし、沖縄返還協定や沖縄公用地暫定使用法案など七つの関連国内法案が本格審議入りしたのは一一月五日だった。中国の国連代表権問題に加え、野党の要求で補正予算案審議が先議とされたからだ。しかも会期は、この時点で会期末（一二月二四日）まで五〇日しかなかった。協定についても、野党の社会、公明、民社三党は、政府のいう「沖縄の核抜き、本土並み返還」は欺瞞があるとし、対米交渉やり直しを主張、協定そのものに反対の立場を取った。保利茂はこの時、佐藤退陣の覚悟で沖縄国会に臨んだと強調している。すなわち、「この協定批准の国会審議は野党共闘の結束が固く、何回も膠着状態に陥るであろう。しかし、どんなことがあっても批准は完了しなければ、わが国は信用を失う結果になる。何としても臨時国会で片付けなければならないが、ついては、幸いに批准が成功した暁には、政局の上にも折り目をつけるべきではないか、という話し合いをした」（保利茂『戦後政治の覚書』）。

たしかに協定批准は最初からつまずいた。福田赳夫外相が一一月五日の衆院本会議での趣旨説明で、草稿のとじ違えから、読み違えてしまったためだ。福田はあわてて間違えた部分を取り消し、説明し直そうとしたが、議場は騒然となり、野党は「国会軽視もはなはだしい」として総退場してしまった。このため同日は再開後、福田が陳謝文を読みあげただけで、翌六日に改めて趣旨説明が行われたが、福田のミスで、ただでさえきつい審議日程が厳しいものになった。

衆院沖縄返還協定特別委員会（桜内義雄委員長）の審議入り後も、野党側は慎重審議を要求、また楢崎弥之助（社会）が米軍岩国基地の核兵器貯蔵疑惑を追及したため審議は中断し、採決の目途はたたなかった。ついに一七日、自民党は質疑打ち切り動議を提出、採決を強行。野党は採決無効を求め、委員会差し戻しを主張したのに対し、自民党は採決は有効として本会議採決を要求したため、船田中衆院議長は「公報記載の本会議には協定案件は議題とせず、各党間で正常化に努めること」との斡旋案を提示した。しかし、野党が審議拒否に出たため、国会は空転した。自民党は三〇〇議席を擁し、単独強行突破も可能だったが、佐藤や保利らは六〇年安保の苦い教訓から回避した。

決め手になった国会決議

そうした状況で、保利茂らが打開策として編み出したのが、衆院議長斡旋による与野党幹事長・書記長会談だった。これを受けて二〇日に行われた会談は、三時間を越えた。そこで野党説得の武器になったのが、非核三原則の国会決議だった。保利は、沖縄返還の持つ意義を説き、非核三原則の国会決議をいまこそ、鮮明にする時機ではないかなどと訴えた（楠田實『首席秘書官』）。その甲斐あってか、矢野絢也公明党書記長が、政府・自民党が非核三原則及び沖縄基地縮小に関する国会決議案に賛成するという条件を出し、保利もそれに応じたことで収拾した。

この会談で保利が捨て身で、「私は佐賀県の有権者に選ばれて国会に出てきた。したがって国会議員としての進退は、わが佐賀県の有権者にうかがいをたてなければできないはずだ。しかし、この際、もし私の言に間違いがあり、あなた方野党の諸君に対して背信行為になるようなことがあれば、議員バッジはあなた方にお渡しする」（保利茂『戦後政治の覚書』）と語った言葉が有名である。いずれにせよ公民両党はこれに応じ、審議は正常化された。注目されるのは、いったん死文化した国会決議が、国会の打開策としてよみがえったことだ。非核三原則の国会決議は、かつて佐藤がほのめかしたものの、政府の外交交渉のフリーハンドに制約を与えるということで流れた経緯がある。それが数年たって、国会対策の切り札として再浮上し、局面打開につながった。

「沖縄国会」はヤマを越したが、社会党の孤立は一段と深まった。衆院は一一月二四日の本会議で、沖縄返還協定承認案を社会、共産両党欠席のまま、賛成二八五、反対七三（公明、民社は反対）で可決した。非核・沖縄基地縮小決議案も、社会党が独自の非核・沖縄非軍事化決議案を提出したことでこじれたが、自民党が知恵を絞って、衆院議運委で審議せず、決議案を本会議の動議としたことで、社会党の目論見が外れた格好となった。

相次ぐ異例収拾劇

参院審議は比較的順調に進み、返還協定については自然承認を待つことなく、一二月二二日の参院本会議で可決、承認された。しかし、余震は続いた。沖縄・北方問題特別委員会を中心に審議していた公用地暫定使用法案など関連八法案の審議が、西村直己防衛庁長官の「国連侮辱発言」（その後更迭）でもめたこともあって遅れたからだ。

日米両政府はすでに翌七二年一月に日米首脳会談を設定しており、政府としては、どうしても会談前に関連法案を成立させる必要があった。このため三日間の会期延長をした末、参院沖縄・北方問題特別委は七一年一二月二六日の日曜日も審議を続ける異例の国会運営になった。しかし審議ははかどらず、河野謙三参院議長の斡旋で、関係法案の継続審議を決めた。このため第六八通常国会は、年末の一二月二九日召集という異例な国会になった。通常国会は、一二月の召集日に本会議で議席指定などにとどめ、年末年始は自然休会に入るのが通例だった。だが、政府・自民党は、野党の反対を押し切って、直ちに関係法案の審議を強行して採決し、同日夜の本会議に緊急上程、可決して衆院に送付。衆院も翌三〇日、単独で本会議を開いて設置した沖縄・北方問題特別委員会で、質疑・討論を省略して関係法案を可決し、本会議上程―可決、成立という荒技を演じた。これも、翌七二年一月の日米首脳会談をにらんでのことだった。

曲折のすえ、一月六、七の両日、米カリフォルニア州サンクレメンテで行われた日米首脳会談は、沖縄返還日を「五月一五日」とすることで一致した。注目されるのは、佐藤が会談後の記者会見で、「安保体制は今後とも堅持されるが、六九年の時の表現（韓国・台湾条項）が今の事態に即応しているとは思えない」と発言したことだ。六九年の首脳会談での共同声明の「台湾条項」で、日本側が「台湾地域の平和と安全の維持が日本の安全にとってきわめて重要な要素」としたことをさしている。当時、この台湾条項は北京政府を激怒させた。台湾条項は後年、新しい日米防衛協力のための指針（ガイドライン）でも「周辺事態」の範囲をめぐり、紛糾する火種となる。

沖縄は七二年五月一五日、日本に復帰した。佐藤も六月一七日に正式に退陣を表明し、七年八ヵ月の政権を閉じた。「待ちの政治」といわれた佐藤政治だが、沖縄返還とともに、その命運は尽き果てたといっていい。

Ⅳ　西側の一員

防衛計画の大綱

一九七〇年代初頭、東アジアの国際情勢は変化の兆しをみせた。中国の国連参加決定（一九七一年）、ニクソン訪中による米中和解と米ソ戦略兵器制限条約（ＳＡＬＴⅠ）の締結（一九七二年）など、世界はデタント（緊張緩和）に向かった。こうした緊張緩和により、冷戦下の防衛構想は再検討せざるをえなくなり、「平和時の防衛力」構想が浮上した。

田中角栄内閣（七二年七月七日発足）は、七二年一〇月九日、総額四兆六三〇〇億円の第四次防衛力整備計画（四次防、七二年—七六年度）を閣議決定した。これまで自衛隊の装備は、一次防（五八—六〇年度）、二次防（六二—六六年度）、三次防（六七—七一年度）と内容を更新し、防衛費が膨れあがったため、野党は防衛力増強は緊張緩和（デタント）に逆行すると反発、「平和時における防衛力の限界」を明示するよう迫った。このため四次防決定に先立ち、田中は七二年一〇月六日の国防会議議員懇談会の席上、増原恵吉防衛庁長官に検討を指示。防衛庁は限界を数字で示すことは困難と難色を示していたが、田中が再三国会答弁で約束したため、七三年二月一日の衆院予算委（第七一特別国会）で、増原は、①陸上自衛隊一八万人、②海上自衛隊約二五万―二八万トン、③航空自衛隊約八〇〇機、という案を説明した。

ただ、この見解について、田中は「政府がこれを正式決定する考えはない」と突っ撥ねたため、野党側は「政府決定にすべきだ」と要求した。ところが、田中が首相見解とする考えを示すと、今度は野党側はそうなると、その水準までの防衛力増強を認めてしまうことになるとして態度を硬化させ、撤回を求めた。与野党折衝の結果、田中が衆院予算委で、撤回を表明することで、終止符を打つというおかしな結末となった。防衛力の在り方など肝心の中身の議論がなされないままに終わり、ある意味で文民統制を放棄したと受け取られても仕方のない光景だった。

田中退陣後に登場した三木武夫政権（七四年一二月九日発足）は、安保・防衛政策上、いくつかの重要な決定を行った。その一つが、坂田道太防衛庁長官の下で、七六年一〇月二九日に閣議決定した「防衛計画の大綱」である。大綱は、田中内閣時の「平和時の防衛力」構想を引き継いだもので、「基盤的防衛力」構想を土台にしていた。「基盤的防衛力」構想は「（わが国の防衛力は）均衡のとれた態勢を保有することを主眼とし、これをもって平時において十分な警戒態勢をとり得るとともに、限定的かつ小規模な侵略までの事態に有効に対処し得るものを目標とすることが最適」という考えで、東西間の大規模な武力紛争が起きる可能性は少なく、国際情勢は当分の間、大きく変化しないことを前提に、特定の脅威ではなく均衡のとれた自衛隊の整備に重点を置き、「限定的かつ小規模な侵略」に原則として独力で対処すればいい、というものだ。その防衛力の整備水準は「別表」に示され、①陸上自衛隊一三個師団・二混成団、定数一八万人、②海上自衛隊四護衛隊群、主要艦六〇隻、潜水艦一六隻、③航空自衛隊の作戦用航空機約四三〇機、など基幹部隊、主要装備目標を掲げた。従来の「所要防衛力」構想では脅威に応じて際限なく軍備増強が進みかねないため、久保卓也防衛事務次官が中心になって構想をまとめたが、制服からは評判が悪かった。

続いて行った重要な決定が、毎年の防衛費を国民総生産（GNP）の一％以内とする閣議決定（七六年一一月五日）で、防衛力整備に財政的歯止めを設けたことだ。

ガイドライン策定

しかし皮肉なのは、日本が「平和時の防衛力」を論議している最中に、国際情勢が大きく変化していったことだ。核をめぐる米ソのせめぎあいが海に移り、とくに太平洋を中心に「核の制海権」争いが始まった。しかも米国のベトナム戦争敗退後、朝鮮半島の緊張が高まり始めた。このため、七五年八月に訪米した三木はフォード大統領との会談で、日米防衛協力の強化で原則的に合意。これに基づく坂田―シュレジンジャー会談で、有事の際の日米防衛協力について、①日米安全保障協議委員会の下に協議機関を設置する、②日米の防衛責任者が年一回会談する点で合意した。実際、有事の際の日米防衛協力は、岸内閣の日米安保改定以来、手付かずのままだった。その後、七六年七月、「日米防衛協力小委員会」の設置が決まり、「日米防衛協力のための指針」（ガイドライン）に結実していった。

ガイドラインが決定されたのは、福田赳夫内閣（七六年一二月二四日発足）の下でだった。本来タカ派である福田は、第八四通常国会（七七年一二月一九日召集）の施政方針演説で、「国の防衛は国家存立の基本であり、政府の果たすべき責務である」「防衛問題を国民全体の問題として、広く建設的に論議されることを期待する」と、施政方針演説としては初めて「防衛」の項目を加え、防衛論議に積極姿勢を示した。国会論議では、七八年度予算で整備することとなったＦ15（次期主力戦闘機）、Ｐ３Ｃ（次期対潜哨戒機）の能力と自衛力の限界が焦点で、政府は、これら航空機は自衛のための必要最小限度のもので、侵略的、攻撃的脅威を他国に与えるものでないと説明した。紛糾したのは、核兵器保有をめぐる論議で、園田直外相が七八年二月二二日の衆院外務委員会で、土井たか子（社会）の質問に、「憲法の趣旨からみて、核兵器はもてない」と答弁したこと。「防御的核兵器なら持てる」としてきた従来の政府見解を覆したもので、あわてた政府は、外務省、防衛庁、内閣法制局を中心に対応を協議し、三月九日の参院予算委で「自衛のため必要最小限度の範囲内にとどまる限り、核兵器であっても保有は禁じられていない」との政府統一見解をまとめた。

七八年一一月二七日、日米安保協議委員会が開催され、有事の際に自衛隊と米軍が行う共同対処行動を定めたガイドラインを決定した。その意義は長年の懸案だった有事即応態勢が整備されたことで、①侵略を未然に防止するための態勢、②日本に対する武力攻撃に際しての対処行動、③日本以外の極東における事態で日本の安全に重要な影響を与える場合の日米間協力、の三本柱からなっていた。これにより、各自衛隊と米軍との間で、共同演習が始まったほか、日米共同作戦計画などの研究が進められ、日米安保体制は、より実効あるものになっていった。だが、安保条約六条事態、つまり極東有事の際の米軍への協力は「随時協議する」とされただけで、具体策は一九年後の九七年の新ガイドラインまで待たなければならなかった。

一方、福田内閣は有事立法研究にも乗り出した。防衛庁は、金丸信防衛庁長官の指示を受け、七七年八月、有事における自衛隊の任務遂行に必要な法制の研究に着手した。しかし、翌七八年七月、栗栖弘臣統合幕僚会議議長が週刊誌などで「奇襲攻撃を受けた場合、自衛隊として第一線の指揮官の判断で超法規的行動をしなければならないだろう」などと発言したため、金丸は、シビリアン・コントロール（文民統制）を逸脱したとして解任した。ただ、緊急時の自衛隊の行動についての法の不備という問題提起は当然で、政府は栗栖解任後、閣議で有事立法研究の推進を確認した。有事立法問題は、第八五臨時国会（七八年九月一八日召集）で早速取り上げられ、福田は「有事のために自衛隊があり、有事の検討は政府の義務と信じる。それ以前に奇襲が万が一にでも起こった場合のことも考えておく必要がある」（九月二九日の参院本会議）と強調した。防衛庁も、有事立法や奇襲対処に関する統一見解（九月二一日）をまとめた。とくに有事立法については、「研究の対象は、自衛隊法七六条の規定により防衛出動を命ぜられるという事態において自衛隊がその任務を有効かつ円滑に遂行する上での法制上の諸問題である」としたうえで、「現行憲法の範囲内で行うものであるから、旧憲法下の戒厳令や徴兵制のような制度を考えることはありえない」などとした。これに対し、野党は、戦前の戒厳令、徴兵制が復活するのではないかと批判した。他方、自民、民社の一部からは、現行の自衛隊関係法規では適切な対応ができないとする主張が出た。ただ全般的には、政府が『あくまで憲法の枠内』で研究を進めるとの原則論を繰り返したこともあり、論戦はすれ違いに終わった。

また、米国からはバードン・シェアリング（責任分担）の要求も高まり、政府はそれに応えるため、七八年度から日米地位協定の拡大解釈で「思いやり予算」を認め、米軍駐留経費の一部負担を始めた。八七年度には特別協定を締結し、一部負担をさらに拡大した。

日米同盟

首相として初めて「日米同盟」を明言したのは七八年一二月七日に内閣を発足させた大平正芳だった。七九年五月、訪米した大平は、ホワイトハウスでの歓迎会の答辞で、「われわれにとってかけがえのない友邦であり、同盟国であるアメリカ合衆国との緊密で実り豊かなパートナーシップを通じて日米両国は、遂行すべき重大な任務を共有している」と語った。そして七九年一二月、ソ連軍によるアフガニスタン侵攻で、世界は新冷戦時代に突入した。日本周辺でも、ソ連空母ミンスクの極東配備（七九年六月）、超音速爆撃機「バッグファイア」の極東配備（同年一〇月）ときなくささを増した。米国の対ソ圧力は強まり、日本もモスクワ五輪大会のボイコットなど、米国の対ソ制裁措置への同調を求められた。こうした中で大平は「西側の一員」としての対米協調路線を鮮明にした。第九一通常国会（七九年一二月二一日召集）の施政方針演説で、大平は、対ソ制裁措置について、「米国との連帯、友好諸国との協調」を原則に、①わが国に犠牲を伴うものでも避けてはならない、②友好諸国の措置を阻害したり、効果を減殺するようなことはしない、との考えを打ち出した。

大平政権下の国会で目を引くのは、与野党伯仲時代のなか、第八七通常国会（七八年一二月二二日召集）で予算の一部を凍結したことだ。ダグラス・グラマン両社の海外不正支払いをめぐる航空機疑惑が発覚したためで、野党は疑惑が解明されるまでＥ２Ｃ（早期警戒機）予算の凍結を主張、このため国会審議がストップした。与野党折衝の結果、自民党が譲歩し、「執行は国会における審議の状況を踏まえ、衆参両院議長の判断を十分尊重する」と予算執行の一部凍結で決着をつけた。凍結が解除されたのは閉会後の七月で、灘尾弘吉、安井謙衆参両院議長の協議によるものだった。

米ソ対立激化とともに、「力による平和」を旗印に対ソ軍備増強路線を掲げたレーガン米大統領の登場（八一年）で、日本に対する防衛強化の圧力は一段と高まった。大平急逝を受けて政権を引き継いだ鈴木善幸は、まったく外交的識見がなかった。八一年五月の日米首脳会談後に発表された日米共同声明は、「総理大臣と大統領は、日米両国間の同盟関係は、民主主義及び自由という両国が共有する価値の上に築かれている」と、日米共同声明で初めて「同盟関係」を明記した。防衛協力では「日米両国の適切な役割分担」を確認。同時に鈴木は、ナショナル・プレスクラブでのスピーチで、「一千海里・シーレーン防衛」を公約した。

問題は、首脳会談後の記者会見で、鈴木が「同盟関係」について「軍事的意味合いを持つものではない」と否定したことだ。安保条約に軍事的関係が含まれるのは自明の理であり、高島益郎外務事務次官は「軍事的内容を含まない同盟関係はナンセンス」と首相発言を批判した。政府は結局、「日米安保条約がある以上、軍事面での協力が含まれるのは当然」との統一見解をまとめ、鈴木発言を修正した。鈴木は共同声明が首脳会談前にできあがっていたため、自分の主張が十分反映されなかったとして、共同声明のまとめ役だった外務省を批判した。これに対し伊東正義外相が五月、「共同声明をめぐる紛糾の責任をとる」として外相を辞任し一件落着したが、一連の混乱は米側に強い不信感を与えるとともに、首相としての鈴木の力量が大きく問われた。

米国は「日米同盟」確認をテコに、西側の一員として公平な負担を要求、防衛予算の大幅増額、在日米軍経費の分担、対米軍事技術の提供などについて、次々と日本に要求を突き付けた。ソ連との軍拡競争や米国経済の停滞などを背景に、「経済大国・軍事小国」日本への米国のいらだちがあり、米上院外交委員会が全会一致で日本の防衛努力の実行を求める決議が採択（八二年一二月）するまでにいたった。しかし、こうした要求に鈴木は受け身の対応に終始するばかりだった。

野党の現実化

一方、野党は七〇年代後半から八〇年代にかけ、現実路線を強めた。これは与野党伯仲で、野党連合政権を視野に責任野党論が芽生えたためで、とりわけ公明、民社両党の変化が大きかった。公明党は、日米安保については当初、「段階的解消論」を唱えていたが、六九年の言論出版妨害事件後、「即時廃棄論」(七三年)を打ち出していったんは革新色を強めた。しかし七四年の参院選以降、「合意廃棄論」へと軌道修正し、七八年の党大会で「大ワク社公民」を基盤とする連合政権を念頭に置いて各党ごとの政権構想を「共同政府綱領」としてまとめることを提唱した。同時に、「安保存続やむなし」論とともに、自衛隊政策についても、「領域保全能力は必要とするのが国民の潜在的合意」という見解を打ち出した。七九年総選挙後は、自民党の「四〇日抗争」を機に、政権党の自壊現象が始まったとし、同年暮れに公明、民社両党間の「中道連合政権」構想、八〇年一月の社会、公明両党間の「連合政権」構想が合意された。だが、八〇年の衆参ダブル選挙で野党が惨敗したのをうけ、公明党は野党共闘に距離を置きはじめ、現実路線に再び傾斜、八一年の党大会で自衛隊合憲論に転換した。

民社党は結党当初から、政権担当可能な現実政党づくりを目指していた。日米安保についても、もともと安保改定への立場の相違から社会党と袂を分かっただけに、安保反対の社会党とは一線を画し、有事の際に米軍来援を求める「有事駐留論」を主張。自衛隊政策も「条件つき合憲」の立場だった。春日一幸委員長時代になって「安保条約維持」を打ち出し、佐々木良作委員長時代の七八年には、最小限の自衛力保持を認め、日米安保条約は廃棄しない立場に立つとの「責任野党」論を掲げた。第九三臨時国会（八〇年九月二九日召集）では、自衛官定数増加のための「防衛庁設置法等改正案」に結党以来初めて賛成に回った。さらに、野党の現実化を示す象徴的な例が、第九一通常国会（七九年一二月二一日召集）で、衆院で長年懸案だった安保、防衛に関する安全保障特別委員会の設置を、共産党を除く与野党の一致で決めたことだ。防衛論議はこれまで野党側が自衛隊違憲の立場から本格的論戦を避け、「タブー視」されてきたが、安保特別委設置が実現したのも、野党の現実重視の表れで、国会史上画期的なことだった。

戦後政治の総決算

日米同盟強化をもとに、「西側の一員」としての役割を積極的に担う姿勢を明確にしたのが、中曽根康弘内閣（八二年一一月二七日発足）だった。鈴木政権で悪化した日米関係の修復を図る狙いもあった。中曽根は八二年一二月（第九七臨時国会）、就任後初の所信表明演説で、自由主義諸国の一員としての協調と自主的外交努力をうたうとともに、日米安保体制の維持を強調した。続く第九八通常国会（八二年一二月二八日召集）では「戦後政治の総決算」を提唱、「民主政治の下にタブーはない。憲法といえども例外ではない」と改憲論者ぶりを発揮してみせるとともに、防衛問題でも、「質の高い防衛力の整備」の必要性を強調した。

この国会では、対米武器技術供与の方針を決断して日米首脳会談に臨んだ中曽根が、「不沈空母」などの突出発言をしたため、外交・防衛論議が冒頭から焦点になった。「不沈空母」発言は、八三年一月のレーガンとの日米首脳会談後、中曽根がワシントン・ポスト紙のグラハム社主との朝食会で、「日米は運命共同体」「日本本土を〝不沈空母〟のように」「列島周辺の四海峡を完全かつ十分に管理する」などと言及したもの。中曽根は後年、「日米の防衛コンセプトの中には海峡やシーレーンの防衛問題もあるが、基本は日本列島の上空をカバーしてソ連のバックファイヤーの侵入を許さないことだと考えている。バックファイヤーの性能は強力であり、もしこれが有事の際に、日本列島や太平洋上で威力を発揮すれば日米の防衛協力体制はかなりの打撃を受けることを想定せざるをえない。したがって、万一有事の際は、日本列島を敵性外国航空機の侵入を許さないよう周辺に高い壁を持った大きな船のようなものにする」と述べた、と述懐している（中曽根康弘『天地有情』文藝春秋、一九九六年）。

野党はこの中曽根発言を問題視し、社会党の飛鳥田一雄委員長は、衆院代表質問で「公然たる軍事同盟宣言だ。日本の死活にかかわる重大事を国会の議も経ず、条約も定めず、首相だけで決められるのか」とかみつき、「不沈空母」発言についても、「日本を米国の砦とするつもりか」と追及した。中曽根は「比喩、形容詞として使った」とかわしつつ、「侵略があれば自らの力で国を守るのは当然だ。中国の行政の最高責任者として国を守り抜くという決意を示すことは、日米安保条約を有効に機能させるものと考えた」などとして突っ撥ねた。

対米武器技術供与問題

論戦の舞台を移した衆院予算委員会で焦点になったのが、対米武器技術供与問題だった。この問題は、武器輸出三原則がネックだった。この原則は六七年四月、佐藤首相が①共産圏、②国連決議による武器輸出禁止国、③国際紛争当事国向け――に対する武器輸出の禁止を表明したことで確立。七六年二月には、三木首相が①三原則対象地域についての「武器」の輸出を認めない、②対象地域以外の地域については、憲法及び外国為替及び外国貿易管理法の精神にのっとり、「武器」の輸出を慎むとの統一見解を示し、同年六月、軍事技術も同様の扱いとすることになった。しかも国会は「武器輸出に関する国会決議」（八一年三月）もしていた。だが、米側からの再三の要請に、八三年一月、中曽根は、対米武器技術供与について「米国には武器輸出三原則によらずに供与する」ことを決断、これを手土産に初の日米首脳会談に臨んだ。同盟関係を最優先する立場から踏み切ったものだが、政府部内でも反対論があり、内閣法制局は政府解釈上認められないと抵抗した。当時官房長官だった後藤田正晴はその著『内閣官房長官』で、角田礼次郎法制局長官とのやりとりを次のように明らかにしている。

「角田君がウンと言わない。最後はやむをえず強権発動した。『角田君ね、これは君が言うことではないよ。これは政策の変更である。法律解釈の問題ではないよ』　角田君も心得たものだ。『政策の変更ならやむを得ません。その代わり、官房長官、国会答弁は全部頼みますよ』こういう次第で、この問題は解消した」（後藤田正晴『内閣官房長官』講談社、一九八九年）。

この政策転換に野党は反発、衆院予算委員会で質問一番手の平林剛（社会）が「国会決議に反するので撤回すべきだ」と追及。中曽根は「政府は武器輸出三原則を修正したが、国会決議には反していない」と開き直った。このため社会党は政府統一見解を要求、審議が一時ストップしたが、翌日に審議を再開。だが、矢野絢也（公明）もこの問題を取り上げ、米国に供与した武器技術の第三国への転用問題を追及した。中曽根は「事前に米側から同意を求められた場合、ケース・バイ・ケースで協議すべき」と答弁したが、矢野は納得せず、審議が再び中断した。自民党が政府回答を後日示すことを約束したことで審議は再開されたが、政府見解が出たのはしばらくたった三月八日の予算委で、米側から武器輸出を求められた場合、「中曽根内閣としては、従来の方針に何ら修正を加える考えはない」との統一見解を出すことで、一応の決着をみた。

中曽根VS石橋論争

聞きごたえのある国会論争として有名なのが、旧日米安保、講和条約をめぐる「吉田VS芦田」論争だが、久々の安保論争として脚光を浴びたのが第一〇〇臨時国会（八三年九月八日召集）での、中曽根と石橋政嗣社会党委員長との論戦だった。

発端は、中曽根が衆院代表質問で、社会党の非武装中立論を「非現実的で幻想的な理念を追い過ぎている」と激しく批判したためで、石橋の著書「非武装中立論」を引用しての批判とあって、社会党は衆院予算委に石橋をたて、党首同士の論戦を展開した。

石橋は、日本の安全は「防衛力では守れない。外交的手段により、どこの国とも仲良くすることが大事だ」などと、改めて非武装中立の立場を主張した。中曽根は「理念は同じ」としながらも、「現実の平和は、力の均衡と抑止力によって維持されている。理念だけで国は守れない」と反論した。また、石橋は非武装中立論に基づく全方位外交の重要性と、その現実的立証として、「一〇年前に脅威としていた中国と友好条約を結ぶことができた」と強調。中曽根は、それらはあくまで世界的な〝バランス論〟に基づく結果の所産であるとの見解を示した。論戦は約二時間に及んだが、そもそも、「現実重視」（中曽根）と「理想重視」（石橋）と二人の立場はまったく違うだけに、並行線をたどるいつものパターンで終った。

防衛費一％枠撤廃

中曽根が防衛力強化で目指したのが、防衛費一％枠撤廃だった。『戦後政治の総決算』の象徴であり、客観情勢としても、防衛費は八五年度予算で対国民総生産（ＧＮＰ）比〇・九九七％で、人事院勧告によるベア実施などで突破は時間の問題でもあった。第一〇二通常国会（八四年一二月一日召集）は防衛費論争が本格化し、野党側は「一％枠順守」を約束するよう迫った。中曽根は八五年一月、衆院代表質問に対する答弁で、「守るよう努力したい」としつつ、「ＧＮＰなど不確定要素もあり確固たることを述べるのは困難」と明言を避けた。野党側は「今後も守ると約束せよ」と迫り、衆院予算委は初日から審議が中断するという荒れ模様だった。与野党折衝の結果、中曽根が「一%枠の方針を守りたい」と再答弁することで決着したが、この後も、中曽根は民社党質問に対する答弁で「新たな歯止め」の必要性に言及する形で、虎視眈々と一%枠突破のタイミングをにらんだ。このように国会審議で紛糾した際、政府見解を示すことで事態を収拾させる一方、野党に言質を与えない表現で、新たな政策の展開の余地を示すという手法もよく取られるパターンだ。

実際、中曽根は国会閉幕と同時に、一%枠撤廃の実現に動いた。しかし自民党内からも、三木、福田、鈴木の三元首相が慎重論を唱えたほか、宮沢喜一総務会長も難色を示したため、一%枠撤廃は見送り、新しい歯止めとして、八四年中期業務見積もり（八六年度から五年間の主要装備調達計画）を「中期防衛力整備計画」として政府計画に格上げすることで決着した。しかし中期防の総額は一八兆四〇〇〇億円、対GNP比一・〇三八%（基準改定後一・〇一六%）と、一%をすでに越えていた。当然、野党は強く反発し、第一〇三臨時国会（八五年一〇月一四日召集）で、「中期防は計画途中で一%枠を突破し、過大な防衛力整備だ」と追及した。政府は年度ごとに防衛費の調整を行うとし、中曽根も衆院予算委で「八六年度予算編成でも一%枠を守る」と答弁。だが、参院で中曽根が年度当初だけ守るとの趣旨の発言をしたため紛糾。与野党折衝で首相答弁の文言を「八六年度予算にかかる編成においても守る」と修正したが、玉虫色決着にすぎなかった。

中曽根は、八六年暮れの八七年度予算編成で、ついに一％枠撤廃を決断、防衛費の対ＧＮＰ比は一・〇〇四％になった。大蔵省は円高や原油価格の低落で、一％枠内でも十分防衛力整備は図れると主張。また、自民党内からも、「税制国会」となる第一〇八通常国会（八六年一二月二九日召集）の運営に支障をきたすとして慎重論が出た。これに対し防衛庁は栗原祐幸防衛庁長官を筆頭に、中期防の必要額を確保するためには一％突破はやむをえないと主張し、自民党国防関係議員と連携して一％枠見直しに動いた。中曽根は表向き、「党内調整を見守る」と慎重姿勢を取りつつ、形の上では首相裁断をとらず、党四役と関係閣僚による政治折衝の場で決着をつける方式をとった。そして政府は翌八七年一月二四日、中期防衛力整備計画の所要額を防衛費の新たな歯止めとする「総額明示方式」を決めた。

経済摩擦で漂流する日米関係

日米関係は「ロン・ヤス」の友情関係を軸にしながら、中曽根が防衛協力に積極的に取り組んだことで比較的順調に推移した。大韓航空機撃墜事件の際の交信記録提供（八三年九月）、戦略防衛構想（ＳＤＩ）への研究参加決定（八六年九月）などもその一環だった。

しかし八五年九月のＧ５の「プラザ合意」以後、ドル高是正が急速に進み、日本の対米貿易黒字幅が拡大したことで、経済摩擦がクローズアップされていった。中曽根内閣は首相の私的諮問機関「国際協調のための経済構造調整研究会」（前川春雄座長）の報告書（前川レポート）（八六年四月）に基づき、内需依存型の経済構造転換に取り組んだ。しかし貿易黒字は解消されず、米議会を中心に対日批判が強まった。

以後の竹下登など歴代政権は日米外交では、もっぱら経済摩擦への取り組みに追われることになる。防衛協力でもバードン・シェリング（責任分担）の要求が一段と強まった。ソ連・ゴルバチョフの「ペレストロイカ路線」を受けた米ソ間の雪解けムード、ベルリンの壁崩壊（八九年）など冷戦終結への流れの中で、バブル経済で経済力を伸長させる日本への警戒論が米国に強まったことが大きい。

よく「外交と内政は一体」といわれるが、中曽根後継首相選びにおいて中曽根裁定で決まった竹下はその典型だった。公共事業への米企業参入問題の解決、牛肉・オレンジ自由化交渉の決着など次々と懸案解決に追われた。だが、牛肉・オレンジ自由化は自民党の支持基盤である農民の反発を招き、八九年参院選で、リクルート事件、消費税導入と合わせた「三点セット」による逆風を受けて、自民党は歴史的な大敗を記録。参院の与野党逆転で、以降、自民党政権は国会対策に苦しめられることになった。

この時期の国会論戦の特徴は安保論議がカゲを潜めたことである。竹下政権が税制改革を政権の至上命題としたうえ、日米関係が経済摩擦に重点が置かれたことなどが大きい。

V　国連協力

湾岸危機が投じた一石

一九九〇年八月二日、イラク軍のクウェート侵攻で勃発した湾岸危機は、冷戦終結後に多発が予想される地域紛争に国際社会がどう立ち向かうかが問われた。結果として、米軍を中心に編成された多国籍軍が、国連決議を受けて武力行使によりイラクの侵略を力で排除したが、では、日本はこうした国際社会の行動にどう関与していくかという課題が突きつけられた。それは、五六年一二月に念願の国際連合加盟を果たして以来、外交政策の基軸の一つとして国連中心主義を掲げてきた日本外交を問うものでもあった。世界経済の一五％を占める経済大国になった日本が国際社会の協調行動に加わらなくていいのか、「一国平和主義」に閉じ籠る日本に大きな反省を迫るものだった。しかも原油輸入の七〇％余りを中東に依存する日本にとって、エネルギー安全保障上からも無視できない問題だった。

湾岸危機勃発当時、海部俊樹政権は右往左往し、国会も湾岸危機発生から国連平和協力法案がまとまるまでまったく開かれず、機能マヒ状態を露呈した。日本政府は最終的に、多国籍軍支援などに合計一三〇億ドルにのぼる資金協力をしたものの、米国から「too little too late」と酷評を受ける一方、クウェート政府が戦争終結後に米紙に協力国への感謝広告を出した際にも日本の名はなかった。結局、カネだけの協力は評価されず、国際社会の協調行動には一緒に汗もかき時には血も流すヒトの協力が不可欠だということが大きな教訓になった。政府は遅れ馳せながら、海部・宮沢の二内閣、そして、国会では三国会にわたる審議の末、九二年六月、国連平和維持活動（PKO）協力法が成立、国連の平和活動に一歩踏み出した。しかし、PKOの本体業務である平和維持隊（PKF）参加の凍結、多国籍軍協力などは手付かずで課題は山積したままだ。

派兵と派遣

国連平和活動への参加問題の第一ラウンドが、政府が「中東国会」の第一一九臨時国会（九〇年一〇月一二日召集）に提出した国連平和協力法案だった。同法案は、①国連決議に基づく平和維持活動やその他の活動に、「国連平和協力隊」が物資協力の形で協力する、②協力隊はボランティア、海上保安庁、自衛隊などの出向者で構成、自衛隊は組織または個人として参加でき、自衛隊員は協力隊の身分を併任する、③武力行使、武力の威嚇はしてはならず、一定の制限の下で、護身用小型武器を携行できる、などが柱だった。しかし政府・自民党内の調整に手間取り、法案が閣議決定されたのは一〇月一六日で、召集日に法案が間に合わず、代表質問日程がずれ込む波乱の幕開けとなった。

一〇月一六日から三日間行われた代表質問では、土井たか子社会党委員長が「平和協力隊という衣裳を自衛隊に着せた海外派兵であり、従来の政府見解、国会決議に背くもので憲法違反だ」と「撤回」を要求した。公明党の石田幸四郎委員長は「国連中心主義の立場から、武力行使を目的とせず、休戦や停戦など国連平和維持活動には積極的に参加の方向で検討すべき」としながらも、「十分な論議をすべきものと、緊急対応に迫られるものを混同し、国連平和協力法に定めるのは乱暴ではないか」と、時限立法への修正を求めた。

国会でまず争点になったのが、自衛隊の海外出動が政府が憲法解釈上認めていない「海外派兵」にあたるかどうかだった。「派兵」と「派遣」は最初から厳密に区別されていたわけではない。自衛隊創設にあたって、参院が五四年に海外出動禁止決議をした際、木村篤太郎防衛庁長官は所信で「自衛隊は、海外派遣という目的は持っていない」と述べている。「海外派兵」についてはすでに五四年四月、佐藤達夫内閣法制局長官が「自衛権を厳格に考えると、実力行動のできるのは自衛権の限界内しかできないわけで、よその国にまで出て行ってその働きをすることは、普通の場合には厳格な自衛権の意味で限界外のことになる」と、憲法九条から許されないとの見解を表明。その後、「(海外派兵は)武力行使の目的で外国の領域に入ることで、自衛権の限界を超え、憲法上はできないと解すべきだ」(七三年九月一九日、吉国一郎法制局長官)という見解が定着した。

「海外派兵」と「海外派遣」の違いを明確に定義したのが、八〇年一〇月二八日の稲葉誠一(社会)に対する政府答弁書である。「海外派遣」について、「武力行使の目的を持たないで部隊を他国へ派遣することは許されないわけではない。しかし、法律上、自衛隊の任務、権限として規定されていないものは、その部隊を他国へ派遣することはできない」とした。要するに、武力行使を目的とするか否かが線引きの基準で、武力行使を目的としない自衛隊の海外出動は可能との解釈を生んだ。「中東国会」では、自衛隊の国連平和協力隊参加について、政府は「海外派遣」であると主張したが、野党側は小型武器の携行などが「武力行使」、そして「海外派兵」につながるのではないかと疑義を突き付けた。

国連の集団安全保障論

もう一つの争点は、自衛隊参加の法的根拠をどこに求めるかという問題だった。法案の推進役だった自民党の小沢一郎幹事長は、国連の集団安全保障と集団的自衛権は「まったく異なる制度である」とし、集団安全保障の憲法解釈を確立すべきだと主張した。

国連による集団安全保障とは、国際社会で平和の破壊があった場合に国連加盟国が共同で侵略を鎮圧し、平和回復を目指す制度で、外務省も「侵略を受けた国と同盟関係にある国が個別の判断により侵略に対処する集団的自衛権とはまったく異なる」(条約局)との立場をとった。また、第二次大戦後、東西対立の中で生まれた北大西洋条約機構(NATO)、ワルシャワ条約機構という「地域的安全保障」とも異なる概念だ。

国連憲章第四二条は、侵略国に対する経済制裁などの非軍事措置が不十分だった場合、国連安保理が軍事行動を認め、その場合、加盟国の軍隊を用いることができると定めている。多国籍軍はこの「集団安全保障」に基づく国連軍の一形態とみなすことで、政府が認めていない集団的自衛権行使と区別して、憲法解釈をクリアしようとしたわけだ。小沢が集団安全保障を強調する根拠の一つとして、六一年二月の衆院予算委員会（第三八通常国会）における林修三・内閣法制局長官答弁がある。

「国連が国連警察軍を使って活動するという場合はいろいろございましょうが、内容を分析してみれば、これは実は自衛権の問題でもなければ、いわゆる侵略戦争の問題でもございません。つまりいわゆる国連が国連の内部において、国連憲章に違反した国に対して、一種の制裁と申しますかを加えるという場合、あるいは制裁ではございませんが、そこの治安が保てない場合に、そこに警察的な行為をする、あるいは地域の画定がしないために選挙をするための選挙の監視をする、全く警察的なこと、こういう行動がいろいろあるわけであります。そういうような国連警察軍の行動、これに参加することが一がいに九条一項に違反するとは私は言えない。むしろ九条一項のいっている禁止しているものとは別問題の場合はいろいろあるわけでございます。そういう場合について、これを一がいに憲法違反とか憲法違反でないということは言えない」。

「いわゆる国連の警察活動が理想的形態において、つまり国連の内部の秩序を乱したものを制裁する、あるいはその秩序を維持するという意味で、警察部隊を作るという場合に、しかもそれが、国連というものに統合しまして、各国の兵隊とか、あるいは各国の組織というものをそこで解消して、各国は人員だけ供出しての統合したものを作ってしまう、こういうことになりますと、実は九条の文言から見ますと、日本が主権国家として行動するわけでも何でもないわけです。そういう点においては憲法には直接当たってこない場合もある。それからまた、そういう警察軍で行動するのが、平和的な、いわゆる軍事行動をやらない警察軍もあり得るわけでありさます。そういうものは頭から九条一項の問題にならない、かように考えるわけでありまです」。

林答弁はその後、国連軍の目的・任務が武力行使を伴うかどうかを基準に整理されていき、鈴木内閣が八〇年一〇月二八日に閣議決定した政府答弁書が定着した。つまり、「当該『国連軍』の目的・任務が武力行使を伴うものであれば、自衛隊がこれに参加することは憲法上許されないと考えている。これに対し、当該『国連軍』の目的・任務が武力行使を伴わないものであれば、自衛隊がこれに参加することは憲法上許されないわけではないが、現行自衛隊法上は自衛隊にそのような任務を与えていないので、これに参加することは許されないと考えている」というもので、工藤敦夫法制局長官もこの論理を踏襲した。一〇月一九日から始まった衆院予算委員会で、市川雄一公明党書記長が「国連軍の目的・任務が武力行使を伴うものであれば、これに自衛隊が参加することは憲法上許されない。これは内閣が変わったとしても、(この解釈を)変えようとする場合、憲法改正という重い手段を講じなければ変更できないのか」と詰め寄ったが、海部首相は「憲法の解釈を変える気持ちはない。その先の仮定の問題について、どうこう言うわけにはいかない」と言及を避け、論議は深まらずじまいだった。

田中明彦が指摘するように、国連軍参加を考える場合、小沢と内閣法制局見解の間には、二つの根本的な相違があった。第一は、集団安全保障の概念と、憲法九条における「国際紛争」の関係である。憲法第九条一項の「国際紛争を解決する手段としては、永久にこれを放棄する」という「国際紛争」が、集団安全保障の原理に基づいて行動する国々と侵略国と認定された国々との間の紛争をも含むものとすれば、ここに武力の行使・威嚇がある場合、日本は憲法上参加できないことになる。しかし、小沢が明言（林修三長官が示唆）しているように、憲法がいう「国際紛争」とは、集団安全保障のシステムの介在しない、主権国家同士の紛争しか意味しないということであれば、集団安全保障のシステムに参加することは、かりにこれが武力の行使を含むとしても、憲法の禁じるところではない、という結論になる。

第二は、現在の国連が、真の「集団安全保障」のシステムの名に値するかどうかの判断である。小沢は、国連安保理事会の決議に基づく国連憲章第七章の下での行動は、すべて集団安全保障の活動だととらえているようなのに対し、工藤法制局長官は、理想的な国際社会の下での国連軍のみが、集団安全保障の名に値するとしている点だ。しかも林長官時代は、「国連の警察活動が理想的形態において」行われる場合と、「軍事行動をやらない警察軍」の場合の二つをあげて、これらは憲法違反にあたらないとしていたのに、工藤長官の解釈では前者の可能性すら無視されている（田中明彦『安全保障』）。

小沢はその後、自民党の「国際社会における日本の役割に関する特別委員会」（通称・小沢委員会）の委員長として、集団安全保障を「国際的安全保障」と表現を変えて、日本がこうした活動に参加すべきだとの結論をまとめた。しかし、後述するように、国内の議論は多国籍軍参加から、戦争終結後の平時の平和維持活動（ＰＫＯ）にシフトしてしまい、集団安全保障論議は棚上げされてしまった。

岡崎書簡

「岡崎書簡」も焦点になった。岡崎書簡は、日本が国連加盟申請した際、五二年六月一六日付で、岡崎勝男外相が国連事務総長宛てに送った書簡のこと。とくに問題になったのは、「日本国が国連加盟国となる日から、その有するすべての手段をもって、この義務を遵奉する」との文言で、この「有するすべての手段をもって……」の部分は、憲法九条を念頭に武力行使には関わらないという「留保」を示したものだとする解釈が一部にあった。しかし外務省は「留保の意図を宣言したものでない」との立場で、海部首相も、その線に沿って答弁した。だが、山口鶴男社会党書記長は、六一年に小坂善太郎外相が「そういう憲法があることは周知されており、そのことを承知の上で国連加盟が許されたわけだから、さような立場は貫き得る」と答弁していることを引用して追及、審議が一時ストップした。憲法九条で「武力」を持たない以上、「兵力提供」の義務まで負うことができない旨の「留保」をしたとし、国連軍に参加できないという立場からだ。

岡崎書簡が兵力提供義務を留保したものとする解釈の根拠は、西村熊雄（元外務省条約局長）が六〇年八月、政府の憲法調査会で行った説明にある。西村は、国連に加盟すると、国際的軍事行動に参加する義務を負うが、日本は憲法九条との関係で実行できないので、留保する必要があると結論した、などと証言した。中東国会でも、工藤法制局長官は一〇月五日の衆院安全保障特別委員会で、「（国連との）特別協定締結の際、兵力の提供をするかしないか。もし兵力の提供を行うとすれば憲法九条との問題は生じる。これが国連加盟の際の書簡等に記載されている」と答弁した。

しかし現在の外務省の見解は異なり、「兵力提供義務」があって初めて「留保」の意味があるが、国連憲章には兵力提供義務は一切書かれておらず、義務はないので「留保する必要もない」という立場だ。これを補強するのが、兵力に限らず、援助または便益の提供もあり得るから、国連憲章上の義務は直ちに自衛隊の軍事協力を意味するものではないとする学説の存在とともに、岡崎書簡当時の条約局長だった下田武三が憲法調査会で、「現実問題としては第九条があるために国連加入が妨げられ、国連憲章上の義務を履行しえなくなるという危惧を政府が抱いたことはない」と述べ、憲法九条と岡崎書簡の「留保」問題は直接関係ないと証言したことだ。このため外務省は「憲章に兵力提供の義務はない。憲章四三条に基づいて特別協定を国連安保理と締結する際に、協力・参加の内容を決めればいい。国連加盟にあたって留保条件はなかった」との見解を取り続けている。

協力法案廃案――湾岸戦争勃発

国連平和協力法案は結局、衆院段階で審議未了―廃案になった。その理由は、海部首相の姿勢が中途半端だったこと、憲法解釈をめぐり政府の意思統一がなく、国会答弁に矛盾が出たこと、八九年参院選での与野党逆転で、参院でキャスチングボートを握る公明党が慎重で、同党への説得が失敗したことなどがあった。もちろん世論の支持も欠けていた。

そこで、仕切り直しが図られたのが、国連平和維持活動（PKO）協力法案づくりだった。憲法解釈上厄介な多国籍軍への協力問題は棚上げし、紛争解決後の「平時」の議論に的を絞った。自公民三党は一一月八日の幹事長・書記長会談で、「自衛隊とは別個の組織にする」などで合意した。そもそも三党合意には、廃案による小沢の責任問題を回避するとともに、市川雄一公明党書記長らが中心となり、社会党が発表した「国連平和協力機構設置大綱」に着目、社会党も巻き込む狙いがあった。しかし社会党は小沢―市川ラインの政治手法に反発、しかもPKOとはいえ軍事要員の参加が不可避であることから、協議への参加を拒否した。そこには自衛隊違憲論から脱却できない同党の限界があった。

年が代わり、九一年一月一七日に湾岸戦争に突入、多国籍軍支援が再びクローズアップされた。第一二〇通常国会はすでに、多国籍軍への追加支援一〇億ドルを含む九〇年度第一次補正予算審議のため、例年より早い九〇年一二月一〇日に召集されていた。第一次補正予算案は、一三年ぶりに民社党の賛成を得て衆院通過したあと、参院では予算委員会で賛成と反対が可否同数となり、一〇年ぶりに平井卓志予算委員長の裁決で可決した。しかし一二年ぶりの記名投票となった本会議は、民社党を除く野党の反対多数で否決されたため、国会法八五条による両院協議会も物別れに終り、憲法六〇条の規定による衆院の議決優位の原則に従って辛うじて成立にこぎつけた。その後国会は自然休会に入っていたが、戦争突入を受け、日程を繰り上げて九一年一月一八日に再開、湾岸問題に限定した緊急質問が行われた。政府が決めた多国籍軍に対する九〇億ドルの追加支援と難民救援のための自衛隊輸送機派遣などを巡って論争が展開され、とくに自衛隊輸送機の派遣については、社会、公明、共産各党は「自衛隊の海外派兵につながる」と一斉に反発、民社党だけが理解を示した。

与野党攻防の焦点となったのが、九〇億ドルの追加支援を盛り込んだ九〇年度第二次補正予算案と関連法案の処理だった。政府・自民党は参院でキャスティングボートを握る公明党対策を重視した。公明党は石田幸四郎委員長―市川雄一書記長の執行部は柔軟だったものの、平和主義を掲げる創価学会を支持母体とするだけに説得材料が必要だった。このため、公明党は防衛費削減などを要求、これを政府・自民党はほぼ丸のみする形で受け入れた。自公民三党で財源措置について、①九〇年度予算の歳出削減などで約二〇〇〇億円、②九一年度予算案の防衛関係費約一〇〇〇億円の減額などで三〇〇〇億円、③石油税の臨時増税措置などで六七〇〇億円、との案で合意、補正予算成立を実現させた。当初予算案の修正は福田内閣の七九年度予算以来で、自公民路線が一層定着した。その底流には、四月の東京都知事選に向けて、現職の鈴木俊一知事を降ろすため共同戦線をはっていた小沢―市川ラインがあった。

相次ぐ拡大解釈

その一方で、政府・自民党は憲法解釈の運用で、自衛隊の海外派遣を進めた。ひとつは避難民輸送のための自衛隊機派遣である。湾岸戦争で大量の避難民の発生が予想されたため、政府は、自衛隊法に避難民輸送の任務規定がないことから、九一年一月二五日、国際機関からの要請を前提に、自衛隊法第一〇〇条の五（国賓等の輸送）に基づき、時限特例としての新政令を閣議決定した。カイロ空港を拠点にカイロ―アンマン間のピストン輸送を想定し、防衛庁は輸送機C130の派遣準備態勢を整えた。自民党の一部に「自衛隊法を改正して真正面から取り組むべきだ」との意見があったものの、緊急事態に即応すべきだとの判断に加え、民社党を除く野党が反対している中では自衛隊法改正は無理との見方で一致していた。最終的には湾岸戦争が終結し、国際移住機構（ＩＯＭ）からの要請もなかったため、政府は四月一九日に特例政令を廃止、空振りに終った。ただ、重要な政策転換を法改正を経ずに閣議決定だけですませ、政令新設という〝非常手段〟で対処したことは、緊急事態でやむをえない面はあるにせよ、議論の余地を残した。

自衛隊の海外派遣の第二弾は、湾岸戦争終結後の九一年四月二四日の臨時閣議で、海上自衛隊掃海部隊のペルシャ湾派遣を決めたことだ。その背景には、湾岸戦争でヒトによる貢献ができなかったことへの反省から、せめて戦後処理で貢献することで国際社会向けにアピールする効果を狙った点があげられる。また、石油連盟など経済界からの要望や、カンボジア和平後のＰＫＯ活動に自衛隊派遣を可能にするため、派遣という既成事実を積み重ねながら国民に理解を求めようという政府・自民党の周到な戦略もあった。ただ、これも法改正ではなく、解釈の運用で実施したため、野党などから反発が出た。

政府は「政府声明」によって、自衛隊法九九条に基づく措置で、①正式停戦が成立し、湾岸の平和が回復した、②わが国船舶の航行安全確保が目的、③遺棄されたと認められる機雷の除去、④武力行使の目的をもたない、とし、「憲法の禁じる海外派兵には当たらない」と強調した。

掃海艇派遣問題はすでにイラン・イラク戦争時の八七年八月、中曽根首相が衆院内閣委員会で、「ペルシャ湾においても、（日本近海の公海で除去するのと）法的にそう差があるとは思わない。法的には武力行使にも当たらないし、遠いところに行ったからといって海外派兵というものには当たらない」と答弁、日本の領海か公海ならどこでもできるという解釈を打ち出していた。ただ、当時はイラン・イラク両国が交戦中だったため、後藤田正晴官房長官が中曽根に対し、「軍事紛争に巻き込まれる恐れのある行動は絶対にとってはいかん」と待ったをかけ、中曽根が強行するなら閣議でサインしないと強硬に反対したことから、派遣を見送った経緯がある。

それが今回は、停戦の実現で紛争に巻き込まれる恐れがなくなったとして、政府は派遣に踏み切った。これに対し社会、公明、共産各党は四月二五日の衆院での緊急質問で、憲法や自衛隊法の許容範囲を超えるもので、自衛隊の海外派兵を既成事実化するものだと反発した。海部首相は、①平時の平和目的に限る、②日本の国民生活と経済に死活的な影響を及ぼす地域、の二点を掃海艇派遣の「歯止め」にする考えを示し、理解を求めた。

十分な国会論議がなされず割り切れなさを残したものの、自衛隊発足以来初めて海外派遣となった海自掃海部隊は計六隻が派遣され、六月から九月にかけ、猛暑と砂塵に悩ませられながらも計三四個の機雷処理に成功、海外から大きな評価を受けた。この掃海部隊の成功は、自衛隊の海外派遣に対する国民の警戒感をやわらげる大きな効果をもたらし、自衛隊を軸としたＰＫＯ新組織の具体案づくりに弾みをつけた。

ＰＫＯ法――自公民路線

海部内閣は九一年九月一九日、ＰＫＯ協力法案を閣議決定、第一二一臨時国会(九一年八月五日召集)に提出した。法案の柱は、「併任」で参加する自衛隊員はじめ、海上保安庁職員、その他の国家・地方公務員らが「国際平和協力隊」として、協力本部長である首相の指揮監督の下、国連の平和維持活動や人道的な国際救援活動に協力する一方、「武器使用」は憲法との関係に配慮し、武力行使や武力の威嚇にならないよう、隊員の生命・身体の防護に限定した点などである。

注目されるのは、外交・安保政策は政府・自民党が主導し、国会審議では反対する野党を押し切って強行採決に踏み切るというのがこれまでのパターンだったのが、ＰＫＯ協力法の場合、法案作成過程から採決に至るまで、野党の公明、民社両党が積極的に関与した点だ。これは、参院でキャスチングボートを握る公明党が、政権戦略も絡めて協議に加わったこと、社会党の土井路線に対する反発が公民両党に強く、自民党と共闘する「自公民路線」をとったことなどが大きい。

八九年以前の野党は、社会、公明、民社三党間で連合政権協議が進んでいた。しかし、社会党が基本政策を転換できなかったことがネックになった。社会党は八九年九月に決めた「土井ビジョン」で、日米安保、自衛隊政策について、「連合政権下では、外交の継続性から日米安保条約を維持し、自衛隊を存続させる」との見解を打ち出してはいた。しかし同時に「日米共同作戦の中止、米軍基地の縮小・撤去」などもうたっており、公民両党から「それでは安保容認とはいえない。本気で政権を取る気があるのか」とのクレームがついていた。しかも八九年参院選で社会党が独り勝ちしたことを機に、公民両党が社会党と距離を置きはじめ、九〇年衆院選で自民党が安定多数を確保したことで、野党連合政権協議は空中分解した。それにかわって登場したのが、小沢一郎自民党幹事長と市川・公明、米沢・民社各書記長のパイプによる自公民路線で、その後の政治体制の下地を作った。九一年の都知事選敗北の責任をとって幹事長を辞任した小沢に代わった小渕恵三も公民両党に配慮し、ＰＫＯ法案づくりを推進した。いずれにせよ、このときの「小沢―市川―米沢ライン」が、九三年の自民党政権崩壊後、細川護煕を首班とした非自民連立政権の土台にもなった。

武力行使との一体性で区別

ＰＫＯ協力法案の最大のポイントは、軽武装の平和維持隊（ＰＫＦ）への自衛隊参加が憲法上問題がないかどうかだった。そこで編み出されたのがＰＫＦに関する統一見解だった。工藤法制局長官が八月二二日の衆院予算委で、草川昭三（公明）に対し、①停戦合意が崩れたら撤収する、②武器の使用は わが国部隊の要員の生命等の防護に必要な最小限のものに限る、ことなどの前提条件を明示すれば、「わが国自らが武力行使すると評価を受けることはなく、憲法に反するものではない」と述べた。

これまで政府は「国連軍の目的・任務が武力行使を伴うものであれば、自衛隊が参加することは憲法上許されない」という八〇年政府答弁書を下に、軽武装のＰＫＦも憲法上の疑義が残るとしてきた。新統一見解は、九〇年秋の国連平和協力法案審議の中で示された「武力行使と一体とならない『協力』は憲法上許される」との見解をさらに発展させ、①武力行使と「一体化」していなければ合憲、②自衛隊は停戦が崩れれば撤収するなどの前提条件をつけて参加するのだから、維持隊が武力行使しても一体化しない、③自衛隊員の「武器の使用」は必要最小限のものに限ることで、「武力行使」と区別する、という論理構成からまとめたものだった。これを整理したのが、ＰＫＦ参加五条件で、①紛争当事者間の停戦合意の成立、②紛争当事者による維持隊への日本の参加に対する同意、③維持隊の中立的立場の厳守、④以上の原則がいずれかが満たされない場合には日本の参加部隊は撤収する、⑤武器使用は要員の生命等の防護のため必要最小限のものに限る、という内容だ。この政府見解は、ＰＫＦ参加について、内閣法制局自体に消極的見解があり、国会答弁を乗り切るためにも政府部内で統一する必要性があったこと、また、公明党にも慎重論があり、新見解により憲法上の懸念を払拭するという狙いもあった。実際、公明党は自衛隊の海外派遣の「歯止め策」として参加五原則の法制化を前面に主張することで、党内の慎重論を抑えるとともに、ＰＫＦ参加容認に踏み切った。

このように、政府の統一見解が国会審議の決め手になることが多い。統一見解は法制上、明確な定義があるわけではないが、その時々の重要問題について、政府の見解を示したものとして政治的意味を持つ。一義的には所管省庁の責任で作成され、内閣法制局の調整作業は法律問題にかかわる政府見解に限られるのが建て前だが、その範囲は広く必ずしも明確ではない。九一年から九二年にかけてのＰＫＯ協力法の審議過程では、政府は七つもの統一見解を出した。いずれも外務省と防衛庁が調整し、内閣法制局と協議して作ったものだが、関係者は「法案提出の段階で詳細に論議し、想定問答まで作ったから、統一見解作りはスムーズだった。見解がストップした審議を動かすカードになった」と指摘している(読売新聞九七年八月七日付)。ただ、こうして作られた新見解でも、国連事務総長―ＰＫＦ現地司令官の統一指揮下にある各国の寄り合い部隊から日本だけが独自の判断で撤収できるのかなど、あいまいな点が残されていた。

国会承認問題

ＰＫＯ協力法案で最後までもめたのは、自衛隊派遣を国会承認とするかどうかだった。公明党は参加五原則を法制化すれば、シビリアン・コントロール（文民統制）は法律上、担保されるので、国会には報告するだけでいいと主張した。片や民社党は国会承認が文民統制の最上の手段として譲らなかった。公明党とすれば、国会承認にした場合、参院の与野党逆転が解消されれば、自衛隊が派遣されやすいシステムになりかねないという面と、逆に、国会にかけるたびに社会党が反対し、緊急事態に間に合わなくなるという懸念が、二律背反的に存在していた。民社党にすれば、文民統制という手続きさえ整えていれば派遣しやすくなるという考えと同時に、国会承認にすることで政策に関与し、影響力を行使したいという思惑もあった。また、公民両党間の主導権争いと同時に、ソリの合わない市川と大内啓伍・民社党委員長との対立という個人的な確執も絡んでいた。

九一年一一月に発足した宮沢政権は、同法案の早期成立を最重要課題として取り組んだ。第一二二臨時国会（九一年一一月五日召集）では、社会、共産両党が国連の文書に「ＰＫＦ要員は国連現地司令官の指揮下に入る」としている点を取り上げ、「指揮権は日本が持つ」とする政府の見解との食い違いを追及。だが、議論は平行線をたどった。また、国会承認問題については、自民、公明両党は「二年後の派遣の更新の承認」という修正案で民社党と妥協を図ろうとしたが、民社党はあくまでも「派遣そのものの承認」を主張して拒否したため、自民、公明両党だけで修正し、いったんは一一月二七日の衆院国際平和協力特別委員会で採決に踏み切った。しかし、特別委が混乱したため、一二月二日に補充質問したうえ、採決確認を行うという異例の手続きを経て同三日に衆院を通過した。しかし参院では審議時間が足りなかったうえ、公明党が慎重姿勢に転換したため、継続審議となり、決着は翌九二年に持ち越された。混乱の原因は、公明、民社両党の対立に加え、宮沢自身の熱意がいまひとつだったことや、国会対策のまずさも手伝った。これを反省して、宮沢は梶山静六を国会対策委員長に起用、自公民体制の再構築を図ることになった。

三度目の正直

三度目の国会審議となった第一二三通常国会（九二年一月二四日召集）で、ＰＫＯ協力法案は急展開を見せた。市川雄一公明党書記長が二月三日の衆院予算委で、「国民の理解が得られるまでの間」と条件をつけたうえで、ＰＫＯの本体業務、つまりＰＫＦへの自衛隊参加を凍結する案を提案したからだ。ＰＫＦ業務は、停戦監視、武装解除の監視、緩衝地帯での駐留・巡回、放棄された武器の収集・保管・処分、捕虜交換の援助などをさし、武力行使に結びつきかねないだけに、期が熟すまで凍結しようという考えだった。軌道修正の裏には、渡辺美智雄外相らによる根回しがあり、「人的貢献は若葉マークから始めよう」という合意ができあがっていった。また、カンボジアでは、国連カンボジア暫定統治機構（ＵＮＴＡＣ）の活動が三月一五日、明石康国連事務総長特別代表のプノンペン入りで正式に決まっており、日本が参加するためには結論を急がねばならないという国際情勢もあった。

そうした中で、金丸自民党副総裁と盟友の田辺誠社会党委員長との間で、カンボジア支援に絞った一年間の時限立法案が浮上。いわば「自民―社会ライン」による決着の動きが出たことが公明、民社両党の歩み寄り機運を生み、さらに、梶山自民党国会対策委員長の働きかけで、公明、民社両党も折れた。この結果、五月二九日、自公民三党はＰＫＯ協力法案を今国会で成立させることで一致、再修正として、①ＰＫＦ参加の凍結、②ＰＫＦ派遣は国会の事前承認が必要、③三年後の法律の見直し、とすることで合意した。

こうした中で、法案成立阻止に全力をあげる社会党はあるゆる戦術を行使した。六月五日、自公民三党が参院ＰＫＯ特別委員会で採決に踏み切ると、社会党は翌六日未明の参院本会議に議運委員長解任決議案を提出したのをはじめ、八八年の「消費税国会」(第一一三臨時国会)以来三年半ぶりに牛歩戦術を展開した。消費税国会で二〜五時間程度だった牛歩は、この国会では一一時間三四分(議運委員長解任決議案)、六時間五九分(首相問責決議案)、一三時間八分(ＰＫＯ特別委員長問責決議案)と、いずれも長時間化し、法案採決は九日未明にずれ込んだ。とくに、ＰＫＯ特別委員長問責決議案の採決は「消費税国会」での最長五時間一分を大幅に上回った。衆院送付後、牛歩の時間は五時間以内に短縮されたものの、社会党は衆院解散・総選挙に追い込むため、社民連とともに衆院議員全員の辞職願いを取りまとめ、議長に提出した。憲政史上初めてのことだったが、議長預かりのまま、一五日夜の衆院本会議で可決、成立した。

このように異例づくめの国会で、とりわけ参院PKO特別委の審議時間はのべ一〇五時間三五分（前国会分を含む）にわたり、参院の審議時間としては五二年の破壊活動防止法（一〇五時間五三分）に次ぐ史上二番目の長時間となった。結局、PKO協力法は九一年秋の臨時国会に提出されて以来、三国会、二度の修正という難産のすえに成立した。

先送りのままのPKO見直し

自衛隊は九二年九月から翌九三年九月まで、カンボジアの国連カンボジア暫定統治機構（UNTAC）に参加したのをはじめ、モザンビークでの国連PKO（ONUMOZ、九三年五月から九五年一月まで）、ルワンダ難民支援（九四年九月から一二月まで）、そして現在は、ゴラン高原の国連兵力引き離し監視軍（UNDOF）で展開している。

しかし、同法見直し作業は、期限とされた九五年以降もさっぱり進まなかった。こうしたなかで総理府の国際平和協力本部は九六年九月、武器の使用基準見直しなど三点について法改正の方向を打ち出した。九八年になってようやく法改正の動きが本格化、第一四二通常国会（九八年一月一二日召集）で、①現場の隊員個人の判断に委ねられていた武器使用を上官命令によるものとする、②国連以外の国際機関の要請でも選挙監視活動を行う、③人道的な国際救援活動のための物資協力は停戦合意がなくとも可能とする、の三点を柱とする法改正が九八年六月に可決、成立した。

このなかで争点になったのは、①の武器使用基準。法改正は隊員の精神的な負担を軽減するのが狙いで、現場からも見直しを求める声が強かった。これに対し、社民、共産両党は、上官命令にすると部隊としての武器使用になり、憲法で禁じられている自衛隊の海外での武力行使につながるなどとして反対した。ただ、野党第一党の民主党が賛成するなど、ＰＫＯ活動は六年前の法成立時とうって変わって、幅広く認知された形となった。

しかし、なお課題が残っている。凍結されているＰＫＦ業務の解除に加え、国際平和協力本部の報告書も指摘しているように、①人道的国際救援活動で、医師などの派遣はＰＫＯ五原則を緩和する、②警護業務の実施、などの課題だ。さらに言うなら、武器使用が上官命令に変わっても、なお刑法上の正当防衛などに限られている問題がある。ＰＫＯ活動は本来武器を使わない活動だが、敵対する相手が発砲した後でしか武器が使用できないということは隊員の安全を無視した考えで、ケースによって現地の部隊指揮官に武器使用に関する限定的裁量権を与えることも必要になろう。

こうした課題の根底にあるのは、自衛隊の海外での武器使用の在り方をめぐる憲法論議がなお未熟なことである。海外での武力行使は一切だめという狭窄な国内的尺度からみるのではなく、ＰＫＯなど国連平和活動に参加する場合は、国際軍事常識の範囲内で、武器使用を認めていくべきだろう。国連平和回復活動への自衛隊参加問題は、九八年暮れの自民、自由両党の連立政権協議の中で、小沢一郎自由党党首が検討を強く求めたことで、再び脚光を浴びることになったが、新たな日米防衛協力のための指針（ガイドライン）関連法案も含め、VIでみていきたい。

VI　連立政権下の日米安保

経済から再び安保重視へ

一九九三年は戦後政治史の上で、大きな転換点になった。竹下派分裂に端を発した自民党内の権力抗争が、政治改革をめぐる対立も加わって党の分裂に発展、しかも七月の総選挙での自民党の敗退で、長年続いた自民党一党支配体制が崩壊した。自民党を離党した小沢一郎らは新生党、武村正義らは新党さきがけをそれぞれ発足させ、社会党など野党と連携して非自民勢力による細川護熙政権を樹立、以後、わが国の政治は連立政権時代に入った。

ただ、連立政権時代に突入したとはいえ、日米同盟は維持された。むしろ、冷戦終結後も日米同盟が双方の利益であるとして、日米両政府間で日米安保体制はアジア太平洋地域の安定の礎として積極的に評価する再定義作業が行われ、その結果、新防衛計画大綱策定（九五年一一月）、日米安全保障共同宣言（九六年四月）、新たな日米防衛協力のための指針（ガイドライン）策定（九七年九月）へと結実した。

しかし、その作業はあくまで政府レベルにとどまり、国会における安保論議は深まらなかった。社会党（後に社民党）が九三年から五年間、連立政権もしくは与党に加わっており、安保政策を取り上げれば同党の反対で連立政権もしくは与党体制が崩壊しかねなかったことが最も大きい。また、自社さ連立による村山政権発足以降、自民党内では、社民、さきがけ両党との「自社さ路線」を重視する加藤紘一（当時自民党幹事長）らの執行部と、それに反発して「保・保連合」を志向するグループの対立が激化し、両者に安保政策をめぐって考え方に開きがあったことも、安保論議が深まらなかった一因となった。

まず、日米同盟強化が模索された時代背景を振り返ってみたい。一九八〇年代末から九〇年初頭にかけての米ソ冷戦の終結により、旧ソ連という仮想敵国を失ったことで、日米安保体制はその存在意義が問われ始めた。そこで、日米安保体制の意義をポスト冷戦構造の文脈の中で再構築しようというのが、日米安保の再定義の出発点だった。同時に、当時の日米関係は、慢性的な日本の対米貿易黒字で、経済にばかり焦点が当てられ、ぎくしゃくした関係が続き、「漂流する同盟」（栗山尚一・元駐米大使）とすらいわれていた。そこで安保重視を再確認することで、確固とした両国関係に再構築しようという狙いがあった。

当時の日米関係は、日本の経済力に対する脅威論が米国内に渦巻いており、ブッシュの後を継いだクリントンは「結果重視」を掲げ、日本の経済・貿易政策により厳しい対応をとった。象徴的なのが九四年二月の細川—クリントン会談で、包括経済協議をめぐって決裂したことである。戦後の日米首脳会談史上、信じられない出来事だった。これまでの日米首脳会談は、どんな懸案があっても安全保障上の協力をテコに、首脳間で〝政治決着〟を図るのが通例のパターンだった。それが冷戦終結で旧ソ連という共通の仮想敵国がいなくなったことも相俟って、両国とも国内経済を優先する傾向が強まった。包括経済協議はその後、九四年一〇月の橋本龍太郎通産相とカンター米通商代表との政治折衝で原則合意して解決に至ったが、日米の一時決裂は、日米関係に大きな傷跡を残した。

そこで、日米両政府の安保政策担当者を中心に、日米安保の再定義作業を通じて、日米同盟を再構築しようという動きが出たのだった。もっとも、日本経済のバブル崩壊で、日本の対米貿易黒字が減少し始めたことや、米国の景気が回復したことで、経済摩擦が一段落し、米国内の日本脅威論が沈静化したことも、日米同盟再構築の基盤となった。

朝鮮半島危機

安保再定義作業を加速させたもう一つの契機は九三年から九四年にかけての北朝鮮の核開発疑惑であった。旧ソ連崩壊により、日本への直接的・大規模な侵略の可能性はなくなった。それに代わる安保の共通戦略目標として登場したのが、不安定性を増す北東アジア情勢、とりわけ朝鮮半島情勢だった。

当時は、細川政権から羽田孜政権にかけてで、米国も冷戦終結後の世界戦略として、大量破壊兵器の拡散防止を最重要テーマに据えており、北朝鮮の核開発疑惑は看過できない問題だった。北朝鮮が九三年二月、国際原子力機関（IAEA）による特別査察を拒否、同三月に核不拡散条約（NPT）体制からの脱退を通告したことで、危機は一気に高まった。日本に衝撃を与えたのは、九三年五月、北朝鮮が日本海にめがけて弾道ミサイル「ノドン一号」の試射実験を行ったことで、防空体制の不備をさらけだした。

問題なのは、米国を中心に北朝鮮制裁の動きが強まったものの、湾岸戦争の時と同様、日本政府は適切な対応をとれず、国会も有効に機能しなかったことである。北朝鮮制裁論議は、国連決議で北朝鮮制裁がなされた場合、日本はどこまで協力するのか、国連決議に至らない場合でも、同盟国・米国が武力行使に踏み切ったら、どう協力するのかという問題を突き付けていた。

国内で北朝鮮制裁論議が頂点に達したのは九四年四月、細川退陣を受けて羽田政権が発足する直前の連立与党の政権協議の時だった。積極的な対応を主張する小沢や公明党の市川書記長らに対し、社会党の久保書記長らは慎重姿勢を崩さず、結局、「国連の方針が決定された場合、これに従う」「憲法のもとで緊急事態に備える」など大枠の方針では合意したものの、具体策は政府にゲタを預けた形となった。

だが、政府も石原信雄官房副長官（当時）をヘッドに、時限的な「緊急立法」を検討したものの、現行法で対応が可能なのは「送金停止」「貿易制限」といった非軍事的制裁にとどまり、海上阻止行動への自衛隊参加といった米軍への後方支援など軍事的制裁への協力は、憲法解釈上、「集団的自衛権行使との関係から困難」というのが結論だった。首相就任早々、集団的自衛権行使に関する憲法解釈の見直しに前向きだった羽田首相も、九四年五月一〇日の首相就任初の所信表明演説（第一二九通常国会）で、「憲法の下で緊急の事態に備える」と述べるにとどまった。

北朝鮮制裁論議は結局、九四年六月のカーター元米大統領の電撃的訪朝を契機とした米朝枠組み合意で立ち消えになったが、自国の平和と安全に関わる隣国での危機にも対処しえない日本の姿勢は、米国に大きな失望感を与えるとともに、日本の安保政策担当者にとっても大きな反省材料となった。

日米安保共同宣言と新防衛計画大綱

以上のような情勢を受けて、日米安保再定義作業が九四年暮れごろから、日米両政府間で本格化した。社会党出身の村山富市政権誕生で、米国内に「社会党政権で日米安保体制は大丈夫か」という疑念が高まったこと、さらに、九四年八月に首相の私的諮問機関「防衛問題懇談会」（座長・樋口広太郎アサヒビール会長）が提出した『日本の安全保障と防衛協力のあり方――二一世紀への展望』と題する報告書への米国の懸念も影響していた。というのも、懇談会報告書はどちらかといえば、多角的安全保障や国連協力の側面が強調され、二国間の日米安保を軽視している印象を与えたからだ。このため、米政府内では、ジョセフ・ナイ国防次官補を中心に日米安保再定義作業が始まり、その成果として、九五年二月に「ナイ報告」、すなわち「東アジア戦略報告」（東アジア太平洋地域における米安全保障戦略、EASR）が発表された。

この報告の眼目は、第一に、アジア太平洋地域の安定が米国の国益にとり極めて重要との認識から、同地域における米軍兵力一〇万人を維持することを確認したこと、第二は、日米安保体制を「米国のアジアでの安保政策の要」として重視する姿勢を鮮明にしたことである。これを踏まえ「日米安保共同宣言」をクリントン訪日を機に発表し、さらに日本の新たな防衛理念である「新防衛計画大綱」策定につなげようというのが日米両政府のシナリオだったが、米政府の予算をめぐる議会対策でクリントン訪日が延期になったことで段取りが狂った。このため日本政府はとりあえず新大綱をまず策定、九五年一一月二八日に閣議決定した。

新大綱の特徴は、第一に、旧ソ連崩壊で直接的、大規模な侵略は想定されないものの、依然として朝鮮半島など日本周辺の東アジアが不安定であるとして、旧大綱の「基盤的防衛力」構想を踏襲したことである。第二は、「限定小規模侵略・独力対処」が消える代わりに、日米安保協力を全面的に打ち出したことである。これは大規模侵略の可能性が低くなったこと、緊急事態には最初から日米両国で対処するという現実を踏まえ、理論的整合性を図るためだった。第三は、自衛隊の任務として、本来任務の国防以外にも、災害やテロなどを含む「多様な事態」やＰＫＯ協力など役割の拡大をうたった点である。

一方、「日米安保共同宣言」は、翌九六年四月一七日の橋本竜太郎首相とクリントン大統領との日米首脳会談を受けて発表された。ポイントは、日米同盟がアジア太平洋地域の安定のために不可欠であることを再確認し、日米両国が同地域の安定に共同責任で協力していくことを明確にしたことで、実質的には「日米防衛協力のための指針（ガイドライン）」見直し作業の開始を宣言した点にあった。

社会党の方針転換

安保論議のうえで画期的といえるのが、九四年六月、村山政権が発足したのを機に、社会党が日米安保容認、自衛隊合憲へと、基本政策を転換したことである。村山は九四年七月二〇日、衆院代表質問（第一三〇臨時国会）に対する答弁で、日米安保条約について、①日本の安全確保に必要、②アジア太平洋地域の平和と繁栄に不可欠としたうえで、「従来より一貫した政府の立場をとるのは当然」と述べ、堅持することを明言した。自衛隊についても、「専守防衛に徹し、自衛のための必要最小限度の実力組織である自衛隊は、憲法の認めるものである」と答弁、合憲との認識を初めて表明した。村山は後に「苦渋の選択というか、決断だったわけで、そこへいくのに、二晩ぐらいよく眠れず、真剣に考え続けた」（『村山富市が語る天命の五六一日』ＫＫベストセラーズ、一九九六年）と回想している。

村山が社会党の政策転換に踏み切ったのは、「反小沢」を旗印に自民党と連立政権を組んだ以上、政権を維持しなければならないという政治判断に加え、国会対策上からも、政府見解と党の見解を使い分けすることは通用せず、党見解を修正しないと国会審議が乗り切れないというリアルな認識に基づくものだった。見逃せないのは、内閣法制局がカゲで大きな役割を果たしたことである。村山が自衛隊合憲を表明する一週間前、大出峻郎内閣法制局長官と一時間近く話し込んだ。法制局からすれば、社会党委員長である村山が「自衛隊違憲」を明言したら、法制局の存在意義が根底から崩れるという不安に包まれていた。このため、大出は村山に「政権が変わったからといって、政府の憲法解釈を変えることはできません」と直言した。村山にとっても、内閣法制局と対立したのでは内閣が持たず、「社会党の『違憲合法論』などでは国会答弁を乗り切る自信がない」という不安があった（読売新聞九七年七月二六日付）。

社会党は九月三日の臨時党大会で、正式に自衛隊合憲など基本政策を転換した。スムーズに承認されたのも、中間・左派が推す村山が見直しに動いたことで左派も容認せざるをえないという党内力学が働いたからだ。これまで、日米安保、自衛隊政策に関する社会党の見解は、根本的には安保廃止―自衛隊違憲という解釈だった。それが日米安保に対する国民の理解が定着するにしたがって現実重視路線への転換が求められ、石橋政嗣委員長は八四年運動方針で、「自衛隊違憲・法的存在論」を打ち出した。その後も、「自衛隊の存在を直視。自衛隊の実態は違憲との認識」（九一年の党改革のための基本方向）

など、自衛隊認知への努力は試みられたが、左派を中心とした護憲勢力の抵抗が強く、実を結ばなかった。

その意味で、社会党の政策転換は、共通の土俵で安保論議ができる環境が整った点で一定の評価はできるが、血のにじむような党内論議による所産でなく、「瓢箪から駒」でできた政権誕生を機に、緊急避難的に転換したところに、本当に社会党が変わったのか、疑念が消えていない。実際、自衛隊による邦人救出を認める自衛隊法改正案の際にも、社会党は安全が前提などと制約をつけるなど、実効ある安保論議を展開しているとはいいにくいのが実情だ。

日米安保の根幹揺がす沖縄問題

安保再定義作業の過程で、日米両政府に大きくのしかかったのが、沖縄の米軍基地問題だった。九五年九月四日、沖縄で米兵三人による小学生女児暴行事件が発生したのをきっかけに、沖縄県民の反米軍基地感情が燃え上がった。しかも大田昌秀知事が九月二八日、翌年三月末に期限切れとなる米軍用地の強制使用手続きの代理署名を拒否することを表明したため、沖縄米軍基地問題は日米安保体制の根幹を揺さぶる深刻な問題に発展した。沖縄にとっては、米軍基地面積が全国の七五％を占めるなど、本土のシワ寄せを受けている現状があり、冷戦下で見過ごされてきた矛盾が一気に噴出した。

危機感を募らせた日米両政府は九五年一〇月、日米地位協定について、殺人、婦女暴行などに限り、米軍・軍属の容疑者の身柄を起訴前でも日本側に引き渡すことができるよう、運用改善することで合意した。基地の整理・縮小問題についても、新設された「沖縄施設・区域特別行動委員会」（SACO）が一年がかりで協議したすえ、九六年一二月、普天間飛行場を含む一一施設、五〇〇二ha（純減分）の返還を決めた。返還面積は沖縄の米軍基地全体の二一％に相当し、沖縄の本土復帰以来二四年間に返還された四二〇〇haを上回る規模になった。ただ問題は、沖縄の基地問題は本来、日本国内で処理すべき国内問題であり、日米安保は切り離して考えるべきなのに、政治家が国民に日米安保の必要性と理解を求める説明責任を果たさず、沈黙を続けた点である。こうした日本の政治家の姿勢に、ナイも「日本の指導者たちは、日本がこれから一〇年間、東アジアで孤立することを望むのか、そうでないのかという問題の方がより重要だということを説明すべきだ」と苦言を呈したほどだ。村山も県民感情に配慮するあまり、効果的な対応策を打てず、九五年一二月には、代理署名を求める職務執行命令訴訟を福岡高裁那覇支部に提訴、首相と知事が法廷で争う前代未聞のケースとなった。同支部は九六年三月、原告の国側の主張を全面的に認める判決を言い渡し、那覇防衛施設局は県収用委に緊急使用を申し立てたものの、不許可としたため、使用期限が過ぎ、政府の「不法占拠」状態に陥る異例の事態になった。

村山の後を継いだ橋本首相は、村山の対応を他山の石として沖縄問題の解決に力を注いだ。「決め手」として決断したのが普天間飛行場の返還で、米政府への説得工作が実り、九六年四月、「五―七年以内の全面返還」という日米合意にこぎつけた。米軍用地強制使用問題も、八月に最高裁が県の上告を棄却したことで国側の勝訴が確定し、九月に行われた「米軍基地の整理・縮小と日米地位協定の見直し」の賛否を問う県民投票は、賛成が八九％だったものの、投票率は六〇％を下回ったことで、県民の複雑な反応を浮き彫りにした。結局、大田が強制使用手続きに応じる意向を表明したことで、沖縄問題は一時、沈静化した。

橋本―小沢トップ会談で決着した特措法改正

しかし、九七年に入ると、嘉手納飛行場など一二施設の使用期限が五月に切れるため、強制使用問題が再燃した。このため政府は第一四〇通常国会（九七年一月二〇日召集）に、米軍基地の継続使用を可能にする駐留軍用地特別措置法（特措法）改正案を提出、その取り扱いが大きな焦点になった。

改正案は、①都道府県収用委員会に裁決申請後、使用権原の取得までに使用期限が切れる、②収用委が申請を却下、建設相に不服審査請求する、という二つの事態が発生した場合、土地の暫定使用を認めるというのが柱だった。改正案の国会提出前に行われた与党協議では、社民党が「法治主義、民主主義をないがしろにできない」（土井党首）と反対。野党も、新進党が「安全保障に関する事務は国の事務にすべき」と抜本的改正を主張、民主党は五年間の時限立法化を求めたため、政府・自民党は綱渡りの国会運営を強いられた。最終的には、橋本と新進党党首の小沢とのトップ会談で、「沖縄の基地使用問題は国が最終的に責任を負う仕組みを誠意をもって整備する」ことなどを条件に法案を成立させることで合意、さらに民主党も賛成に転じたことで、圧倒的な賛成多数で成立した。もっとも、こうした橋本と小沢の決着に不満を持つ野中広務特措法特別委員長が国会報告の際、「大政翼賛会的手法は望ましくない」と発言し、その発言が削除される一幕もあった。

ここで留意すべきは、第一に、自社さ連立政権下において、安保政策では自民党と社民党との間で一致しなかった点で、つまり、基本政策で水と油の差がある政党が連立政権を組むことの限界を浮き彫りにしたことである。にもかかわらず、社民党は依然として与党にとどまり、政治がわかりにくいという国民感情を増幅させた。第二は、野党である新進、民主両党が賛成に回ったことである。とくに新進党の賛成は、自民党の「保・保連合」派との連携を目指す小沢の政略があったとされ、一時、自民、新進両党の「部分連合」の動きが喧伝された。第三は、橋本―小沢トップ会談で決着をつける手法をとったことである。国会審議を通じた論戦、それと並行した国対政治による合意形成という手法があまりみられなかったことである。衆院での小選挙区比例代表並立制への移行で、政党の党首、党執行部に権限が集中する傾向があるだけに、党首による決着方式の増加を予見させた。

沖縄問題はその後、普天間飛行場の代替へリポート建設問題に焦点が移り、政府は建設候補地としてキャンプ・シュワブ沖（名護市）を決めたものの、地元・名護市の反対が強く、大田も反対を表明したため、政府と県は全く冷え切った関係になった。九八年一一月の知事選で、経済振興を掲げ、軍民共用の新空港建設を公約とする稲嶺恵一新知事（自民党県連など推薦）が誕生したことで、徐々にではあるが、打開の兆しも出始めている。

新ガイドラインと周辺事態論争

日米同盟の実効性を高めるため、九七年九月二三日、外務、防衛担当閣僚による日米安全保障協議委員会（二プラス二）で決定したのが新ガイドラインである。旧指針（七八年策定）以来一九年ぶりの見直しで、「平時」「日本有事」「日本周辺有事」の三分野について日米防衛協力の役割分担をうたった。

最大の特徴は「日本周辺有事」に軸足を移した点である。いわゆる日米安保条約五条事態（日本有事）から六条事態（極東有事）へのシフトである。そのための日米防衛協力として、①救難活動・避難民への対応、捜索・救難、非戦闘員退避活動、国連安保理事会決議に基づく経済制裁の実効性を高める船舶検査など「日米がおのおの主体的に行う活動」、②日本国内の民間空港・港湾の米軍使用、物資の補給・輸送など「米軍活動支援」、③警戒監視、機雷除去、海・空域調整など「運用面における日米協力」——の三分野計四〇項目を盛り込んだ。

政府は新指針策定を受け、国内法整備に着手したが、国会でまず争点になったのが、周辺有事の地理的範囲で、とりわけ台湾を含むのかどうかという点だった。政府は「周辺事態」の地理的範囲について、「周辺地域は日本の平和と安全に重要な影響を及ぼす事態が発生しうる地域で、地理的に一概に画することはできない」（橋本首相）という立場を取り続けた。だが、新ガイドライン策定直後の第一四一臨時国会（九七年九月二九日召集）の衆院代表質問でも、野党から「『周辺事態』が地理的概念をもたないというのは矛盾だ」（新進党の坂口力）などと、定義の曖昧さを追及する意見が相次いだ。

もっとも周辺事態論争は、六〇年の日米安保改定時の「極東」範囲論争と同様、あまり意味のあることではない。周辺地域は限定せず、曖昧にしておいた方が、将来のあらゆる危機に柔軟に対応でき、抑止力を保てるからだ。地理的範囲を特定してしまえば、関係国の無用な反発を招いてしまう弊害が大きい。不幸なのは、それを理解しない政治家の発言と、一部マスコミの報道がいたずらに混乱を招くことだ。九七年夏にも、加藤紘一自民党幹事長が「ガイドライン見直しは中国が念頭にあるわけでない」との見解を示したのに対し、梶山静六官房長官が「台湾海峡は極東で、理論的には（中国と台湾の有事は）当然入る」と発言したことが、中国政府の反発を招き、日中関係の悪化を招いた。

中国と台湾との関係に対する日本政府の立場は微妙だ。日米関係や台湾を重視する立場からすれば、日米安保条約が「極東」の範囲で台湾を含めている以上、新ガイドラインの周辺地域も当然、台湾を視野に入れているとみる。台湾指導部も新ガイドラインに理解を示し、台湾海峡が日米安保の対象範囲に含まれることを望んでいる。

これに対し、中国との関係を重視する立場は、日中共同声明を受け、中国政府に配慮して作成された七二年一一月の政府統一見解を重くみる。「わが国は台湾が中国の領土の不可分の一部との中国政府の立場を十分理解し、尊重するとの立場をとっている。従って、中国政府と台湾との対立の問題は、基本的には中国の国内問題と考える。わが国としては、この問題が当事者間で平和的に解決されることを希望するものであり、この問題が武力紛争に発展する現実の可能性はないと考える。日米安保条約の運用については、今後の日中両国間の友好関係をも念頭に置いて慎重に配慮する」という内容で、歴代政権も中国側に一貫してこう説明している。中国政府はこれを一歩進め、日中国交正常化以前に結ばれた日米安保条約の「極東」に台湾が含まれるとの日本政府の見解は、七二年の日中共同声明で効力を失ったと主張している。

梶山発言問題は、九七年九月に訪中した橋本が李鵬首相に、政府統一見解を改めて説明して理解を求めたことで沈静化に向かったが、中国側は「日米安保が台湾を範囲に入れれば、中国人民にとって受け入れられない」（李鵬首相）とクギをさしており、いつまた再燃しないとも限らない。さらにこの問題を複雑にしているのは、二十一世紀をにらんだアジアの権益をめぐる米中両国の主導権争いである。米国は基本的に中国を国際社会に引き入れる「関与政策」をとる一方で、将来の中国の軍事的増強を警戒するアジア諸国の後ろ盾として中国を牽制するスタンスをとっている。他方、中国からすれば、新ガイドラインは「封じ込め政策」とみて反発するという構図になっている。実際、九六年の台湾総統選挙前に中国がミサイル演習を強行したのに対し、米国は空母を派遣して中国を牽制し、危機を未然に防いだ。そこには冷厳なパワー・ポリティックスが働いている。日本とすれば、台湾海峡が有事になれば、シーレーンをはじめ日本の安全保障にも影響を及ぼすだけに、日米安保を軸に有事に備えた体制づくりを怠ってはならないことだけは確かだ。

橋本VS小沢論争

この時期、国会での安保論議で話題を呼んだのが、九七年一〇月一三日の衆院予算委員会（第一四一臨時国会）で行われた「橋本VS小沢」論争だ。かつて同じ竹下派のライバルで、自民党、新進党の党首同士の論戦とあって、関心はいやがうえにも高まった。しかも湾岸戦争当時、自民党幹事長（小沢）、蔵相（橋本）で日本の国際貢献の教訓を熟知する二人だけに、体験を踏まえた応酬に期待が寄せられた。

小沢はまず、「政府は湾岸戦争当時、多国籍軍への武器弾薬の補給、輸送、医療支援などはとんでもないという解釈だった」としたうえで、新ガイドライン立法に関する政府の方針について、その時と比べ、「実行可能な後方支援の範囲が拡大したのではないか」と問いただした。橋本も当初、「当時、私は後方支援は積極的にできるとの立場だったが、内閣としての統一した見解はそうでなかった」と応じてみせた。これに意を得た小沢が、「憲法解釈が変わったのではないか」と迫ると、橋本は「従来避けていた問題を、より精緻に関係者が論議し、ケースを想定して検討し、戦闘とは一体化しない支援はありうるとの結論になった。憲法解釈の変更はない」とかわすのに躍起となった。助け船を出した大森政輔内閣法制局長官は「当時の工藤長官の答弁内容と現在には変更はない。国連平和協力法案には（小沢がいう）違憲の内容は含まれていなかった」として、政府見解の変更ではないことを強調した。

ただ、小沢の質問も、政府解釈の「変更」「拡大」について執拗にくい下がる反面、「別にそれが悪いといっているのではない」として論戦はそれ以上深まらず、やや期待外れに終わった。もっとも、憲法解釈の変更の可否を迫る小沢の意図はともかく、橋本とすれば、それを認めれば解釈変更ということで進退問題にもつながりかねないため答弁も慎重にならざるをえず、揚げ足取りではない論戦が日本の国会でどこまでできるのかという問題が根底に横たわっている。

周辺事態法

政府はようやく九八年四月二八日、新ガイドラインを実施するための周辺事態法案と自衛隊法改正案の二法案を閣議決定した。日米物品役務相互提供協定（ＡＣＳＡ）の改正協定も署名した。周辺事態法案は、①米軍に対する「後方地域支援」、②周辺事態の戦闘にかかわる負傷米兵らの「後方地域捜索救助活動」、③国連安保理決議に基づく「船舶検査活動」――の三活動を規定、また、自衛隊法改正案は在外邦人の救出活動に艦船も使用できるようにしたほか、ＡＣＳＡ改正は平時のみに限っていた米軍への給油、物資提供などを周辺事態にも適用を拡大した。

特徴の第一は、周辺事態における自衛隊の活動範囲として、新ガイドラインでは「戦闘地域と一線を画する地域」としてきたのを、法案は「わが国領域並びに現に戦闘行為が行われておらず、かつ、そこで実施される活動期間を通じて戦闘行為が行われることがないと認められるわが国周辺の公海及びその上空の範囲」と規定し直した点だ。立法過程で最も問題になったのが、海外での武力行使を禁じ、集団的自衛権行使は違憲とする政府の憲法解釈との整合性だった。その線引きの基準として、政府はこれまで「戦闘地域と一線を画する地域」かどうかとしてきた。具体的内容となると曖昧で、工藤敦夫内閣法制局長官は九〇年一〇月（第一一九臨時国会）、①米軍の行動の態様、②自衛隊の行動の態様、③米軍と自衛隊、戦闘地域と自衛隊の距離、④戦闘行為との密接性、の四つをあげたものの、なお抽象的だった。その点、周辺事態法案は、自衛隊が米軍に対して行う協力の行動範囲を、日本国内にとどまらず公海とその上空に広がることを法的に位置付けたうえ、「戦闘行為が行われていない」点を歯止めとした。「戦闘行為」については、「国際的な武力紛争の一環として行われる、人を殺傷しまたは物を破壊する行為」とし、防衛庁長官は、後方や公海で戦闘行為が始まった場合や戦闘行為が予測される場合、自衛隊活動の中断を命じなければならないと規定した。憲法の制約の中で、自衛隊がどこまで行動できるか、ギリギリの整理をした形だが、軍事技術が発達した近代戦のなかで、本当に「戦闘行為が行われていない」場所が特定できるのか、日米共同で周辺事態に対処しなければならないのに、戦闘行為と判断されれば日本だけが活動を中断することは許されるのかといった課題がなお残されている。

第二の特徴は、武器使用の扱いである。①邦人救出、②米兵の捜索救難、③船舶検査について、「その事態に応じ合理的に必要と判断される限度」として、それまでPKO協力法で正当防衛などに限定していたのを、例えば邦人救出などで派遣される艦船など自衛隊装備を守る場合にも武器使用を認めた。

このほか、①「周辺事態」を「わが国周辺の地域におけるわが国の平和及び安全に重要な影響を与える事態」として、周辺地域の範囲が明確でないこと、②周辺事態での基本計画の決定、変更の国会報告を定めているものの、国会承認でなくていいのか、③米軍に対する後方地域支援で、地方自治体や民間企業に協力要請ができると規定しているものの、協力内容は明記しておらず、具体化が必要になること、などが課題として残された。

新ガイドライン関連法の成立

九八年八月三一日、北朝鮮が発射した弾道ミサイル「テポドン一号」が日本上空を通過するというショッキングな事件が発生、情報収集・連絡体制とともに防空システムの不備が改めて浮き彫りになった。これを機に長年の懸案だった戦域ミサイル防衛（TMD）構想の日米共同研究開始が合意されるなど、安全保障問題がにわかにクローズアップされてきた。

九八年四月に国会提出された新ガイドライン関連法案も、国会審議がなされないまま、棚ざらしにされていたが、同年一一月の小渕首相と小沢自由党党首との会談で、自自連立政権樹立で合意し、新ガイドライン関連法案についても早期成立で一致したことで、九九年の第一四五通常国会で実質審議入りした。自民党は小渕首相の四月下旬の訪米前の衆院通過を目指し、自由、公明両党との修正協議を優先して進め、①自衛隊の活動が日米安保条約の目的の枠内であることを明確にするため、「日米安保条約の効果的な運用に寄与し」の文言を盛り込む、②周辺事態の定義に「そのまま放置すれば、わが国に対する直接の武力攻撃に至る恐れのある事態等」を加える、③自衛隊の後方地域支援、後方捜索救助の二活動を国会承認事項とし、緊急時は事後承認とする、④基本計画終了後、活動の実施状況を国会に報告する、⑤自衛隊の後方地域支援でも武器使用を認める、の五項目を法案修正することで合意した。四月二七日の衆院本会議で自民、自由、公明三党の賛成多数で可決、五月に参院で可決、成立した。この結果、自自公路線の定着を内外に印象づけた。実際、新ガイドライン関連法が「踏み絵」の一つにもなって自自公連立政権へと拍車がかかった。

一連の修正協議で焦点になったのが国会承認問題である。自衛隊と国会の関係をみれば、日本有事に対する防衛出動の場合、原則として事前の国会承認が必要で、緊急の場合は承認を得ないで命令できるものの、命令後ただちに国会の承認を得なければならない（自衛隊法七六条）。治安出動でも、命じた日から二〇日以内に国会承認が必要とされ、どちらの場合も、承認が得られなければ自衛隊は撤収しなければならない（自衛隊法七八条）。政府の判断に加え、国権の最高機関である国会が自衛隊の出動の承認を行うことで、文民統制（シビリアン・コントロール）を厳格に運用し、歯止めをかける狙いがあるからだ。

政府は、周辺有事での自衛隊活動は武力行使に該当しないとして、国会報告で十分とし、国会承認は必要ないとの立場をとった。そこには周辺有事という緊急事態に機敏に対応する必要があり、米国も迅速な行動を求めているという事情があった。しかし、公明党をはじめ、与党の自由党も国会承認の必要性を主張したため、政府・自民党は、後方地域支援、後方捜索救助の二活動を国会承認事項とし、かつ、緊急時は事後承認とすることで折れた。最後まで調整に手間取ったのが、船舶検査活動だった。経済制裁の一環として相手国に向かう不審船の積み荷などをチェックする活動で、国連決議を前提としていたが、自由党は国連決議が不要と主張、公明党は必要としたため、隔たりが埋まらず、自自公三党の最終調整で、削除することで合意した。自由党の主張の背景には、そもそも海外での自衛隊活動は国連中心の平和活動を主体とすべきだという小沢党首の持論があり、「国連決議に基づく行動は別の法体系で整理すべきだ」との考えに加え、警告射撃ができない船舶検査では実効性がないという批判もあった。これに対し公明党は「公海上で船舶検査をするのは危険な行為のため、国連決議という権威をもってやることが必要だ」というのが論拠だった。

いずれにせよ、こうした決着は自由、公明両党間で最も対立していた課題を先送りした点、国会対策優先のあいまい決着との批判はまぬがれない。

日本が問われるもの

ガイドライン関連法の成立後の安保政策上課題となるのが、一つは有事法制の整備である。防衛庁は七七年から本格的な研究に着手。日本有事の際の自衛隊の行動に必要な物資調達や土地の使用に必要な手続きが円滑にできるよう研究を重ねてきた。その結果、八一年には自衛隊法など防衛庁所管の法令（第一分類）、八四年には道路法、海岸法など他省庁所管の法令（第二分類）に関する法制度上の問題点をまとめた。ただ、所管がはっきりしない第三分類は手付かずのままで、個人の権利の制約に関わる部分も多いだけに、法制化作業は先送りされたままだった。

日本有事のみならず、ガイドライン関連法成立により、米軍の行動を支援する国内法整備も今後の課題となる。

さらに、九九年三月下旬に起きた北朝鮮工作船による日本領海侵犯事件で、自衛隊発足後、初めて海上警備行動が実施されたが、工作船を取り逃がしてしまった。その反省から、領域警備を強化するため、自衛隊に領域警備の任務を付与すべきだという意見が自民党内で強まっている。

こうした日本を取り巻く危機に対処するための法整備と同時に、課題となるのが、国連平和活動への協力問題である。自自連立政権協議を機に改めて浮上したが、その後、ガイドライン関連法案をめぐる修正協議で船舶検査が削除されたことで、その立法化作業が自自公三党間で行われるが、自由党は国連平和活動協力法（仮称）整備の一環として主張していく構えを見せている。

国連の平和活動に対する小沢の考えや問題点はVでもみたとおりである。小渕自民党は、小沢の主張も受け入れ、国連決議がなされた多国籍軍への協力について、憲法解釈を変えず、医療や輸送など後方支援活動に協力する方針だ。政府はこれまで、多国籍軍への参加・協力について、「参加」にいたらない「協力」で、「戦闘地域と一線を画した地域」で武力行使と一体とならない活動は可能とし、後方支援ならできるとの見解を示唆している。

湾岸戦争で日本に突き付けられた宿題は、やや改善されそうな状況だが、根本的な解決には至っていない。根底にあるのはやはり、海外での武力行使を禁じた憲法の取り扱いである。狭い一国平和主義から脱却し、国際社会の協調行動に積極的に参加できるよう、憲法を見直すべき時期に来ている。

にもかかわらず不幸なのは政界の現状である。二一世紀における日本は、国家としてどうあるべきなのか、その際、憲法はどうすればいいのか真正面から見据えた論議が望まれる。

第四章　国会の機能と外交

中野邦観
浅海伸夫

Ⅰ　国会決議

国会決議とは

国会はいうまでもなく立法機関であり、法律を制定し、条約を承認する。しかし、法律、条約だけでなく、国会の意志を示す手段としてさまざまな決議を採択しており、場合によっては決議が法律以上に重い意味を持つことがあり、外交などで政府を制約するなど、多用される傾向があるようだ。

国会決議は、内閣不信任決議案を除けば、法的拘束力に関する明文規定は憲法にも国会法にもなく、政府の政策判断に枠をはめることはできない、というのが通説となっている。

つまり、法的には国会決議というものは存在せず、衆議院、参議院それぞれの議決があるだけで、それが両院一致の決議になったとしても、決議の性格が格上げされるわけではない。

とはいえ、決議は通常全会一致を原則としており、また、内閣は行政権の行使について国会に連帯して責任を負っている（憲法六六条）ことから、その「重み」を無視するわけにもいかない。

しかし、いっぽうで行政権は内閣に属し（憲法六五条）、内閣は外交関係を処理する（憲法七三条）とされているから、国会は内閣の外交処理についてあれこれ指示したり、枠をはめることはできない。

いわゆる国会決議は、おおまかにいって、①内閣の政治責任を追及する決議、②議院の構成、運営、議員に関する決議、③国政のさまざまな事項に関し、内閣に対する要望、勧告、警告などの意思を表明する決議、いわゆる政策決議、④委員会が法律などの採決を行うときに所管の行政機関に対する要望、運用上の注意をする付帯決議、などの種類がある。

内閣の政治責任を追及する決議の代表的なものは、内閣不信任決議で、これまでに衆議院で三七回提出されて四回可決されている。憲法ではこの場合、解散をしないかぎり、内閣は総辞職しなければならないことになっている（六九条）が、これまでの内閣はいずれも解散を選んでいる（四八年一二月、五三年三月、八〇年五月、九三年六月）。

大臣に対する不信任決議はこれまでに九二回提出されて一回だけ可決され、池田勇人蔵相が辞任している。なお、参議院では、内閣不信任というものはなく、首相問責、大臣問責の決議案がそれぞれ二三件、五〇件提出され、一回だけ可決されている。

可決された決議は、造船疑獄で法務大臣が検事総長に指揮権を発動した問題で首相に警告する、というもの。

議院の構成、運営、議員に関する決議とは議長不信任決議、常任委員長解任決議、議員辞職勧告決議など。議長不信任はこれまでに一八回提出され可決はゼロ、副議長不信任は一〇回提出されて一回だけ可決されている。常任委員長解任決議は六六回提出されて可決ゼロ。議長、副議長はこれまで国会が混乱するたびにその責任を取らされて多くの議長、副議長が辞任させられているが、実際に可決されたのが一件だけというのは意外な感じだ。

参議院では議長不信任二二件、副議長不信任九件、常任委員長解任三三件、特別委員長解任一〇件、事務総長不信任二件が提出されたが、いずれも可決はゼロ。

一方、議員辞職勧告決議は衆議院では田中角栄、佐藤孝行、竹下登の三議員に合計一六件提出され、可決ゼロ。参議院では五件提出され、九七年四月にオレンジ共済組合事件で友部達夫議員の辞職勧告決議が採択されたケース一件だけだ（数字はいずれも一九九九年一一月現在）。

政策決議

いわゆる政策決議は第一回国会から第一四〇回国会までの間に衆議院で五七三件提出され、三〇七件が採択、成立、参議院では三〇六件提出されて一九八件が可決している。

一九九五年六月に採択された「戦後五〇年決議」は国会決議を考える上で大きな問題を投げかけた。植民地支配や侵略的行為がアジア諸国民に与えた苦痛を認識し、深い反省の念を表明する、というのが決議の趣旨だったが、逆に国益をそこなったのではないか、という批判さえ聞かれた。

この決議の構想は、村山富市社会党内閣のメンツがからんだ上に、当時の社会党、自民党、さきがけの連立三党の政権合意にもとづいて推進されたが、政治家の金銭疑惑との取引材料もしくは「政争の具」に使われ、さまざまな問題を投げかけた。

社会党は謝罪と反省を明確にし、不戦の誓いを盛り込むように主張したが、自民党や新進党の一部には、さきの大戦は自衛のための戦争で、日本だけが悪いのではない、とか、国の自衛権をしばることになる、などの反対論があった。

また、過去の戦争についての歴史観の相違を「固定化する」ことが国会決議になじむのか、という点、さらに、連立三党の政治的思惑、三党の連立枠組みを維持する道具として使うことがいいのか、とか、決議案文をめぐる混乱の過程でいたずらに中国、韓国などを刺激し、いらざる干渉を招いたことも指摘されている。

しかも、決議の採択は全会一致という慣例があるにもかかわらず、実際の採決には新進党が欠席、決議に反対の自民党一部議員も欠席したため、議員の出席はほぼ半数の二五一人で、出席して反対した共産党を除けば、賛成者は全衆議院議員の半数以下という異例さだった。また、参院は決議を見送ったことも異例だった。

付帯決議

委員会で行われる付帯決議に関しては駒沢大学の前田英昭教授の『エピソードで綴る国会の一〇〇年』（原書房、一九九三年）に詳細な記述がある。そのポイントを紹介しておきたい。

付帯決議とは「行政府に対し希望、要望、警告、勧告等を表明するために、委員会における付託案件の議決に際し、案件の採決に引き続き、当該案件に付帯してなされる委員会の決議」である。

つまり、その案件の内容、それに対する政党、議員の態度、その当時の政治、経済情勢などの事情がからんで多種多様な政府への要望を行うのが付帯決議というわけだ。

①その法律や条約に基づいて制定される法律や政令、命令などの内容や、それに基づく権限発動のありかた、②法律、条約の内容には不満だが、近い将来には改正すべきだ、などの制度の改善、③法律や条約の実施に必要な予算の増額――などがその分類だ。

天皇の協賛機関という性格の帝国議会時代に生まれてから続いてきた付帯決議の慣行は、戦後の新しい国会になっても踏襲され、第一回国会で衆議院二二件、参議院四件の付帯決議があった。GHQはこれに疑問を示し、慎重に扱うよう国会に要望してきた。

このため、一九四七（昭和二二）年一二月、松岡駒吉衆議院議長は議院運営委員会に「付帯決議は一切これを付さないことを原則とし、必要やむを得ない場合には、内閣に必要な措置を指示してその報告をさせる旨を明記するものとして事前に了承を得ること」と要請している。

この結果、しばらくはほとんどなかったが、日本が独立した五二（昭和二七）年四月以降はまた復活し、内閣提出法案の半数に付帯決議が付くありさまだったという。

GHQに指摘されるまでもなく、国会は立法機関であり、本来なら修正するか、法律、条約の内容を変更すべきだが、政府提出法案が圧倒的多数であり、修正案を提出しても与党の圧倒的多数の中では野党にはどうにもならないのが現実であり、法案、条約成立の条件として政府への要望をまとめることは、それなりに消極的な意味がある。

決議をするなら賛成するということは実際にはあり得るから、妥協の産物といえるが「一番単純な妥協は付帯決議をつけることです。付帯決議は法律解釈では無視され六法全書にも出てこない。そういう付帯決議で野党の頭をなでなでするわけです」(「ジュリスト」八〇五号七一頁、一九八四年)という皮相な見方も出てくる。

決議で大隈内閣倒閣

ところで、戦前には決議が内閣を倒閣に追い込んだこともある。

一九一四(大正三年)、大隈重信内閣は日露戦争の戦費調達を目的として発行された公債の償還額を五〇〇〇万円から三〇〇〇万円に減額して予算を提出したが、これを不満とする貴族院から「経済情勢が好転したら償還額を五〇〇〇万円に戻す」という希望決議がついた。ところが大隈内閣は次の予算でこれを無視したため、決議無視を攻撃され、結局実質的な予算修正を行った。この不手際がたたって大隈内閣は総辞職した。

なお、社会経済国民会議は一九八六年四月に議会政治の基本に関する提言の中で次のように決議の見直しを求めている。

「国会の権威の失墜、委員会審議の形骸化を象徴的に示しているのが決議の扱われ方である。委員会の審議の過程で、修正案の提出にまで至らないものの、法案の議了にあたって不十分な点、改善すべき諸点を政府が速やかに善処することを要望する「付帯決議」は、毎国会ごとに増加の一途をたどっているが、法的拘束力を伴わないこともあり、その実現となると皆無に近い。（中略）委員会は安易な付帯決議の乱用を慎み、できる限り修正等の正攻法で臨むことはもちろんであるが、①いったん付した付帯決議については政府が期限を切って報告を義務づけるよう法改正を行うこと、②さらには当面は衆参両院制の原則を生かし、衆議院は参議院の提出した決議を、また参議院は衆議院の提出した決議を相互に見直す慣行をつくること。議長と議院運営委員会が中心となって一年間に提出された決議は翌年の常会にどのような扱われ方をされているか報告を義務づける必要がある。」

II　核をめぐる論議――非核三原則の国会決議

非核三原則誕生のいきさつ

核保有国が増加し、核の拡散防止が世界平和の重大な課題になっている中で、核に関する我が国の外交政策は、特別な立場にあり、国際社会の中でもそれなりの役割を果たしてきた。その背景には広島、長崎の被爆体験に加えて、一九五四（昭和二九）年三月には静岡の漁船・第五福竜丸がビキニ水爆実験で被爆した事件によって、日本国民が持っている核に対する特殊な感情がある。こうした国民感情があるからこそ、核に関する論議は国会で盛んに取り上げられてきたし、この問題に限っては与野党が一致する場面が多く、これまでにさまざまな成果をあげてきた。

核兵器を製造する十分な潜在能力がありながら、自ら核兵器を「作らず、持たず、持ち込ませず」という非核三原則を内外に宣言したことはその典型例だろう。

非核三原則の国会決議は沖縄の返還実現という戦後政治のなかでも特筆される出来事とセットで実現した。当時のいきさつを振り返ってみよう。非核三原則などの核政策は、国会主導で外交政策が決定されていった数少ない例といえるのではないだろうか。

政府はしばしば米英ソなど核保有国の核実験に抗議し、政策として核兵器は持たないことを宣言していた。唯一の被爆国としての立場から、核廃絶を主張できる具体的な根拠があり、また、拡散防止のための核査察に、地震探知の技術を生かして独自の役割を果たしてきた。我が国が独自外交を発揮できる数少ない分野の一つであろう。

もっとも、米ソの対立の中で、世界平和が核兵器を中心とした軍事力の均衡の上に成り立っていること、日本の安全保障をアメリカの核抑止力に頼っているという事情があって、核軍縮や核廃絶を訴える日本の立場は、いまひとつ歯切れが悪いことも事実だ。

改定前の日米安保条約では、アメリカ軍の核配備についてなんの規定もなかったが、安保改定によって「核弾頭、中長距離ミサイルの持ち込みは日米両国政府の事前協議の対象とする」という了解事項が確認された。ただ、核の持ち込みに関しては、その解釈が議論され、アメリカの艦船が日本に寄港するたびに大きな問題となった。

横須賀に寄港するアメリカの空母が核兵器を装備していたのではないか、日本政府がそれを黙認していたのではないか、という疑惑はたびたび指摘されてきた。

そしてその一方で、日本核武装論も存在する。九九年一〇月に発足した小渕新連立内閣で就任した西村真悟防衛政務次官が「核武装の是非について国会で議論すべきだ」と発言して辞任に追い込まれたこともある。

沖縄返還と非核三原則

非核三原則の国会決議が実現するまでには沖縄返還と密接にからんでいる。

佐藤内閣にとって最大の課題は沖縄返還だった。一九六五（昭和四〇）年八月一九日に沖縄を訪問した佐藤首相は「沖縄の祖国復帰が実現しない限り、わが国にとって戦後が終わっていないことをよく承知しております」と語った。

一九六七（昭和四二）年一二月四日第五七臨時国会で核の製造、保有、持ち込みを禁ずる、いわゆる非核三原則を打ち出した佐藤首相は、第五八通常国会では、これに核軍縮の促進、アメリカの核抑止力への依存、平和利用の促進を加えた「核四政策」を提唱した。

これに対して、野党側は非核三原則を国会で決議し、非核武装を内外に宣言すべきだと迫り、これに難色を示す政府・自民党との間で激しい核論争を展開した。

社会党の江田三郎副委員長は「核の平和利用にアレルギーはない。是認できないのは政府が意図する軍事利用だ」、民社党の西村栄一委員長は「政府がアメリカに頼まれて賛意を表している核拡散防止条約は、大国エゴイズムの標本だ」、公明党の竹入義勝委員長は「日米安保は核には核をもって対抗する核安保だ」と攻撃した。

さらに社会党、公明党、共産党の三党は共同で、民社党は独自の決議案を提出、「非核三原則を唱える政府・自民党がなぜ賛成できないか」と突き上げた。

これに対して佐藤首相は「国会決議にすると未来永ごう国民をしばることになるばかりか、安保条約を拘束し、アメリカの行動を制限することになる」と反論した。

沖縄返還協定と保利茂の説得

田中明彦東大教授は著書『二〇世紀の日本と安全保障』（読売新聞社、一九九七年）の中で、この時期の安全保障政策について、三次防の決定、「自主防衛論」の登場、「非核三原則」の成立、沖縄返還を決めた一九六九（昭和四四）年一一月の日米首脳会談、「専守防衛」概念の登場などをあげ、三次防の決定以外は沖縄返還交渉の文脈で、一方ではアメリカに譲歩する意味で、他方では国内世論を納得させるために決断されていったものであった、としている。

非核三原則が登場した直接的きっかけは、返還後の沖縄で米軍の核兵器がどうなるかという議論だった。

佐藤首相は一九六九（昭和四四）年一一月のニクソン大統領との日米首脳会談で、沖縄の一九七二年中返還で合意、核兵器も撤去されることになった。この間、佐藤首相は沖縄の核抜き本土並み返還の世論形成につとめ、日米共同声明の直後に総選挙を行って「核抜き本土並み返還か」「安保廃棄か」を国民に問いかけて国論一致をはかり、成功する。

一九七一年六月に調印された沖縄返還協定は「核抜き本土なみ」の基地の扱いとなったが、野党側はそのことが協定に明記されていないことを追及した。一一月一七日、自民党が衆議院沖縄返還協定特別委員会で返還協定の強行採決をしたことで、野党は審議拒否で団結してしまい、審議再開の見通しはつかなかった。

一一月二〇日の夕方、自民党、社会党、公明党、民社党の幹事長、書記長会談が開かれ、自民党の保利茂幹事長は、沖縄返還の持つ世界的意義を説き、民主主義、議会主義の発展のためにも全党が審議に参加すべきであることを主張し「野党側は野党側として、その旗幟を鮮明にする方法があるのではないか、たとえばかつて公明党が提唱した非核三原則の国会決議は、沖縄の核抜き返還が実現したいまこそ、全世界に向かって日本の基本姿勢として鮮明にする時期ではないか」と迫った。

この発言は「膠《にかわ》でぴったりと張り付いていた板が、ばりばりと音をたててはがれるような迫力」をもたらし、野党の共闘は崩れ、一一月二四日に自民、公明、民社三党による国会決議が採択されて返還協定は衆議院を通過する。なお、社会党、共産党はいずれも欠席した（楠田実『首席秘書官』）。

「非核兵器ならびに沖縄米軍基地縮小に関する決議案」は次の通り。

一、政府は、核兵器を持たず、作らず、持ち込まさずの非核三原則を遵守するとともに、沖縄返還時に適切なる手段を持って、沖縄に核が存在しないこと、ならびに返還後も核を持ち込ませないことを明らかにする措置をとるべきである。

一、政府は、沖縄米軍基地についてすみやかな将来の縮小整理の措置をとるべきである。

右決議する。

佐藤首相のノーベル平和賞

内田健三はその著書の中で「ニクソン大統領とキッシンジャー特別補佐官コンビが『沖縄における核貯蔵の権利を固執しないとの大統領決定を最後まで伏せておき、繊維問題で、日本から最大限の譲歩を引き出す』という交渉戦術をとり、佐藤首相がそれに乗ったことで「縄と糸の密約」と呼ばれる黒い陰を引きずることになった」と書いている（内田健三『現代日本の保守政治』岩波新書、一九八九年）。

沖縄を返還するかわりにアメリカが強く要求していた繊維製品の対米輸出自粛問題については十分な対応をしなかったために、日米関係は悪化した。アメリカは沖縄返還の代わりに繊維では譲歩してくれる、と信じていたふしもあった。

この間の交渉で宮沢喜一は通産相として日米交渉に苦労し、交渉決裂の責任を取って辞表を提出したこともある。

宮沢の著書『戦後政治の証言』（読売新聞社）にはこの間の経過が詳細に記述されている。宮沢は「佐藤首相は大切な沖縄返還交渉が目前にあるのだから、繊維のほうは対米輸出を自主規制するのもやむを得ないと考えておられたのではないか。それはひとつの立派な見識であった」「世間では縄（沖縄）

を買って糸（繊維）を売る、という密約説が流れていた」「私の考えは本来自由であるはずの民間貿易を政府の強権で規制すべきでない、というもので、私はついに在任中に輸出貿易管理令の発動に踏み切らなかったし、できなかった」などと証言している。

こうしたアメリカの対日不信を背景に、一九七一年七月の突然のニクソン訪中発表、八月のドル・金交換停止という二度にわたるニクソンショックは、佐藤内閣をゆるがせ、日米関係にも汚点を残すことになった。

結局、アメリカに押しまくられた日本は一〇月になってアメリカの最後通牒的な強硬提案を宮沢の後任の田中角栄通産相が全面的に受け入れて、輸出貿易管理令による強制的な輸出制限と、二千億円にのぼる業界救済措置によって三年ぶりに決着した。

また、日米安保改定や沖縄返還にまつわる核をめぐるなぞ、核密約の疑惑は、その後もさまざまな波紋を呼んだ。

沖縄は「核抜き本土並み」で返還が実現したものの、有事の際には核を持ち込むことを事前協議した場合、日本側がイエスという日米間の密約があった、と言う指摘がある（若泉敬『他策ナカリシヲ信ゼムト欲ス』文藝春秋社、一九九四年）。

さらに安保条約の改定当時にも、アメリカは日本政府との事前協議なしに日本に核兵器を配備、貯蔵、ないしは持ち込まないことで合意していた。ところが駐日大使だったライシャワーはその自伝の中で「標準装備として核兵器を持っているアメリカ艦艇をどう扱うかについて、なにも決めていなかった。安保条約改定時の口頭合意では艦艇に搭載して日本に持ち込む核兵器は、日本領海に入る前に取り外すことは不可能なので、『持ち込み』とはしないとなっていた」と暴露している。

ところで、佐藤首相は一九七四（昭和四九）年一〇月、非核三原則を確立したことを評価され、ノーベル平和賞を受賞した。国会決議にすることには強く反対していた佐藤首相が受賞したことは歴史の皮肉というべきだろう。

宮崎正之インタビュー

衆議院の外務委員会調査室勤務が長かった宮崎正之は、著者のインタビューに次のように語っていた。

国会での外交論争は、平和国家という理想と九条という憲法と、それから安保条約。主としてこの三すくみの中で行われてきた。そもそもわが国の外交は、そのほとんどが対応外交であったため、その三すくみの中での論争からは見るべき議員外交の成果はなかった。

とはいえ、戦後五十余年、外交政策論争の中で「非核三原則」「武器輸出三原則」「政府開発援助（ODA）」の三つの事柄は、ある程度国会のコンセンサスとして、できあがっていった。しかし、非核三原則の例をとっても、一朝一夕にできたものではない。佐藤栄作首相が「非核三原則」という言葉を使って国会で答弁して以来、それが国会決議となり、国是となって国会や国民に定着するまで七年余りの年月を要した。

一九六七年一二月に自民党の松野頼三氏が予算委員会で「中共（中華人民共和国）が核兵器を装備しているといわれる中で、核からいかに日本を守ろうとするのか」と質問した。佐藤首相は、それに直接答えずに、「我が国には、持たない、持ち込まない、作らないという三原則がございまして」と、初めて三原則という言葉を使った。実はこのときは、新聞は一行も書かなかった。

非核三原則という言葉は目新しかったが、その内容は、平和条約発効以来、国会での質疑に対する歴代内閣の答弁でその都度述べられていた。岸首相の時代にも、その三つの原則をひとまとめには言わずに、いろいろなところで、「核兵器を私たちは持つ気持ちはありません」という答弁をし、それから、「作るなんていうことはあり得ませんね」ということも言うし、「持ち込ませるなんてとんでもない話ですよ」ということも言っていた。それを三原則ということでひとくくりにしたのは佐藤首相が初めてだった。

自民党は非核三原則が一人歩きし、米国の核抑止政策と矛盾することを恐れて、一九六八年一月三〇日の衆議院本会議で大平正芳自民党政調会長が党を代表して「日本の核政策いかん」という質問をする。そこで佐藤首相は「①非核三原則、②核軍縮、③米国の核抑止力への依存、

④核エネルギーの平和利用」という「核の四原則」を明らかにする。

これは当然新聞も大きく報道し、非核三原則も国民の前に明らかにされた。その後、社会党を中心とした野党は「核の四原則」から非核三原則を抜き出し、国会決議にすることを要求する。これに対して佐藤首相は「国会決議にしてしまうと、日米安保条約の中身を拘束する」として反対の意思を表明する。

しばらくたつと、沖縄返還問題が出てくる。沖縄が核抜き本土並みになるかどうかの大議論がおこなわれる。社会党は核抜きが明確でないとして沖縄返還協定に反対して本会議をボイコットする。公明党だけはどうしていいかわからずにウロウロする。

そのときに、公明党が「非核三原則の決議をするなら、（沖縄返還協定を審議する）本会議に出る」と言い出す。社会党は、従来のいきさつから見て、おそらく自民党は飲むまいと読んでいた。

案の定、佐藤首相が「もういい。自民党だけの単独で本会議を上げよう」という。しかし、自民党の保利幹事長が動いた。当時、佐藤さんは、そろそろレイムダックで、傾きかけていたから、その動きを押さえ込む力もなくて、とうとうその決議が通ってしまった。そこで初めて非核三原則の本会議決議が成立する。

そのときには、佐藤首相はカンカンに怒った。しかし、怒っても何も、公明党が本会議に出てきちゃうわけです。共産党と社会党は、よもやできまいと思ったものができてしまって、振り上げたこぶしを持っていき場がなく、そのまま欠席で、沖縄返還が実現できた。

首相が反対していても、国会決議というのができてしまう。これはあり得ないと我々は思っていましたが、そこは相当の政治力でできた。それで、今度はおさまらないのは社会党で、悔しがる。これはどうも政治の世界、そう悔しがってもどうにもならない。

核拡散防止条約をめぐるいきさつ

核拡散防止条約は一九六八（昭和四三）年に成立し、日本も七〇年に署名したが、批准にこぎつけるまでに六年の歳月が必要だった。政府が批准承認案件を国会に提出したのは一九七五（昭和五〇）年四月で、当時の三木内閣は国内では独占禁止法、外交政策では核防条約批准に内閣の命運をかけていた。

自民党にも、社会党にも賛成派と反対派がいた。自民党の賛成論は世界で唯一の被爆国という立場を背景に、核兵器保有の五ヵ国だけにして、あとは拡散させないことはいいことだという人たち。これに対して、石原慎太郎を中心としたタカ派と称する人たちは、こんなものに加入したら、押さえつけられて、もしよしんば、核兵器がピストルのような形になっても使えないではないかと。もう一つは、いざというときになったら、核はない。そのかわり、アメリカの核の傘なんていうものは宗教みたいなもので、拝んでいればいいかと思ったら、いざというときに何にも手助けしてくれなかったら、どうするのか、という反対。

社会党の賛成論は自民党と同じ。反対は、この条約に入ることによって、アメリカの核の傘にどっぷりとつかってしまう。こんな条約はとんでもない話だと反対した。当時の社会党は親中派と親ソ派が対立しており、この条約に中国、フランスなどが反対していたことも批准反対の原動力となった。

社会党の外務委員会理事としてこの問題の対応を任された河上民雄は、著書『社会党の外交』（サイマル出版会、一九九四年）のなかで、当時の模様を次のように説明している。

社会党執行部（成田知巳委員長、石橋政嗣書記長）からは、党が賛成に回る場合には党内を十分に説得できるだけの担保がなければならないと厳命された。

そこで社会党としては外務委員会の特別決議として、非核三原則の厳守と非核地帯構想という、社会党の主張を盛り込んだ案文を採決させることに全力をあげることになった。

当時、鯨岡兵輔外務委員長のもとで自民党の坂本三十次、社会党の河上民雄、衆議院外務調査室の宮崎正之などのメンバーで案文のすりあわせが行われ、社会党の主張が取り入れられた決議案がまとまった。

河上は共産党の動きや各党の折衝が何回も暗礁にのりあげながらまとまったことを「最後まで薄氷

を踏むがごとし」とメモしていた。また、委員会に所属していた江田三郎から「君もとうとう政治家になったね」と激励されたことも明らかにしている。

なお、この決議はのちの第一回国連軍縮特別総会に向けた衆議院本会議での核軍縮に関する決議の土台となり、さらにこの総会に出席した園田直外相は演説で、この決議を引用して議場を感動させたという（河上の著書による）。

石橋と中曽根幹事長とのやりとり

河上はあとで石橋と会った際、「自分が考えていたとおりになった。こういうこともあろうかと予期して党として急いで結論を出さずにおいたのだ」と語ったと、紹介している。

その石橋は、著書で、次のように書いている。

一九七五年の核拡散防止条約の批准の際、三木内閣の幹事長だった中曽根康弘と自民党本部近くのビルで二人だけで会談した。

「石橋さん、社会党はどうするのか」という。当時社会党内には批准賛成派のほかに、核の独占を許すことになるという反対勢力がかなりあって、まっ二つであった。

私は「この国会で採決するというのなら、党内に両論あるが反対のほうにまとめる。しかし、一年待つというのなら、来年までに党内を賛成のほうにまとめる」と答えた。そこで彼は一年待ち、批准することができた。このことに関する限り、彼は約束を守ったのである(石橋政嗣『石橋が叩く』ネスコブック)。

ところで、九四年六月の羽田内閣当時、政府は国際司法裁判所に提出する陳述書で「核兵器使用は必ずしも国際法上違法とは言えない」との見解をまとめたことでひともんちゃく起きたことがある。

この陳述書の内容に対して与野党から「核兵器全廃をめざす立場からは、違法でないと言い切るのはどうか」などの異論が出されたのだ。

この陳述書は国際司法裁判所から各国に求められていた核兵器に関する陳述書の提出要請に答えたもので、「核兵器の使用は国際法の人道主義の精神に合致しない」としながらも、「あらゆる国際条約や協定、慣習法をみても、核兵器使用を明確に禁じたものはない」「純粋に実定国際法の評価としていえば、違反するという判断が国際社会の法的認識として成立するに至っているとはいえない」「残念ながら、純粋に法律解釈をする以上この解釈しかありえない」という内容だった。

外務省はこの見解が従来の見解と変わるものではないことを強調したが、政府部内にも日本が核武装をたくらんでいる、との誤解を助長する、とか、陳述書の提出を見合わせてはどうか、という意見が出ていた。

また被爆者団体や原水禁、原水協などからも核廃絶に努力してきた人や被爆した人の苦しみを理解していない、といった批判が続出していた。

さらに、連立与党の公明党閣僚がそろって反対を表明し、閣内からの反対論が政府に軌道修正を迫ることになった。

結局、柿沢外相は衆議院予算委員会でこの問題について陳謝し、陳述書の「国際法に違反するとはいえない」という部分を削除し、かわりに「その絶大な破壊力、殺傷力の故に、国際法の思想的基盤にある人道主義の精神に合致しないものであると考える」という表現にとどめることにする、と答弁した。

政府は依然として「従来の見解を変えていない」としているが、自民党の単独政権時代とは違う連立政権時代に入って、核に関する国民感情を読み誤った、という批判は免れない。また、核兵器とその抑止力に関する意識が冷戦以後に変わってきたことを示す出来事ともいえる。

III　国会とODA

国会のコントロール

ODA（Official Development Assistance、政府開発援助）は、わが国の外交政策の大きな柱である。

外務省は、ODAがなぜ必要かについて、「ODA白書」（一九九七年）の中で、「『国際社会において名誉ある地位を占めたいと思う』との（憲法の）理念を活かす」とともに、「海外に資源と市場を依存する我が国が自らの繁栄を確保」するためには、「国際社会全体のために応分のコストを負担する必要がある」と説明している。そのうえで、軍事大国にならないことを基本とする我が国にとって、ODAは「格段と重要な手段」であり、実施にあたっては、「長期的総合的な意味での国益」を反映させなければならないと強調している。ここから読み取れることは、対外政策に軍事的な手段を用いることができない以上、経済的側面から政治的な影響力を行使していく、その場合ODAは極めて有効な手段である、ということであろう。

政府はとくに、ODAに代表される貧しい国々への経済支援によって、①被援助国のインフラ整備が進み、被援助国の国民自体の経済生活が向上すれば、それは南北格差の解消につながる、②援助・被援助国間の友好協力関係の構築だけでなく、安全保障や環境問題の解決などに資する、と説明している。ただ、日本のODAの歴史を振り返ると、その目標自体、変遷を経ており、例えばこんな見方もできる。

「六〇年代において、ODAは主として日本の輸出促進の道具であった。一九七三年の石油ショック以降は、海外からの原材料供給を確保することもODAの目標の一つとなった。その時期、中国はインドネシアや中東とともに、日本に原材料を供給する主要国の一つに数えられていた。八〇年代に入ってからは、これまで日本とは密接な関係はないが、戦略上重要となりうる国家、たとえばエジプト、パキスタン、トルコなどに対しても日本が積極的に援助を試みようとした」（趙全勝『日中関係と日本の政治』岩波書店、一九九九年、二二四―二二五頁）。

ODAの目標は、輸出の拡大や資源確保のほか、戦略的な要素も次第に加味されてきたというわけである。

わが国のODA総額は、過去、量的拡大の一途をたどってきた。とくに、八九年に世界一となって以降、九一年から九六年までは世界最大の実績を示した。しかし、このように一兆円を超える巨費が投じられ、わが国の国家戦略上、重要な外交手段でありながら、国会のODAに対する関心は必ずしも高くない。さらにODAに関しては、数多くの無駄遣いや非効率性が挙げられて久しい。また、わが国の財政事情からみて量的拡大路線に限界が来ていることも明らかである。もはや、国会は、ODA政策のすべてを官僚に委ねるだけでは責任を果たせず、それに関する突っ込んだ論議をこの先、避けるわけにはいかないだろう。ここでは、ODAに対する国会のコントロールは一体どうあるべきかなどについて考察してみたい。

ODAの転機

ODA予算は、九七年度の一般会計で総額一兆一六八七億円、前年度比二・一％の伸びだった。このところ伸び率は、九二年度からの前年度比をみると、七・八、六・五、四・八、四・〇、三・五、そして二・一%と、財政悪化を理由に、年々抑えられてきた。しかし総額は、九六年実績でも九四・四億ドルで、アメリカ（九〇・六億ドル）、ドイツ（七五・二億ドル）、フランス（七四・三億ドル）などを上回っており、依然として、我が国が援助大国であることに変わりはない。その一方で、対GNP比では、九五年の〇・二八%から〇・二〇%に減少し、DAC（OECDの下部機構・開発援助委員会）二一ヵ国中、イタリアと並んで一九位。これが、「日本の貢献度不足」を指摘される根拠にされやすい。

こうした中、九八年度のODA予算は、わが国のODA政策の転機となった。これは財政構造改革会議が九七年六月にまとめた最終報告に端を発しており、同報告のODAについての指摘は以下の通りであった。

(一)　量から質への転換を図ることにより、(今世紀中の三年間の)集中改革期間中においては、ODA予算は各年度その水準の引き下げを図る。特に、九八年度予算については対九七年度比一〇%のマイナスの額を上回らない。

(二)　量的目標を伴う新たな中期目標の策定は行わない。

(三)　援助の実施に当たっては、被援助国との事前協議を重視するとともに、衛生・医療・教育及び女性の地位向上のための支援など社会開発の重要性に十分配慮し、被援助国民から真に評価されるものとなるよう努める。また、評価システムの確立、NGO等民間との連携の推進、情報公開の徹底を図る。

この報告に基づいた九八年度ＯＤＡ予算は、対前年度一〇・四％減の一兆四七三億円となった。では、このようなＯＤＡ政策の転換は、なぜ、起こったのか。

それは、①主要先進国が援助額を圧縮する流れにある中で、わが国だけ拡充ぶりが目立っている、②日本の厳しい経済事情を考慮すれば、援助額の抑制を図るべきである、という財政当局の主張が、政府・与党内に浸透したためであった。とくに九八年度予算の編成にあたり、九七年一二月九日、「今後のＯＤＡ予算の調整について」と題して出された「総理指示」は、予算の圧縮を前提に効率性重視を鮮明にしていた。具体的には、㋑限られた資金で我が国のＯＤＡの効果を最大限発揮しうるよう、環境問題への対応、社会開発の促進、人道分野における貢献、民活インフラ支援、金融セクター改革支援、重債務国支援等の分野に重点化を図る、㋺開発途上国の人造りに対する支援の重要性に配慮する、㋩有償資金協力、無償資金協力、技術協力間の連携の強化が図られるよう配慮する、㋥ＯＤＡの裾野を拡大する観点から国民参加型のＯＤＡを促進しうるよう配慮する、の四点をその内容としている。

一方、外務省は九七年六月、外相の私的諮問機関「二一世紀に向けてのＯＤＡ改革懇談会」を設置した。同懇談会は九八年一月、一体的なＯＤＡ実施のため、関係省庁と援助機関で構成するＯＤＡ総合政策協議会をつくり、外務省を責任官庁とすることなどの見直し策を提言した。これは、世界情勢の変化、財政状況の悪化などの中で、外務省も、いよいよＯＤＡの抜本的な見直しに着手せざるをえない局面に立たされた証左といえた。

国際経済・社会小委員会

これまでのODA関する国会論議を振り返ると、その議論は、ODAの使途をめぐる疑惑やスキャンダルの真相究明の観点から行われることが多かった。土井たか子・社民党党首は、『ODA改革――カナダ議会からの提言と日本の現状』(社会思想社、一九九〇年)の中で、一九八六年のマルコス疑惑をめぐる「フィリピン経済援助に関する調査特別委員会」で自ら展開した論議(同年四月二三日)を紹介しているが、これはその一例といえるだろう。

〔土井委員〕　先日、商品借款についての資料を要求したしましたが、これはあるのですか。一次から七次までの全資料があるのですか、ないのですか。

〔細見参考人〕(海外経済協力基金総裁)　一次から七次までのものは、文書規程に従って現在はもうございません。

〔土井委員〕　ないとおっしゃるのは、どういう処分をなすったわけでありますか。

〔細見参考人〕　大事なものと申しますか、私どもの基金として大事な借款の権利義務の基本的なものは残しておりますけれども、その過程で発生したやりとりの文書のようなものは、我々の文書規程に従いまして処分しております。

こんなやりとりのあと、土井氏は、根拠法令を挙げて「商品借款については、二十五年かかる償還期間の（もの）について、三年で廃棄してよろしいと書かれている。こんなことで責任を持てますか」と重ねて資料要求をしたが、当時の安倍晋太郎外相は、「企業名等については、フィリピン政府が公表しない限り、政府としては出せない」と答弁。情報の開示が外交上の理由で峻拒されたのだった。

国会の場で、ＯＤＡのあり方やＯＤＡと国会との関係など、その議論に多角的なアプローチがみられるようになったのは、八六年七月に参議院に設置された「国際経済・社会小委員会」（「外交・総合安全保障に関する調査会」の下部組織）の審議からといわれる。同小委は実に三年間にわたる論議の末、八九年六月に七項目の合意事項をまとめた。「政府開発援助（ＯＤＡ）と国会」（国立国会図書館調査立法考査局「レファレンス」一九九〇年一一月号所収、岩城成幸執筆）によると、それは、①国際開発協力の理念・目的、②諸原則、③ＯＤＡの量的拡充及び質的改善、④国際開発協力行政及び実施体制等、⑤国会と行政府との関係、⑥国民の理解と協力、⑦立法化の検討からなっている。

このうち、①の理念・目的では「人道的立場」に立って、開発途上国の「自助努力」を支援することを挙げるとともに「国際社会の相互依存性」を強調している。また、②の諸原則は㈠主権尊重、内政不干渉を基本として、自主的に行う、㈡軍事的用途に充てられることを禁じ、また、国際紛争を助長してはならない、㈢原則として情報公開とする、㈣対象地域の住民の生活、文化及び環境に配慮する、㈤相手国政府との政策対話を密にし、関係国際機関、民間組織等と協力して行う、㈥貧困の克服等、基本的な生活条件の向上に重点を置き、特に女性及び子供に配慮する、(七)基本的人権及び自由が保障されるよう積極的に努力する、(八)不正、腐敗を招くことのないよう積極的に努力する、の八原則からなっている。

政府は、その三年後の九二年六月三〇日に、政府開発援助について内外の理解や幅広い支持を得るとともに、援助を一層効果的・効率的に実施することを狙いに政府開発援助大綱を閣議決定した。それは、基本理念のほか、実施にあたっては、国際連合憲章の諸原則（特に主権、平等及び内政不干渉）をはじめとして、①環境と開発を両立させる、②軍事的用途及び国際紛争助長への使用を回避する、③国際平和と安定を維持・強化するとともに、開発途上国はその国内資源を自国の経済社会開発のために適正かつ優先的に配分すべきであるとの観点から、開発途上国の軍事支出、大量破壊兵器・ミサイルの開発・製造、武器の輸出入等の動向に十分注意を払う、④開発途上国における民主化の促進、市場指向型経済導入の努力並びに基本的人権及び自由の保障状況に十分注意を払う――の諸点を踏まえる、としたものである。この大綱は、同小委の七項目合意とかなり重なりあっており、その点では、国会の調査、審議がそれなりに政府の大綱に反映されたとみることができそうだ。

一方、問題の「国会と行政府との関係」では、(一)国際開発協力の重要性にかんがみ、これに対する国会の関与を強める、(二)このため、本院に国際開発協力に関して審議する場が必要、(三)政府は、外交上特段の支障のない限り、国際開発協力に関する方針、講じようとする措置など国会審議に必要な資料を提出しなければならない、㈣政府は毎年国会に対し、ODAの実施状況を報告し、国際開発協力の実績を始めとするODA関係資料を速やかに提出する、として、国会のコントロール強化を挙げていることは注目されてよい。

ODAへの関与

ODAは、有償資金協力（円借款）と無償資金協力、技術協力からなっている。このうち、有償資金協力は、外務、大蔵、通産、経済企画庁の四省庁が中心になって関係省庁が協議、決定する仕組みだ。その実施機関としては、大規模な開発プロジェクトのための円借款を提供する海外経済協力基金（OECF）と、人材の提供や技術訓練などを行う国際協力事業団（JICA）がある。

こうしたODA予算は、当然のことながら、政府予算案の形で国会に提出されてくる。従って予算案の議決権をもつ国会が、予算審議・修正・議決を通じてODA政策に対して影響力を行使すればよいという考え方も成り立つ。しかし、ODAへの国会の関わりは、こうした枠内の関与だけにとどめて、あとは行政府に委ねていいのかどうか。

大山礼子聖学院大学教授は、『国会学入門』（三省堂、一九九七年）で、「現在、日本のODA（政府開発援助）は世界最大の規模に拡大しているが、これに対する国会のコントロールは十分とはいえない」と指摘したうえで、「現行の財政制度では、個々の支出について法律の根拠を欠いていても、予算が承認されていれば政府の裁量によって支出できるという扱いになっており、ＯＤＡの場合も予算の範囲内での支出は内閣の外交権に属すると解釈されている。しかし、各省庁にわたる概括的な予算からはＯＤＡの全容把握は不可能であり、果たして多額のＯＤＡ予算が正当に使用されているのかどうかを監督するのも困難である」（二九五―一九六頁）と強調している。

ここで、大山教授が指摘した問題点の一つ、ＯＤＡ予算の把握の困難性についてみてみよう。現在、ＯＤＡ予算は、法務、外務、大蔵、文部、厚生、農林水産、通産、運輸、郵政、労働、建設、自治の各省と、総理府、警察、総務、経済企画、科学技術、環境、国土庁の一九省庁でバラバラに予算化されている。このため、予算書からＯＤＡの全体像をとらえることができないのが現状である。この点について、外務省は、ＯＤＡという国際的に決められた概念を後から日本の予算制度に持ち込んだことから、予算書の中でＯＤＡ予算という形では計上されていないと説明している。この結果、同省の場合でも、経済協力費、国際分担金其他諸費、国際協力事業団事業費の項目のなかに盛られており、ＯＤＡ予算というものが、予算書上、明確にされていない。これでは政府の各担当者やＯＤＡ関係の専門家でさえ、ＯＤＡ予算の実態を掌握するのは難しく、これは早急に工夫、改善されなければならない。

一方、参議院の国際問題に関する調査会のもとにつくられた対外経済協力小委員会の調査報告書（九八年四月）は、ＯＤＡ原則の運用の透明性を向上させるため、外交上、支障のない範囲で情報公開に一層努める一方、「地球規模問題の更なる深刻化、地雷除去対策の必要性、ＤＡＣの新開発戦略の策定等の新たな動きに応じ」たＯＤＡ大綱の見直しなど二十項目にわたる提言をしている。特にその中で「国会のＯＤＡに対する恒常的な関与を拡充強化」するよう提案しており、これは、今後の国会審議の在り方を考えるうえでひとつの参考にしてよいものと思われる。

さらにそこでは、国会審議活性化の前提として、ＯＤＡの関係資料の充実、とくにＯＤＡ予算の全体像が分かる資料が提出されるべきだとしたうえで、委員会審査の充実を図るため、以下の三点を提案している。その一つは、参議院の外交・防衛委員会で「ＯＤＡ年次報告」の提出を受けて外相から説明を聴取し、質疑を行うほか、ＯＤＡに関する小委員会を常設することを検討する、第二は、決算委員会でＯＤＡに関わる決算全体を視野に置いた審査をする、第三として行政監視委員会でＯＤＡ全般についての調査や年次報告をもとにした調査の機会を設けるよう求めている。

ＯＤＡ基本法案

政府開発援助を国会として民主的にコントロールするにはどうしたらいいか、という議論は、政府開発援助に理念や目的を明示するＯＤＡ基本法制定の是非をめぐって展開されてきた。

ＯＤＡ基本法案が初めて国会に提出されたのは七五年（昭和六〇年）一月である。田英夫参議院議員らが発議した議員立法、「対外経済協力計画の国会承認等に関する法律案」がそれだ。参議院調査室の資料などによると、それ以降、中西珠子議員らの「国際開発協力基本法案」（八七年五月、参議院）、川崎寛治議員らの「国際開発協力基本法案」（八九年六月、衆議院）、中西議員らの「国際開発協力基本法案」（八九年一〇月、参議院）、社会党、公明党、民社党、民主改革連合共同提案の「国際開発協力基本法案」（九三年六月、参議院）、鹿野道彦議員らの「国際開発協力基本法案」（九五年一一月、衆議院）、中野寛成議員らの「国際開発協力基本法案」（九六年六月、衆議院）がそれぞれ提出されたが、いずれも審議未了、廃案になっている。

このうち、最近の参院四会派による国際開発協力基本法案は、国会の関与に関しては、政府は毎五年度を各一期とする国際開発協力中期計画を作成し、国会の承認を受けることとし、その計画には、費用総額の目標や重点地域・事業分野、国際機関への協力指針などを盛り込むように求めている。さらに、この中期計画に基づき、毎年度、国際開発協力年度計画を作成し、予算と一緒に国会に提出することを義務付けている。とくにその年度計画には、当該年度の実施目標や費用総額の見込み額と内訳などを明記することを定めていた。

こうした各法案づくりのベースとなったとみられる第一号、田議員提出の法律案をみると、それは、「目的」「対外経済協力」など六ヵ条からなり、「対外経済協力計画について国会の承認等について定め、適当かつ効果的な対外経済協力の実施に資する」ことを目的としていた。

とくに、政府は「民主主義の原理に反する統治を行う国に対しては、対外経済協力を行ってはならない」（三条一項）、「軍事目的に充てられる対外経済協力を行ってはならない」（同条二項）として、対外経済協力に「制限」を設けるとともに、政府は、毎年、一年間の対外経済協力計画（経済協力をしようとする相手国別に区分し、その中で実施事業ごとに実施機関と実施規模などについて定めるもの）を作成、国会に提出、承認を得なければならない（第四条）としていた。

この田議員らの法案提出を契機に始まった法制定をめぐる国会論議は、その後の基調をなすものであり、提出者側が、国民の税金を他国民のために使用する以上、その使途は国会の承認が必要であると主張したのに対して、政府側は、外交的な配慮からそれは適切でないと反論している。

その後、「国会とＯＤＡの関わり」をめぐる議論は、九七年一二月の参議院国際問題に関する調査会の「対外経済協力に関する小委員会」（板垣正・小委員長）でのそれが注目されよう。この中で大島賢三外務省経済局長は、「一般論としてＯＤＡの資金が国民の税金あるいは貯金を原資としている以上、国会の場において政府としてこれを十分に報告し、ご審議を願うのは当然」と前置きしながらも、「ＯＤＡ予算は一般会計予算の一部ということで国会でご審議を願い承認されている」と強調した。この大島局長の答弁は、ＯＤＡ予算も政府予算案全体の中で審議され、承認を受けさえすれば、その実施に関しては、行政権・外交権の枠内で、相手国との折衝を通じ政府の裁量で実行に移されて良いというもので、これは憲法七三条に規定されている内閣の職務、「外交関係を処理する」との観点から対応することを意味する。

さらに外務省は、ODAについては、実際、外務委員会や決算委員会などでも審議されているほか、自民党に対しては、審議に先立って、政策審議会や外交部会、対外経済協力特別委員会、経済協力評価小委員会の場などで繰り返し説明しており、国会の意向は反映されていると強調する。また、ODA予算については、九三年から「我が国の政府開発援助の実施状況に関する年次報告」を公表するとともに、毎年「ODA白書」、「経済協力評価報告書」を作成し、全国会議員に配付するなどしており、情報公開も促進しているとしている。つまり、外務省としては、国会審議や情報公開を通じ、国会のコントロールを受けているのであり、これからも基本的には、既存の仕組みの中で対応していきたいということである。

この政府側の、ODA基本法制定への消極的な姿勢は、「ODAは外交政策の一環であり、変転する国際情勢の中で、相手国の状況あるいは二国間関係等を総合的に勘案して援助を実施していくには、柔軟性、機動性の確保が重要で、これを困難にすることは基本的に避けたい」(大島経済局長)というところに大きな理由があるといえそうである。

しかし、同小委員会では、こうした政府の主張に対して、委員の側から、実にさまざま意見が出されている。さきに触れた同小委員会の最終報告書では、「日本型のODAを実施する決意を発信するうえでも、たとえ理念法であっても基本法が必要である」との意見や、「米国の援助法のような外交を縛る方法は適当でないが、国会の関与について、きちんと法的な裏付けが不可欠である」といった議論があったことなどを紹介。小委員会として「ＯＤＡ基本法の立法化に踏み出すことも念頭に、具体的な論議が深められるべき時期に至っている」として、基本法案の骨子を提起している。これまで論議からすると一定の前進として評価できよう。

なお、ＯＤＡ基本法案の骨子は以下のとおりである。

一、国際開発協力の本旨　国際開発協力は、人類の共生と連帯の精神に基づき、開発途上地域における飢餓と貧困の問題が克服され、住民に人の尊厳に値する生活が保障されるような支援を行うことにより、国際社会における地域格差の是正を図り、世界の平和と人類の福祉に貢献するとともに、開発途上国地域の政府、住民の自助努力を支援することを旨として行われること。

二、国際開発協力の基本原則　国際開発協力は、次に掲げる国際開発協力の基本原則に従い、相手国の要請、経済社会状況、二国間関係等を総合的に判断して行われること。

①主権の尊重、自主性等、②生活水準が著しく低い開発途上地域に対する特別の配慮、③女性及び子供の福祉の向上に対する特別の配慮、④国際の平和及び安全の維持の見地からの考慮、⑤軍事的用途への転用の防止、⑥基本的人権、民主化の促進に努力等に対する考慮、⑦環境の保全等のための措置、⑧住民の参加に対する配慮、⑨国際機関等との協力

三、国会に対する報告　政府は、毎年、国会に、国際開発協力の効果に関する評価を含む、

国際開発協力に関して講じた施策に関する報告を提出すること。
四、国際開発協力を行う団体との連携の強化
五、国際開発協力に携わる人材の育成・確保

立法権と行政権

近年は、ごく普通の市民にまで国際化の波が及び、超高齢化社会の到来は、財政危機に一層拍車をかけている。こうした時代環境は、税金の使途についての監視、とりわけ他国のために国税を使うことになるODAへの視線をますます厳しいものとするに違いない。こうした中、国会が政治のリーダーシップ発揮の観点から、ODAの内容を十分に掌握し、不適切な使用をチェックしていくことが一層、重要となる。また、国民の理解と支持を得るためにも、人道的側面や開発途上国の自助努力支援といった援助理念をより確かなものにするとともに、中長期の実施プログラムや国別援助計画などに基づく、効率性の高いODA政策のあり方について自ら提唱することもあっていいだろう。

政府側も、従来のように外交の柔軟性や機動性を強調するあまり、独善に陥ったり、情報公開などの透明性確保・中長期的視点からの施策を欠くならば、援助政策は行き詰まりをみせかねない。今後、内閣主導による改革が一層もとめられることになろう。

一方、立法権と行政権との関係のあり方について、国会内で議論が活発化してきたことも、ODA

の国会の関与の議論を促すことになるだろう。

その火付け役の一人、民主党の菅直人衆議院議員は、その著『大臣』(岩波新書)の中で、「行政権は内閣にあって国会にはない、したがって、国会議員は予算や法案の論議はできても、行政のあり方に直接口をはさむことはできないという考え方がある。しかし、その主張は間違っていて、本来、国会は行政に対する監督権をもっている」との趣旨の主張を展開している。菅氏はこれを国会質問でも取り上げて総理大臣の見解を迫ったが、その時の橋本首相の国会答弁は次のようなものだった。

「憲法四一条において、国会は国権の最高機関である、そう規定されております。国会が主権者である国民によって直接選挙されたその議員からなっております国民の代表機関、こうした位置付けでありますから、国家機関の中で、何といいましても一番主権者に近い、しかも最も高い地位にあるにふさわしい、そういう趣旨を当然のことながらこれはあらわしていると思います。同時に、憲法が国家の基本法制としてのいわゆる三権分立という制度を採用しておりまして、これは行政権及び司法権との関係において、国会のご意思が常に他に優越するということではないのではなかろうか。……国会が立法や予算の議決権、国務大臣の出席あるいは答弁要求権等によって行政権を統制されていることを認めております。……ですから内閣の行政権全般にわたりまして政治的責任を、あるいはその政治責任を追及するうえでの行政監督権というものは、国会は当然のことながらお持ちになっていると思います」(九六年一二月の衆議院予算委員会)。

今後、この行政府と立法府の関係はどうあるべきか、その境界線はどこに引くべきか、という問題は引き続き論じられていくだろう。同時にODA基本法案制定の是非やこれに何を盛り込むかの問題も、諸外国の例も参考にしながら、さまざまに議論されよう。

例えば、参議院調査室の調査や外務省によると、DAC二一ヵ国のうち、援助関係法を持っているのはアメリカ、イギリス、オーストリア、スイス、イタリア、デンマーク六ヵ国である。アメリカでは「一九六一年対外援助法」(Foreign Assistance Act of 1961)で、援助目的や政策などについて規定しており、中身は相当に複雑かつ膨大なものになっている。イギリスの「一九八〇年対外開発協力法」(Overseas Development And Cooperation Act 1980)は、援助に関する一般的規定や国際開発金融機関への拠出などを定めている。また、イタリアは「イタリアと開発途上国との経済協力に関する新規則」という法律で、援助の目的や範囲、開発協力のための予算は軍事活動へあててはならないことなどが規定されている。一方、ドイツは、法律はなく、日本と同様、政策大綱を持っているが、フランスやオーストラリアは、法律も大綱ももっていない。

基本法制定をめぐっては、積極推進論の一方で外交の手足を縛ることはないようにするため同法案には原則しか盛り込まないようにすべきだとの意見や、援助の是非が司法や内閣法制局の最終判断にゆだねられることに懸念の声もある。それらも含め、すでに議論は始動されており、この先、議員たちによる国会での法制定作業が加速されるのは確実である。

Ⅳ　国会対策

国会と外務省

外交問題を処理するのは基本的に行政府だ。その主たる仕事を担う外務省と国会との間に関わりが生じるのは、主に、内閣の職務である条約締結にあたり最終的に国会の承認を得る時と、外交関係にかかわる法律の成立や改正を要する場合である。この際、国会が、活発な論戦の中で、予算や条約・法案審査を通じて外交を民主的にコントロールし、同時に、わが国の外交・防衛政策に方向性を与えることは極めて重要だ。しかし、実際のところ、わが国の外交論争や条約審議にしても、国会は限定的な役割しか果たしていないと言わざるをえない。とくに問題なのは、国会審議の内実よりも、国会運営や質問収集・答弁づくりなど、審議の「外側」の部分にエネルギーが注がれていることだろう。だが、政府・与党の立場からすると、条約や法案を短時間の審議で無修正のまま、承認・成立させることが至上命題になる。このため、野党への説明や根回しによる環境整備、いわゆる国会対策に力を注がざるをえないわけだが、ここではその実態と問題点を探ってみたい。

外交政策は、主に外務委員会で審議される。もちろん、予算委員会でも外交問題が主テーマになることは珍しくないうえ、安全保障委員会や沖縄及び北方問題に関する特別委員会で外交問題が議論されることも多い。ただ中心の舞台は外務委員会にほかならない。衆議院の場合、外務委員会は「外務省の所管事項」について審議するとし（衆議院規則九二条）、安全保障委員会は「防衛庁の所管に属する事項」「安全保障会議に関する事項」（同）と定められている。

衆議院では、もともと「防衛庁の所管に属する事項」は内閣委員会で論議される一方、八六年（昭和六一年）七月になって安全保障特別委員会が設けられている。しかし、安保特の設置目的は「調査と対策」にとどまり、法案審査は含まれていなかった。このため、自民党は、国連平和維持活動（ＰＫＯ）協力法の審議などを契機に、安全保障論議の活発化を狙って安保特委を常任委員会とするよう提案、社会党は難色を示したものの、九一年（平成三年）一〇月、ようやく常任委に格上げされている。

これに対して、参議院では、九七年（平成九年）一二月の臨時国会で常任委員会・特別委員会を抜本的に再編成する改正国会法が成立し、翌九八年の通常国会から従来の外務委員会は、外交・防衛委員会となった。その所管事項は、①外交に関する事項、②国の防衛に関する事項、③安全保障に関する事項、④条約に関する事項、⑤政府開発援助その他の国際協力に関する事項、⑥国際機関及び国際会議に関する事項、⑦在外法人に関する事項、⑧海外渡航及び移住に関する事項となっており、②と③が新たに加わった。これまで防衛・安保問題は内閣委員会が担当してきており、双方が密接な関係のある外交と防衛を横断的に総合的に審議するのが、その再編の最大の狙いだった。

ただ、重要な条約や法律案の審議では、過去、特別委員会が設置されているケースが少なくない。例えば、日米安保条約や日韓条約、沖縄返還協定、国連平和維持活動（ＰＫＯ）協力法などの重要案件は、いずれも特別委員会が設置され、そこに付託されている。

一方、参議院では、議案の審査はせず、国政の基本的事項に関して長期的かつ総合的な調査を行うための「参議院調査会」制度が八六年から導入されている。その一つに「国際問題に関する調査会」がある。ここでは国際情勢が日本に及ぼす影響について参考人から意見聴取したり、フリーなディスカッションが行われ、三年に一度、議長に報告書を提出することになっている。

外国訪問と国会審議

では、外務省の国会対策はどのように展開されているのか。

同省の体制をみてみると、条約や法律案の提案や審議日程などの国会運営については、大臣官房審議官と参事官が最高責任者となって対応している。その手足となっているのが、官房総務課国会班と、国会内に設けられている同省の政府委員室のスタッフである。一方、個々の法律案や条約案の根回しは、その担当課の局長や審議官、課長クラスが、国会の議員会館の与野党議員の部屋を回って法案内容の説明をし、理解を得ようと努める。

政府委員室のスタッフは、国会運営上、条約や法律案の本会議での趣旨説明など審議入りの設定のほか、首相や外務大臣の外国訪問に伴う国会の許可などに奔走する。この根回しをおろそかにすると、外務省関連の条約・法案審議にかかわるだけでなく、政府・与党全体の国会戦術に影響を及ぼすことになりかねない。

国会開会中に首相や外務大臣の外国訪問が計画された場合、それを閣議決定する前に国会の許可、具体的には議院運営委員会の許可が必要になる。もっとも、これは法律事項でも、国会規則でもなく慣例にすぎない。とはいえ、「内閣は、行政権の行使について、国会に対して連帯して責任を負う」（憲法第六六条）ことから、とくに予算委員会などで、一部の閣僚が欠席することは、内閣の国会に対する責任放棄につながる、との理由付けがなされている。しかし、この慣例は、国会運営上の駆け引き、とくに野党側が閣僚の不在を理由に審議の引き延ばしを図ることに使われることが多い。他の欧米の主要先進国をみても、外相の外国訪問がこのような国会審議によって妨げられるようなケースはなく、国際的には通用しないわけだが、これがなお現実の姿なのである。

では、それはどんな手順で行われるのだろうか。

まず、事前に話をしなければならないのは与党である。与党の国会対策委員長、ついで筆頭副委員長、外務担当の国対委員に連絡する。同時に、議院運営委員長と筆頭理事にも連絡が欠かせない。それを受けて今度は彼らが野党議員に対して協力を求めるわけである。これを仮に野党議員に先に根回してしまったとしよう。与党議員は面子をつぶされたと受け止めるのみならず、審議引き延ばしの材料を先に野党側に提供したとして反発し、問題がこじれることになる。

近年、首相の外国訪問が、国会日程との絡みで中止になって問題化した例としては、宮沢内閣時の九二年（平成四年）六月、ブラジルのリオデジャネイロで開かれた地球サミットに首相が出席できなかったケースがある。この時は、与野党対決のＰＫＯ協力法案が衆院で審議中で、自民党は社会党に協力をよびかけたものの、結局、同党はこれに応じなかった。

それでも、最近は国際化の進展に応じて、与野党議員の国際的な会議への理解も深まってきており、国会が、政府首脳の外国訪問の足かせになってはいけない、という点では合意が形成されつつある。そこには、閣僚の外遊にもっぱらブレーキをかけてきた野党が、自民党の一党優位体制の崩壊に伴って、与党経験を積むようになったことも反映しているようだ。実際、九六年一二月一八日、与野党の国会担当者レベルで、①わが国の国際社会における責任を果たすとともに国益を確保する観点から、国会開会中の大臣の国際重要会議への出席は特段の事由が存しない限りこれを認めることとする、②内閣は、国際会議の重要性について責任をもって判断し、日程等について取りまとめを行い、議運に要請し協議する、③大臣出張中の本会議および各委員会審議は、大臣代理をもって行うこととする、との申し合わせが行われた。

ただ、与野党対決法案で荒れる国会にあっては、依然、野党側が閣僚の外国訪問を国会戦術に悪用するケースが今なお少なくない。その一方で、政府側も国会開会中は、野党との摩擦を極力さけたいことから、外国訪問を週末に設定することが多い。この結果、閣僚は休日がなく、その体力を極限まで消耗させる例もある。

国会質問への対応

衆参両院本会議や予算、外務委員会などで質疑に立つ議員の質問取りも外務省の重要な仕事だ。実際、これらの質問とりや答弁作りは、その作業が深夜から未明まで及び、余りに非能率かつ非効率という指摘が以前からある。が、その実態は意外と知られていない。質問取りは、国際情勢など一般的な案件は国会のスタッフがあたるが、条約案をはじめかなり専門的な分野に質問が及ぶようなケースでは、総合政策局や条約局のほかアジア、北米、中南米、欧亜、中近東アフリカなど各地域局の担当職員が対応することもある。しかし、この仕事は、議員の準備の程度や日程に左右されることが多いうえに、「爆弾質問」といって、事前に質問内容を通告せず、政府側に準備の暇を与えず質疑をマスコミなどにアピールする戦術をとる議員も少なからずいて、担当者泣かせでもある。

予算委員会や外務委員会で質問に立つ議員は、まず内閣参事官室や各議院の委員部に質問を通告し、質問内容を説明する場所や時間を伝える。そこで外務省に連絡があった場合は、国会スタッフが質問取りに向かうのである。取られた質問は、［問1］［問2］というふうに整理されて官房総務課に送られる。そこで質問は首相あてか、外相か、局長など政府委員あてか、など答弁者ごとに分けられたうえで答弁書を作成する担当の各局各課への割り振りが行われる。なお、答弁の作成にあたっては、外務省用語を使わないようにする内規もある。例えば、「前広に」は使わずに「十分に時間的余裕をもって」とするとか、「本省に請訓する」→「指示を仰ぐ」、「便宜供与」→「外国でお世話する」、「発出する」→「出す」、「ご高承の通り」→「ご存じの通り」という具合である。また、「バイ」（二国間）や「マルチ」（多国間）などカタカナ用語も使用注意となっている。そして、質問に応じて、外務大臣等がそのまま読み上げることのできる体裁で書き上げるのが、答弁づくりの要諦になっている。

具体的にみてみると、仮に日ロ首脳会談が質問のテーマで、その成果についての質問なら、まず外務省欧亜局ロシア課が主管課である。しかし、これは日ロ平和条約締結などに関わらざるえないので、大抵、条約局条約課や法規課もこれに加わることになる。主管課がこの両課に対して答弁内容を協議したり、了承を求める先を「合議」（あいぎ）先という。

外務省内ですべて処理できない質問も少なくない。例えば日ロ関係で、シベリア開発など経済協力についての質問なら当然、通産省などとの調整が迫られる。また、アジア太平洋経済協力会議（APEC）を中心としたわが国の外交政策如何、といった質問であれば、外務省を中心に処理できようが、APECと通貨政策の関わりという問題になれば、大蔵省や通産省などがむしろ答弁づくりの主体となる。

したがって、各省にまたがる問題については、たとえ外務省が答弁を作成しても、それに関わりのある大蔵、通産各省などと「合議」をして、最終的に答弁を確定しなければならない。舞台裏では、お互いに答弁書づくりを押しつけ合う消極的権限争いや、逆に省庁の権限を全面的に争うような事態も起こる。深夜や未明まで調整が続くケースは、この後者の場合に多い。ただ、官僚の側にいわせると、この作業の結果、当該問題についての総合的な政策調整が可能になるメリットもある。

こうして出来た答弁書は、一問ごとに〔問〕をたて、〔答〕を一、二、三と箇条書きする形式をとっており、それに関連した資料が添付される。これを外務大臣に説明するのは各局の局長である。国会開会中、質疑のある日はこうした作業が毎朝行われることになる。

事前審査制・政府委員廃止

自民党の一党優位体制のもとで進行した与党の事前審査は、外務省も例外ではありえない。同省が用意する条約案や法律案は、自民党の政審各部会、政調審議会、外交部会や安全保障調査会、外交調査会の審査のあと、党の最高議決機関の総務会の了承を得たうえで、国会に提出される。

その後、国会対策委員会で取り扱いが決められ、重要案件については本会議で趣旨説明と質疑が行われた後、外務委員会に付託される。この結果、国会に法案が提出された時は、与党内の事前審査は終わっているので、あとは野党の批判や要求をかわして原案通りの成立をめざすか、一部は野党要求を取り入れて修正するなどして、法案を通すか否かだけが焦点になる。このため、審議がなかなか深まらないという問題を生み出す一方、先に取り上げたように、国会対策ばかりが重視される結果になるのである。

この与党の事前審査制は、九三年の自民党の単独政権の終幕とともに変わるとの見方もあった。とくに自民党政調部会と常任委員会と各省庁がリンクした、官僚と政界との癒着の構造や「族議員」がばっこする状態にメスが入り、事前審査の仕組みにも変更が加えられるとみられたわけだ。

しかし、細川、羽田、村山、橋本、小渕の連立与党内閣は、与党各党がテーマごとにプロジェクト・チームをつくり、そこで各党の「族議員」らが政策調整を図り、結局、与党の事前審査制は拡大、深化することになった。この結果、外務省の国会対策についても、与党のプロジェクトとともに、与党各党の外交部会や総務会への根回しが必要不可欠な状況を生んでいる。

一方、今後、わが国の外交・防衛論戦にも、影響を与えると見られるのが、「政府委員制度の廃止」である。

この政府委員制度は、国会で国務大臣が答弁する際に、各省局長や審議官ら政府職員がそれを補佐するもので、「官主導」の国会審議を特徴づけてきた。国会法では「内閣は、国会において国務大臣を補佐するため、両議院の議長の承認を得て政府委員を任命することができる」（六九条）と規定されている。しかし、この制度については、例えば、自由党の小沢一郎党首が「国会答弁は閣内大臣のほか、専門的な問題や細かい問題については政務次官などの政治家が担当し、政府委員（官僚）による答弁はすべて廃止する。最終的な責任をもって決めたのは政治家であるから、その当事者が答弁に立つのが自然であり、本来の民主主義のあり方である」（小沢一郎『日本改造計画』六一頁）と問題提起した経緯などもあって、一九九九年一月の自民党と自由党の連立政権をめぐる政策協議で、この制度は廃止することで合意した。その内容は、

一　政府委員制度の廃止について、①全廃する、②第一四五回国会（同年一月召集）の次に開かれる国会から廃止する、③執行状況・技術的説明のため、国会側の要求により、政府職員を参考人（仮称）として出席させることができる。

二　副大臣等の設置について、①複数の副大臣を置く（副大臣は各省大臣の命を受け、政策及び企画を担当し、政務を処理し、並びにあらかじめ各省大臣の命を受けて大臣不在の場合その職務を代行する）、②複数の政務官を置く（政務官は、各省大臣の命を受け、特定の政策及び企画に参画し、政務を処理する）、③二〇〇一年一月一日の省庁再編にあわせ、政務次官を廃止し、新たに副大臣、政務官を導入する。

なお、大臣、副大臣及び政務官は国会において反論権を有する、

となっている。この合意にもとづいて「国会審議の活性化及び政治主導の政策決定システムの確立に関する法律案」が九九年の通常国会に提出され、同年七月に成立した。同年秋の臨時国会から政府委

員制度は正式に廃止された。これにより、国会審議は議員同士の「討論型」に移行することが期待され、官僚の側の答弁準備の負担も軽減されるものとみられているが、実際、どこまで充実した審議が展開されるかなど不透明な部分も少なくない。

V　国会と外交の歴史

一八八〇（明治二三）年一一月二五日に第一回帝国議会が召集されて以来、二一世紀を迎える時には日本の議会も一二〇年ほどの年月が経過することになる。この間、議会、国会は外交というテーマについてどう関与してきたのか、駆け足で振り返ってみたい。

日清戦争と議会

第一回衆議院総選挙は一八九〇（明治二三）年七月一日に原則小選挙区制で施行され、一一月に帝国議会が召集された。

議会開設当初は藩閥政府と民党が激突し、混迷した政治が続いた。第一議会から第四議会までは予算をめぐって対立していたが、幕府が欧米列国と結んだ不平等条約の改正をめぐって対外強硬論が台頭した。

第六議会では開会冒頭から自由党と他の民党の間で条約改正問題で紛糾し、政府が解散、選挙中に朝鮮・東学党の反乱に清国が出兵するという事件が起きた。

六月五日、大本営設置、一六日、約七〇〇〇人の部隊が朝鮮上陸、八月一日、清国に宣戦布告。政党は政争を中止した。これによって最高潮に達していた政府と野党の対立は全く消滅し、三〇年来の条約改正問題も解決した。

第七議会は大本営のある広島で召集され、仮議事堂が建設された。東京以外で議会が召集されたのはこの時だけだ。

この議会では軍事予算関連法案が原案通り可決されたほか、明治天皇が広島まで親征した労を謝し、聖徳をたたえる上奏案を可決し、さらに海軍隊の偉勲に感謝する決議などを行い、挙国一致の軍国議会だった。

日露戦争と議会

ロシアのアジア進出を阻止しようとした日本は、ロシアとの交渉を続けたが、らちがあかない交渉に、政府の弱腰を追及する世論が高まった。一八九三（明治三六）年一二月に召集された議会で河野広中議長は慣例にない政府の外交政策弾劾上奏案を読み上げ、いきなり異議の有無をはかって議決してしまった。

「今や国運の興隆誠に千載一遇なるにあたりて、閣臣の施設これに伴わず、内政は彌縫をこととし、外交は機先を失し、臣等をして憂慮おくあたわざらしむ」

議決してしまってから大問題になり、各党の間で事態収拾を話し合ったものの、議会の大勢が賛成だったため、この騒ぎの最中に議会は解散された。

一八九四年二月宣戦布告、九五年五月下旬の日本海海戦で東郷元帥の率いる連合艦隊がロシアのバルチック艦隊を撃滅する決定的勝利をおさめた。

この間、議会は臨時軍事費予算など戦争遂行に必要な予算案、法律案を平穏に成立させた。衆議院や貴族院はそれぞれ海軍への感謝決議や戦争に対する決意を表明する決議などが採択された。国をあげて協力体制を敷くことが出来たのは、日露戦争がいかに大きな国難であったかを示す。

近衛と日中戦争・太平洋戦争

日中戦争から太平洋戦争にいたる過程で、議会は無力だった。

ことに問題だったのは、第一に国家総動員法による人権抑圧、第二に大政翼賛会による政党政治の終焉、第三に憲法無視の体制、ことに統帥権に名を借りた陸・海軍大臣を現役に限るという軍部大臣現役武官制など軍部の横暴だろう。

一九三七（昭和一二）年七月七日、盧溝橋で日中両軍が衝突し、これをきっかけに日中間の一五年戦争が始まる。「挙国一致内閣」とも「青春内閣」とも呼ばれた近衛内閣は、この事件に不拡大方針で臨んだが、戦火は次々に連鎖反応を起こして拡大した。

三八年、議会では国家総動員法案が提出され、政府が国民生活を統制しようとする戦時統制が始まる。民政党の斎藤隆夫や政友会の牧野良三らは委任命令違憲論、非常大権干犯論を繰り返して反対したが、結局無修正で成立した。

この審議中に陸軍中佐・佐藤賢了が議員に対して「だまれ！」と暴言を吐いて問題となった。このとき、委員長は佐藤の身分を「説明員」だと発言し、以降説明員という慣行が確立したといわれる。この一事をもっても軍部の議会に対する軽視姿勢がわかる。

一九四〇（昭和一五）年二月、日中戦争の無原則な拡大を前に、斎藤隆夫が「聖戦の美名に隠れて国民的犠牲を……」と戦争政策を批判する粛軍演説を行った。斎藤隆夫に対してまず陸軍が「軍を誹謗し、聖戦を汚すもの」として、議員の除名か衆議院の解散を要求した。海軍も同調、斎藤は発言の取り消し要求に応じなかったため、懲罰委員会で除名されてしまった。

この問題では政党側が紛糾した。政友会では除名処分に反対票を投じた五人の措置をめぐって鳩山派と久原派に分裂、社会大衆党では一〇議員が除名を議決した本会議を欠席して二人が離党、八人が除名された。

この年、近衛文麿の第二次内閣で閣議決定された基本国策要綱にもとづいて「既成政党とは異なった国民組織の結成」、いわゆる大政翼賛会が動きだした。各政党は「バスに乗り遅れるな」を合言葉に、先を争ってなだれのように近衛の新体制運動に参加していった。

七月日本革新党、政友会久原派、国民同盟、政友会中島派、八月民政党が解党して合流し、批判的だったのは政友会の鳩山派ほか一部だけだった。

大政翼賛会は一〇月一二日に発足したが、天皇はこの存在に疑義を持ち、西園寺公に「憲法の精神に反しはせぬか」とご下問があったという。翌年の議会でも「憲法違反ではないか」という質問があったものの、大勢に影響はなかった。

一九四一（昭和一六）年一二月八日、アメリカなどに宣戦布告。一五日から三日間議会を召集、東条首相らの演説、戦況報告が行われ、陸海軍への感謝決議の採択など、議会も戦争体制の先頭に立つことを表明した。

一九四二年四月に行われた衆議院総選挙では戦争目的の完遂に協力する有為の人材を選出するという目的で「翼賛政治体制協議会」が結成され、この協議会を母体とした候補者の推薦によって、「翼賛選挙」が行われた。自由主義者として推薦されなかった候補者への干渉は弾圧といえるもので、推薦候補者の当選は三八一名、非推薦者の当選は八五名だった。

この間、翼賛選挙と戦った尾崎行雄、東条首相の独裁的国政運営を批判した中野正剛、鳩山一郎、斎藤隆夫らを忘れることは出来ない。

結局、太平洋戦争は軍人軍属の戦死行方不明者二三〇万人、一般国民の死者行方不明者八〇万人、日本各地の都市のほとんどが空襲によって焼失するという惨状のなかで、一九四五（昭和二〇）年八月、無条件降伏によって終結した。

占領体制と議会

戦後初の実質的な国政審議が行われた議会は一九四五年一一月二六日に召集され、多くの重要法案が提出されたほか、憲法改正が議論され、戦争責任も追及された。

議員の戦争責任に関する決議案が提出され、一一名の議員が戦争責任を理由に議員を辞職した。

一方で、ポツダム宣言第一〇項で「民主主義的傾向の復活強化」がうたわれたことを受けて多くの政党が出現した。

「翼賛政治会」を発展的に解消した「大日本政治会」を母体とした日本進歩党（のちに町田忠治総裁）、鳩山一郎を中心にした日本自由党（鳩山一郎総裁）、GHQの指令で釈放された社会主義者、共産主義者を中心にした日本社会党（片山哲書記長）、一九二三年七月に結成されていた共産党の合法化にともなう発足などがあるが、総選挙をめざして結成された政党は三〇〇以上にのぼった。

戦後第一回の総選挙は一九四六年四月に行われたが、その前の一月にGHQの公職追放によって、戦争に協力した政治家などが立候補できなくなり、各政党に大きな衝撃を与えた。

なお、GHQは婦人参政権による日本女性の解放、労働組合の結成奨励などの日本民主化五項目を示すとともに、憲法の改正、戦争犯罪人の逮捕、公職追放、財閥解体、農地解放などの日本民主化政策をあいついで実施した。

憲法の改正

GHQのマッカーサー元帥は一九四五年一〇月四日、近衛文麿国務相に憲法改正をするよう示唆したことから、日本側の憲法改正作業がスタートする。しかし、政府も政党もポツダム宣言体制が憲法改正まで要求しているとは理解しておらず、いわば寝耳に水であった。

内閣、政党の憲法改正調査の進展にともなって各方面から憲法改正案が発表される。このうちの一つ、内閣案がGHQ側に漏れ、その内容がきわめて保守的であることを知ったGHQは自らの草案作成に踏み切り、四六年二月、いわゆる「マッカーサー草案」が日本側に提示された。

日本側もGHQに日本案を提示したが、入れられず、結局日本側は「マッカーサー草案」をもとに「帝国憲法改正案」をまとめ、戦後初の総選挙で構成され、四六年六月に召集された第九〇帝国議会に提出した。

マッカーサー元帥は議会審議にあたって、①十分な時間と機会の付与、②新旧憲法の間に完全な法的継続性を保障、③憲法の採択が日本国民の自由な意志の表明たることが絶対に必要、という三原則を表明した。しかし、実態はマッカーサー草案の提示から政府の憲法草案の完成までの間、日本側の主張はほとんど入れられなかった。

憲法改正案は八月二四日に衆議院を通過、貴族院は一〇月六日に修正可決、七日に衆議院が回付案を可決、成立した。

この間の憲法審議はきわめて熱心に集中的、慎重に行われた。さきごろほぼ五〇年ぶりに公表された衆議院に設置された芦田憲法改正小委員会議事録はGHQの「圧力」「監視」のもとで、少しでもいい憲法にしたいという議員たちの熱意が伝わってくる。

「憲法議会」での議論のポイントをいくつか指摘しておこう。

①　社会党、共産党の反対　両党とも戦後の混乱期にあわただしく憲法改正をしなければならないのか、という意識であり、社会党の森戸辰男は「かような時期に永久性のある憲法を制定することは非常に難しい」、共産党の徳田球一は「憲法より食糧を、が我が党のスローガンである。この憲法が広範な討議に付されたという事実を示されんことを希望する。十分な討議なしに提出することはまかりならん。われわれは断固として反対する」と述べている。衆院の採決で社会党は修正要求が否決されたあと、賛成に回ったが、共産党は反対票を投じた。

②　国体は変わったのか　憲法学者が多い貴族院を中心に国体論争が展開され、象徴天皇の意味、

国体は変わったのか、主権はどこにあるのか、などが議論された。この中で金森徳次郎憲法担当国務相は「天皇は国民のあこがれの中心」という文学的表現で、象徴天皇を説明し、国体は変わっていないと強調した。

③　戦争放棄の規定　共産党の野坂参三の「民族の独立は維持しなければならない。自衛権を放棄しては独立を危うくする危険がある」という質問に対して吉田首相は「第九条二項でいっさいの軍備と国の交戦権を認めない結果、自衛権の発動としても、交戦権を放棄したことになる」と答弁してしまい、のちに自衛権を認めたい政府の答弁を拘束することになる。

④　芦田修正　第九条については仕方なしに戦争を放棄したというのではなく、もっと積極的に戦争をしないという表現に改めようという空気が支配的だった。肝心の第二項に「前項の目的を達成するため」を挿入したことについては、公表された速記録によると、芦田均委員長はこう説明した。「国際平和を念願しているということを書きたいけれども、重複するきらいがある。つまり両方ともに日本国民の平和的希求の念願から出ている」。

その後芦田は、自衛のための戦力を持てるとの解釈を可能にするために修正を図ったものだと、機会をとらえて主張し、一九五七（昭和三二）年一二月五日、政府の憲法調査会で、「GHQはどんな形をもってしても戦力の保持を認めるという意向がないと判断していた。特定の場合に武力を用いるがごとき言葉を使えば当時の情勢においては、かえって逆効果を生むと信じていた」と指摘したこともあり、自衛隊合憲論を支える有力説の一つに発展した。

もっとも、この「芦田修正」はその後の政府解釈に影響を与えなかった。政府は、ⓘ自衛権は否定されないが、一切の戦争、戦力の保持も放棄する、ⓘⓘただし、自衛のため必要最小限度の実力を保持するところまで禁止されていない、との基本的立場を取ったからだ。

⑤　翻訳調で格調のない前文　社会党・鈴木義男は「本来前文といえば、一読身の引き締まるのを感じるのが普通であるが、切れるかと思えば続き、泣くが如く、訴えるが如く、一抹の哀調すら漂っている。果たして経国の大文字といえるのか」、社会党・森三樹二は『あまりにも他に依存し、しかも委任統治国であるかのように弱々しい。われわれは大理想をもって制定すべきで、信念に欠けている」、そして共産党・野坂参三は「われわれの生存と安全というものはともかく外国に頼んでおく、われわれがこれをどうするというような積極性が出ていないと思う。変更されんことを要求する」と述べている。

講和条約をめぐる論議

一九五〇年六月二五日に勃発した朝鮮戦争は日本の安全保障をどうするかという問題に発展するとともに、講和条約の締結を促進させることになった。

臨時国会では社会党の鈴木委員長が代表質問で「憲法と中立を蹂躙して、戦争に巻き込まれる単独講和は断じてわれわれのとらないところである」と追及したのに対して、吉田首相は「全面講和ごときできない相談をせず、すみやかに講和の確立に同調されたい。全面講和にあらずんば戦争に介入するに至るとは独断である。講和の一日も早からんことは国民の熱望するところである」と突っぱねた。

在日米軍の朝鮮出動の空白を埋めるために七月に警察予備隊の新設を指令したマッカーサー元帥は、翌年一月一日には「この年が講和の年である」ことを言明するとともに「日本国憲法は自衛権を否定せず」と声明した。

講和問題に対して自由党は「早期多数講和」、民主党は「自主自衛の外交政策」、社会党は「全面講和、日本の非武装、中立性の確保」という平和三原則を決めた。

来日したダレス特使と吉田首相は三回にわたって核心にふれた会談を行ったが、首相はその内容を国会にほとんど報告しなかったため、野党からは「秘密外交だ」と激しく追及された。

対日平和条約の調印は九月八日にサンフランシスコで行われ、会議に参加しなかったビルマ、インド、招請されなかった中国、参加して調印しなかったソ連、チェコスロバキア、ポーランドを除く四九ヵ国によって調印された。同時に日米安保条約も調印された。

吉田VS芦田論争

一〇月一〇日から召集された臨時国会では二つの条約についての審議が行われ、芦田均元首相と吉田首相の質疑が注目された。

［芦田］　かつて吉田首相は衆議院本会議で自衛権を否認した。今回の条約調印に当たっては、全くこの説が変わった。

［吉田］　自衛権を否認したような非常識なことは言わない。

［芦田］　安保条約前文の自国防衛のため漸進的に責任を取るとはいかなる意味か。

［吉田］　ただちに再軍備とか、独力で国を守る軍隊を持つことはできない。国力が許せば漸進的に日本の独立はみずから守るようにしたい。

［芦田］　安保条約と憲法九条はいかなる関係にあると考えるか。

［吉田］　憲法は戦争を放棄しているが、この戦争放棄の条項は、いろいろの考慮のもとに、ついにこの結論に達した。軽々しく憲法の精神に反し、また憲法を放棄するものではない。ゆえに国力の許す場合には自力で独立を保護する、これも憲法の精神を遵守していきたい。

ところで社会党はこの国会で党内抗争を起こし、左右対立の末、別々に大会を開き、右派は平和条約賛成、安保条約反対を党議として決定し、左派は両条約とも反対を決定した。

なお平和条約は一九五二年四月二八日に発効し、日本は六年八ヵ月に及んだ占領体制から独立した。

日韓条約をめぐる混乱

日韓関係は古くは秀吉の時代からのおん念があって非常に難しいかじ取りを迫られる。三六年間の日本による朝鮮半島支配は強い反日感情を植え付けている。

戦後日本と韓国の国交正常化交渉はサンフランシスコ平和条約が発効した直後の一九五一年に始められたが、難航に難航を重ね、日韓基本条約が調印されたのは、交渉開始から一四年たっていた。

この日韓条約に対して社会党などは朝鮮半島分断を固定化するもの、などの理由で強く反対し、国会は大混乱した。

一九六五年一一月一二日午前零時一八分、日韓条約の衆議院本会議での抜き打ち採決によって国会は一ヵ月以上空転し、一二月一九日に船田議長、田中副議長の辞任によって収拾した。

このときの抜き打ち採決は、衆議院規則一一二条（議長が必要と認めた時は議長は討論を用いないで、議院にはかり、議事日程の順序を変更し、または他の案件を議事日程に追加することができる）を活用したもので、それまでこの規則が実際に使われたことはなかった。

衆議院副議長と社会党の論争

一九六五年一一月一五日、衆議院議長サロンで、社会党の下平正一国会対策委員長ら一五人は田中伊三次副議長に、先例を無視したペテン行為だと激しく追及、田中副議長との間で面白いやりとりが展開された。新聞記者立ち会いのもとで行われたやりとりの一部を紹介しよう。

［社会党］　正副議長は一体の原則だが、あなたたちは国会を議会制民主主義の墓場とした。今やめれば政治家として半分の責任はつぐなえるだろう。いますぐ辞表を書きなさい。

［副議長］　あの採決のどこが悪いのですか。理詰めでいらっしゃい。私が問いつめられたら、いくらでも辞表を書きましょう。

［社会党］　速記録には日程変更して日韓条約を先議案件にしたさい、「質疑の通告はありません」と議長が一方的に怒鳴っただけだ。前日から継続した石井法相不信任案を勝手に後回しした瞬間に、質疑の有無を議場に諮らずに、棒読みした。それがルールを守り、議事を運営する議長のやることか。先例無視で悪質なペテンだ。

［副議長］　日程変更の先例は御説の通り絶無だ。だが、いいですか、覚えておきなさい。（なんだそのいいぐさは、のヤジ）議長は衆議院規則一一二条の職権で、それをやれるんですよ。責任をとれとは見当違いだ。

［社会党］　そんな言い抜けをして平気なのか。こちらに質疑通告する時間がないのを見越してやったのか。

［副議長］　御説の通りだ。用意周到に、間髪を入れずに、電光石火やったわ。気配を察して、その間に質疑せんのが阿呆やないか。（京都弁でまくしたてる）

［社会党］　阿呆とは何だ。（いっせいにテーブルをたたき、取り消せと迫る）居直り強盗じゃないか。

［副議長］　力みかえるのもいいかげんにしろ。だから、あの採決は行き過ぎがあったと議長もわしもいうとるやないか。おかしいと事前に感じたら、いくつでも先議動議を通告しておけばよかっただろう。わしが野党だったらそうするな。それに気がつかんでよく代議士がつとまるなー。阿呆といったのは要求通り取り消すが、そっちも人格に関するヤジをとばすと話を進めんぞ。

［社会党］　仮にも正副議長が採決のやり方が上手だとか下手だとか言い抜けたつもりでいるが、恥ずかしくないか。あの行為の結果について、民主主義を守るかどうかの一点で考えようとしないのか。

［副議長］　ほんというとやね。あの採決は一分以内にやらんと、たいへんなことになると思った。つまり警官導入やな。非常事態やから。こういうときに議長職権を使わなければ、何の職権かとわしらは判断した。とにかく国家的利益のかかった非常事態だったんで、議長職権を発動した。発動するからには成功するようにやるのが当たり前やないですか。

［社会党］　国会のルールを守ることこそが国家的利益を守ることだと考えなかったか。

［副議長］　そのためにわしは三党会談を二度もあっせんして努力した。正常化の努力がみな

自民党と社会党にけられたではないか。

いずれにせよ、日韓国会で国民が見たものは、たった三〇時間の実質審議のほかは、牛歩、演壇占拠、怒鳴りあい、つかみあい、そして電光石火の抜き打ち採決だけだった（読売新聞政治部編『政党　その組織と派閥の実態』から）。

金大中事件

金大中事件が起きたのは一九七三（昭和四八）年八月八日。来日中の金大中氏が宿泊中のホテルから拉致され、これが長い間日韓関係をゆるがす大事件に発展した。

一三日になってソウルの自宅付近で釈放されてから、事件に韓国の「公権力」が関与している疑いが強まり、がぜん日本の世論が沸騰した。

金大中氏は七一年の大統領選挙で野党候補になるなど、韓国民主化運動の象徴的存在で、その人物を白昼堂々とホテルから連れ去るという大胆な犯行が世界的な衝撃を与え、野党やマスコミを憤激させた。ことに読売新聞社が犯行はＫＣＩＡ（韓国中央情報部）の仕業であることをスクープしてから、日本の世論は金大中氏の現状回復（日本への再入国）と韓国に対して日本の主権侵害を謝罪させるべきだと主張した。

永野信利東海大学教授が書いた『日本外交の全て』（行政問題研究所、一九八九年）は、事件に対して外務省が慎重姿勢を示した理由を次のように説明している。

「日本と韓国は隣国同士であり、追いつめた場合の後遺症が懸念された。日本側が追い打ちをかければ、韓国の国民感情に火をつけること、これによって韓国政府が崩壊すれば、朝鮮半島情勢が憂慮された。韓国政府が対抗手段をとり、貿易断交や漁業協定破棄などの挙にでれば、日本側の被害もはかりしれない。

さらに日本が現状回復に固執しても、相手が応じない場合には、とるべき手段には限界があった。こうして大平外相と外務省はマスコミの非難に耐えて一見弱腰とみられる政治決着をはかり、日韓関係の亀裂をくい止めたのである。」

事件は一九七三年一一月に来日した金鍾泌首相が遺憾の意を表明し、捜査を継続し、責任者を処分すること、将来このような事件を繰り返さないことを約束、日本側もこれを受け入れて政治決着をはかった。

日本の世論はこれでは納得せず、社会党などがさまざまな運動を展開していたが、一九七五年七月になって韓国政府は事件の捜査結果に関する口上書を日本政府に渡した。

その内容は日本側捜査で指紋が発見された在日韓国大使館の金東雲一等書記官について「嫌疑事実」を立証するにたる確証を見いだし得ず、不起訴処分となった。しかし、本人の東京における行動は日本警察の嫌疑を受けるなど、公務員としての資質、品位に欠けるので公務員の地位を喪失させた、などというもので、日本側は韓国が最善をつくしたと判断、これをもって最終決着とした。いわゆる第二次決着だ。

いま振り返ってみると、こうした日韓間の不信感のキャッチボールは両国間に何の利益ももたらさないどころか、せっかく近い距離にありながら、お互いの相互理解を妨げ、憎しみと不信だけをつのらせる不幸なできごとだった。

日韓関係はその後も、文世光事件(朴大統領夫人射殺事件)、多額の経済援助要請、歴史教科書の記述問題などでぎくしゃくした関係が続いたが、中曽根首相の韓国訪問(一九八三年一月)と全斗煥大統領来日(一九八四年九月)によってようやく新しい時代に入ったと言われた。

VI まとめ

このところ、外交問題に関する議員立法の動きが活発化している。日本の国連の安全保障理事会常任理事国入りが実現するまでの間、国連に支払う分担金を削減していく法案、北朝鮮のテポドンミサイルなど、日本の安全を脅かす軍事技術に日本の先端技術が流出するのを防止する法案、あるいは第二次大戦中の日本による戦争被害を調査するため、国会図書館に「恒久平和調査局」を設置する法案などだ。

自民党の河野太郎議員が作成した「国連改革促進法案」は「安全保障理事会の枠が拡大されるまでの間、日本の国連拠出金を毎年前年度比一〇%ずつ削減していく」というもの。また、日本の常任理事国入りを妨害する国にはODA（政府開発援助）削減を求めている。

よく知られているように、日本の国連分担金はアメリカの二五%についで世界第二位の約一八%を占めており、ほかの常任理事国、フランス、イギリス、ロシア、中国の合計一五%を上回っている。これは九八年現在で、二〇〇〇年には二〇%を越えることが決まっている。

河野案では、正規の分担金（義務的分担金）を払わないのは約束違反になるので、削減するのはそれ以外の任意拠出金、例えば国連人口基金（一八%）、国連環境計画（一二%）、国連難民高等弁務官事務所（一二%）、国連開発計画（一一%）などが対象となる。

河野議員は「金の問題を使って日本の安全保障理事会常任理事国入りを後押しできないかと考えてきた。外務省などは外交は政府のやること、ほかの人は口出ししないで黙ってろ、という態度だけど、そうはいかない。イタリアなどは国連改革の先延ばしを狙った決議案を総会に提出しており、こうしたわが国の国益に反する行動をする国に対して、国民の税金から出ているODAを削減するのは当然のこと」と語っている。

自民党の場合、議員立法でも三役（幹事長、総務会長、政調会長）の了解がなければ提出できないし、その了解をとるためには政策調査会の各部会を通過しなければならない。

政府にとって国連外交は重要な政策であり、安全保障理事会常任理事国入りは望んでいても、それが実現するまで分担金を支払わない、という政策は採りえない。従ってこの法案は本音では賛成であっても、表向き反対せざるを得ない。この法案提出に賛同する議員が自民党ばかりか、民主党、自由党などからも出始め、すでに三〇人を越えた。

自民党外交部会の議論では「面白いから提出だけでも認めてはどうか」という意見が出たものの、結局「提出見送り」となった。

なお、河野議員とは別に、自民党の衛藤征士郎・元防衛庁長官ら有志議員が、国連に日本が拠出している分担金の増大に歯止めをかけるため、安全保障理事会常任理事国以外の国の分担率に上限を設けるよう求める要望書をまとめている。法案化も検討しているという。

この動きも分担金ばかり払わされているのに発言力がないのはおかしい、という発想で、「貢献」と「役割」のバランスを取るよう求めている。

具体的には、常任理事国以外の国は米英中仏露の常任理事国のうち、アメリカを除く四ヵ国を合計した以上の分担金を拠出できないことを原則とするよう、国連や加盟国に働きかけるべきだ、としている。

これに呼応するようにアメリカでも、国連分担金の支払いに関する法案が上院を通過した。この法案は米国の国連分担金の滞納金約一六億ドルのうち九億二〇〇〇万ドルを支払うが、その条件として分担率を引き下げるよう求めている。現在のアメリカの国連分担金の率は二五％だが、これを二〇％にするよう求めており、リチャード・ホルブルック元国務次官補は分担率削減に全力をあげると答弁している。

なお、アメリカの国連分担金の滞納はこのところ深刻化しており、全加盟国の滞納額二九億ドルの五五％に達している。アメリカはこの滞納金のうち二億五〇〇〇万ドルを今年（一九九九年）一二月までに支払わないと国連総会の議決権を失う。

ところで、小渕首相は九九年六月にドイツ・ケルンで行われた主要国サミットで国連改革の必要性を訴えた。国連がユーゴスラビアのコソボ紛争で解決の主役となりえず、国連決議なしで空爆に踏み切った米英仏などのＮＡＴＯに対して中国やロシアが強く反発、常任理事国の足並みもそろわなかったことを念頭に、日本の国連安全保障理事会常任理事国入りもにらんだ演説だ。

ケルンサミットの宣言には「危機予防で国連が果たす重要な役割を認識し、能力強化に努める」という文章が入った。国連改革は紛争解決の手段として欠かせない。

日本はすでに九三年七月、宮沢内閣が国連に対して安全保障理事会改革の意見書を提出している。①先進国と途上国から新たに常任理事国を加える、②常任・非常任合わせて一五ヵ国の安全保障理事会メンバーを二四ヵ国に拡大する、③日本も常任理事国として責任を果たす用意がある——という内容。

しかし、常任理事国の枠拡大は各国の思惑がばらばらで、「総論賛成、各論反対」。改革は遅々として進まない。

北朝鮮のテポドンミサイルなど、日本の安全を脅かす軍事技術に日本の先端技術が流出するのを防止する法案は浅尾慶一郎（民主党）、山本一太（自民党）参議院議員が提出を検討している。

両議員らは九九年六月、激しい銃撃戦の末、韓国が撃沈した北朝鮮の潜水艦を現地まで行って調査した結果、装備されていた多くの電子部品が日本製品である事実が判明したという。また、日本の安全を脅かしているテポドンミサイルの場合にも、日本の高度な性能を持った溶接機が使われていたらしい。自ら開発した技術で作られたミサイルで、自らの安全が脅かされるというこっけいな話だ、と浅尾議員らは指摘している。

日本は北朝鮮に対してKEDO（朝鮮半島エネルギー開発機構）への資金協力を行っており、これが北朝鮮への外交カードにもなっているが、米韓両国との協調で行われている限り、中止という選択はとりにくい。そこで、さらに強力な北朝鮮外交のオプションとして、輸出規制をしようという考え方だ。

こうした議員立法の動きだけで、日本国民の意思を明確に北朝鮮に伝えることができ、政府・外務省の北朝鮮との交渉の後押しができる、というのが浅尾議員らの考え方だ。

なお、危険国家に対する輸出規制強化の考え方は世界的傾向で、アメリカではキャッチオールという輸出規制法案が審議中だという（九九年八月現在）。

もうひとつ、「恒久平和のために真相究明法の成立をめざす議員連盟」（会長・鳩山由紀夫民主党幹事長代理、浜四津敏子公明党代表代行＝当時）が提出したのは第二次大戦中の日本による戦争被害を調査するため、国会図書館に「恒久平和調査局」を設置する法案だ。

強制徴用や従軍慰安婦などの資料を集め、報告書にまとめることで「戦争の惨禍を次代に伝え、アジア諸国との信頼関係を深める」のが目的だという。

もっとも議員連盟には自民党、民主党、公明党など八党派が参加していたが、提出段階では民主党、共産党、さきがけの三党だけになったという。

議員立法は国会活性化の方策として常に問題にされている。国会が政府の法案作成に依存せず、国民の声を聞いた議員自らが勉強、研究した成果を議員立法としてまとめる。その議員立法を通じて議員同士、政党間で活発な議論を行い、政策立案に役立てることが国会の信頼回復の第一歩だろう。

さらに、議員立法を促進する理由として、①政府の立法に任せておいて立法府の責任は果たせない、②国会の議論を活発にするために、議員がもっと勉強する必要があり、そのためには議員立法がふさわしい、③行政優位の現在の体制から立法府優位に変え、少しでも国民の声を代弁していく――などが指摘できる。

しかし、実際には議員立法はなかなか増えない。

その理由として言われているのは、①国会や政党の政策立案機能、立法補佐機関である国会図書館や議院法制局の人員、予算など支援体制がお粗末、②行政府から立法府に対する情報開示が不十分、③議員が議案を提出する際に二〇人（参議院は一〇人）の賛成者を必要とする、という条件は厳し過ぎる（予算を伴うものは五〇人、参議院は二〇人）、④各会派が議員立法の提出要件として機関決定を義務付けている。ことに与党の場合は内閣の方針に反するような法案の提出は認められない、という立場を取っている、⑤議会事務局も議員立法については所属会派の承認印がない議員個人提出の議案は受け付けないことにしている——など。

ちなみに第一回国会からこれまでに提出された全法案について調べたところ、政府提出法案は約七七〇〇件で、成立率は八七％、これに対して議員立法は衆議院で提出二七〇〇件に対して成立率は三六％、参議院では提出九三五件で成立率は一七％に過ぎない。

いずれにしても、外交に関する議員立法の増加は自民党と社会党の二大政党が対立していた、いわゆる「五五年体制」の当時には考えられなかった現象だ。議員立法が国会活性化の切り札として注目されてきたこともあって、議員も熱心に取り組んでいるが、国会の外交に関する新しい現象として注目される。

これまで、国会の外交、安全保障論議は活発とは言えなかった。それが東西冷戦やいわゆる五五年体制のもとでの自民党対社会党の対立の弊害だった。今後は憲法に関する調査会の設置も決まり、国家のめざすべき方向を憲法の視点から議論する環境が整ったわけだ。

国会が活発な議論を展開するよう望みたい。

あとがき

国会とは政治部記者時代を含めてもう二十五年以上付き合ってきた。首相指名選挙、重要法案をめぐる徹夜や乱闘国会、予算委員会での与野党攻防などを取材してさまざまな思い出がある。

特にドラマチックだったのは自民党総裁選挙のしこりが解けず、首相指名選挙で同じ自民党から大平正芳氏と福田赳夫氏が立候補したこと。これは戦後議会政治の暴挙であり、当時の議長が「日本の国会もここまで落ちたか」と嘆いていたことを思い出す。また、そのあとも大平内閣不信任案をめぐる攻防が、ついに自民党議員の造反で可決成立となり、解散⇩衆参ダブル選挙⇩そして大平首相の急死と続いた激動はなかなか見られない経験だった。

「劇場」として観客が外から見た国会のほかに、さまざまな問題も抱えている内部から見た国会の「実態」、そして何を改革すべきか、という問題もだいぶわかってきたつもりだった。

ところが、「国会と外交」というテーマを与えられて、はたと考え込んでしまった。これまで経験してきた国会とは違って、直接国会が外交に関わる場面は意外に少ない。日本の政治という観点で考えた場合、外交は最も重要な要素の一つだろうが、さて、国会という場面に限定して見ると、国会がどうかかわってきたのか、はっきりしないことが多い。

外交の主体はあくまで首相をリーダーとする内閣であり、その出先機関としての外務省である。サンフランシスコ講和条約、日ソ交渉、日米安保条約、沖縄返還、日韓交渉など、さまざまな外交問題が国会という場で激しく議論されてきたが、それは政府の外交政策に対する政党、野党、議会側の批判としての国会論議である。どうしても外交そのものというより傍観者的、客観的であり、主体的にはなりえない。

というわけで、「国会と外交」をどういう視点で記述すべきか、何を取り上げるべきか、ずいぶん悩んだ。そして読売新聞社政治部時代の同僚である浅海伸夫君と水野雅之君にも助けを求めて共同執筆者に加わってもらい、何回も打ち合せを行った。

結局、浅海君に執筆してもらった第二章「日ソ交渉と国会」と水野君が執筆してくれた第三章「安全保障をめぐる対立」がこの本の一番のハイライトになった。日ソ交渉と国会のかかわりをきっちりとまとめた文書はあまり例を見ないのではないか。また、安全保障に関する水野論文も同じようにさまざまな論点や事実経過をきちんと客観的に整理したものとして貴重なものであり、どちらの論文も、一般の読者ばかりでなく、学生や研究者にも参考になると自負している。

そのほかに総論として日本外交と国会の関わり方をはじめ、野党外交の実体、核をめぐる論議、経済協力など、国会の機能と外交の関係や歴史などに触れた。この「国会を考える」シリーズのねらいが議会制民主主義を守り、国会がどうあるべきかを考えることにあるとすれば、国会と外交のかかわりの一端を明らかにしたことによって、一応の責めを果たすことができたように思う。

ただ、なにぶん日頃の取材の視点と違うテーマだったこと、三人の意見調整や執筆分担、手直しなどに意外に手間取って時間を空費し、信山社の村岡侖衛さんには大変ご迷惑をおかけした。村岡さんの寛容さと暖かい激励に改めて感謝したい。

一九九九年十一月

中野邦観

執筆者紹介

中野 邦観 （なかの くにみ）

1941年3月東京生まれ。63年早稲田大学政治経済学部卒，読売新聞社入社。地方部，政治部を経て88年から調査研究本部。議会政治，選挙制度，憲法問題担当。読売憲法改正試案などの提言活動に参加。編著書に「西欧の議会」など。現在，調査研究本部総務。

浅海 伸夫 （あさうみ のぶお）

1951年1月群馬県生まれ。74年中央大学法学部卒，読売新聞社入社。地方部，世論調査室を経て82年から政治部。現在，政治部デスク。編著書に「政　まつりごと」など。読売新聞政治面でコラム「まつりごと」連載。

水野 雅之 （みずの　まさゆき）

1956年3月北海道生まれ。79年早稲田大学政治経済学部卒，読売新聞社入社。地方部を経て84年から政治部。解説部などを経て現在，編集局編集委員。編著書に「日本は安全か」など。

信山社叢書　国会を考える 6　国会と外交

2000年1月30日　初版第1刷発行

編　者　中野 邦観

装幀者　石川 九楊

発行者　今 井 貴＝村岡侖衛

発行所　信山社出版株式会社

113-0033　東京都文京区本郷 6-2-9-102

TEL 03-3818-1019　FAX 03-3818-0344

印刷 勝美印刷　製本 渋谷文泉閣

ISBN 4-7972-5165-4 C 3332